COLEÇÃO
ABERTURA
CULTURAL

Copyright © 1999, 2001 Gertrude Himmelfarb. Tradução publicada em acordo com Alfred A. Knopf, um selo da The Knopf Doubleday Group, uma empresa da Random House, Inc.
Copyright desta edição © 2022 É Realizações
Título original: *One Nation, Two Cultures : A Searching Examination of American Society in the Aftermath of Our Cultural Revolution*

Editor
Edson Manoel de Oliveira Filho

Produção editorial e projeto gráfico
É Realizações Editora

Capa
Daniel Justi

Diagramação
Nine Design | Mauricio Nisi Gonçalves

Preparação de texto
Otacílio Palareti e Luciane H. Gomide

Revisão
Valquíria Della Pozza

Reservados todos os direitos desta obra. Proibida toda e qualquer reprodução desta edição por qualquer meio ou forma, seja ela eletrônica ou mecânica, fotocópia, gravação ou qualquer outro meio de reprodução, sem permissão expressa do editor.

CIP-BRASIL. CATALOGAÇÃO NA PUBLICAÇÃO
SINDICATO NACIONAL DOS EDITORES DE LIVROS, RJ

H552n

Himmelfarb, Gertrude, 1922-2019
    Uma nação, duas culturas : uma investigação rigorosa da sociedade americana no período que se seguiu à nossa revolução cultural / Gertrude Himmelfarb ; tradução Rafael de Sales Azevedo. - 1. ed. - São Paulo : É Realizações, 2022.
    232 p. ; 23 cm. (Abertura cultural)

Tradução de: One nation, two cultures : a searching examination of american society in the aftermath of our cultural revolution
Inclui índice
ISBN 978-65-86217-56-8

1. Brasil - Condições sociais. 2. Estados Unidos - Condições sociais. 3. Sociologia da cultura. I. Azevedo, Rafael de Sales. II. Título. III. Série.

22-75753   CDD: 306
                                                                              CDU: 316.7

Meri Gleice Rodrigues de Souza - Bibliotecária - CRB-7/6439
28/01/2022 01/02/2022

É Realizações Editora, Livraria e Distribuidora Eireli
Rua França Pinto, 498 · São Paulo SP · 04016-002
Telefone: (5511) 5572 5363
atendimento@erealizacoes.com.br · www.erealizacoes.com.br

Este livro foi impresso pela Gráfica Cromosete em abril de 2022. Os tipos são da família Sabon Light Std e Frutiger Light. O papel do miolo é o Avena 80 g., e o da capa, Ningbo C2S 250 g.

UMA NAÇÃO, DUAS CULTURAS

Uma Investigação Rigorosa da Sociedade Americana no Período que se Seguiu à Nossa Revolução Cultural

Gertrude Himmelfarb

TRADUÇÃO DE RAFAEL DE SALES AZEVEDO
POSFÁCIO À EDIÇÃO BRASILEIRA DE LUIZ BUENO

É Realizações
Editora

"Uma ou duas vezes numa geração – se tanto –, uma pessoa muito sábia escreve um livro muito incisivo que resume tudo o que precisa ser dito a respeito de um determinado tópico na menor extensão possível. [...] *Uma Nação, Duas Culturas* é um desses livros."
– *National Review*

Elogios a
ONE NATION, TWO CULTURES
de Gertrude Himmelfarb

"[Um] livro sábio. [...] Ao apresentar os fatos de nossa condição cultural com tamanha lucidez, a sra. Himmelfarb minou a base retórica dos próprios pós-modernistas."
– *The Wall Street Journal*

"[Esta] discussão animadoramente mordaz é um corretivo aos clamores pela comunidade, por vezes nebulosos, ouvidos nos dias de hoje."
– *The Washington Times*

"Perspicaz e estimulante."
– Jonathan Yardley, *The Washington Post*

"A análise comedida de Himmelfarb é um julgamento instruído por uma profunda erudição." – *The Dallas Morning News*

"O feito formidável de Himmelfarb [...] é de ter reduzido um tema imenso ao seu essencial, tê-lo colocado diante de seu contexto histórico e intelectual, e apresentado o ponto de vista dos conservadores sociais com equilíbrio, perspicácia e sagacidade."
– Charles Murray, *The Weekly Standard*

"[Um] livro novo e magistral." – *Booklist*

Para Robyn e Charles Krauthammer

Gertrude Himmelfarb – Uma Nação, Duas Culturas

Gertrude Himmelfarb lecionou por muitos anos na Escola Graduada da Universidade da Cidade de Nova York, onde recebeu o título de Professora Distinta de História, em 1978. Atualmente, professora emérita, vive com seu marido, Irving Kristol, em Washington, D.C. Himmelfarb é *fellow* da Academia Britânica, da Sociedade Histórica Real, da Sociedade Filosófica Americana e da Academia Americana de Artes e Ciências. Em 1991, recebeu o título de Jefferson Lecturer do Fundo Nacional para as Humanidades, a mais alta honraria concedida pelo governo federal a realizações no campo das humanidades. Ganhou diversos prêmios e conquistou diplomas honorários, incluindo o Prêmio Templeton, em 1997. Seus livros mais recentes são: *The De-Moralization of Society: From Victorian Virtues to Modern Values*; *On Looking into the Abyss: Untimely Thoughts on Culture and Society*; e *Poverty and Compassion: The Moral Imagination of the Late Victorians*.

SUMÁRIO

Prefácio à Edição Brasileira 15
Prefácio à Edição Americana 23

Capítulo 1 | Um Prólogo Histórico: "Os Vícios da Leviandade" e as
"Doenças da Democracia" 27

Capítulo 2 | Sociedade Civil: "As Sementeiras da Virtude" 63

Capítulo 3 | A Família: "Um Sistema Social em Miniatura" 83

Capítulo 4 | A Lei e a Forma de Governo: "Legislando
a Moralidade" 101

Capítulo 5 | Religião: "A Primeira das Instituições Políticas" 133

Capítulo 6 | As Duas Culturas: "Um Abismo Ético" 173

Epílogo | Algumas Previsões Modestas.. 207

Posfácio à Edição Americana.. 213
Índice 227

Prefácio à Edição Brasileira

LUIZ BUENO[1]

> "I pledge allegiance to the flag of the United States of America, and to the republic for which it stands, one nation under God, indivisible, with liberty and justice for all."

Assim está redigida a versão atual e oficial do juramento à bandeira dos Estados Unidos da América [*The Pledge of Alliance*]. "Uma nação, debaixo de Deus, indivisível." Essa noção de nação única, reunida e mantida una por princípios, mais do que normas, cujo juramento remonta ao período da guerra civil que envolveu os estados americanos no século XIX, está presente no título deste livro de Gertrude Himmelfarb, como anúncio da importância que a autora atribui a essa percepção de que a unidade nacional da América (que é como os americanos costumam se referir a seu país) está baseada na afirmação de valores fundamentais, e não apenas em alguma forma de contrato social. Porém, a imagem proposta de uma só nação, indivisível, parece já não ser uma realidade tão firme e estável na atual condição da república americana. Essa mudança é a preocupação central à qual Himmelfarb dedica este livro.

---

[1] Luiz Bueno é bacharel e mestre em Filosofia e doutor em Ciências da Religião. É também professor de Filosofia na Faap e coordenador do Núcleo de Filosofia Política do Laboratório de Política, Comportamento e Mídia da Fundasp/PUC-SP. Autor do livro *Gertrude Himmelfarb: Modernidade, Iluminismo e as Virtudes Sociais*, publicado pela É Realizações.

Essa percepção, de uma característica fundamental e fundacional da nação americana, é contrabalançada por outra, tão importante quanto, tão premente de ser compreendida e tão presente, que veio compor a parte final do título principal do livro: Duas Culturas.

Em ambas as expressões, já se vai anunciando o elemento prioritário no olhar que a autora aplica em sua análise da situação atual da sociedade americana: esse elemento é o fundo moral que marcaria a própria fundação da república americana e o vínculo básico que sustentaria a estabilidade e a continuidade do seu tecido social, bem como de suas instituições republicanas.

No entanto, tanto essa unidade quanto esse vínculo são afetados pelas mudanças ocorridas na sociedade americana durante o século XX e, ainda mais intensamente, no período que se seguiu à Segunda Guerra Mundial, como efeito daquilo que é conhecido no mundo acadêmico, da mesma forma apontado pela autora no subtítulo de seu livro,[2] como Revolução Cultural. Se essas transformações representam realmente algo que se poderia chamar de "revolução", a própria autora coloca em questão, pois há várias maneiras de pensar eventos que levem essa designação. Entretanto, o mais importante é a natureza das transformações apontadas pela autora. Elas não são do âmbito da política, nem mesmo da economia, mas das maneiras, dos costumes, dos valores (*"manners, mores and morals"*). Por isso, trata-se mais propriamente de uma revolução "cultural".

Se os tipos de revolução, como a Revolução Industrial ou mesmo a Revolução Francesa, provocaram grandes mudanças em amplas áreas da vida de suas respectivas sociedades, não se pode deixar de reconhecer, afirma Himmelfarb, que a Revolução Cultural também teve e tem efeitos muito notáveis. O que distingue essas revoluções, entretanto, é o caráter dessas mudanças. Como se vê pelo fato, citado

---

[2] O título original *One Nation, Two Cultures*, tem como subtítulo *A Searching Examination of American Society in the Aftermath of Our Cultural Revolution*.

anteriormente, de que, ao ser chamada de "cultural", essa revolução afeta costumes e moral, as alterações por ela provocadas já não seguem as linhas divisórias tradicionais de classe, raça, religião, etc., mas, em vez disso, cortam através dessas linhas divisórias, transversalmente a essas várias divisões da sociedade.

As mudanças no campo cultural, conforme Himmelfarb mostra aqui, atingem pessoas de classes, gêneros, raças, religiões diferentes, colocando-as ao lado de pessoas de outras classes, gêneros, raças e religiões. Assim, por exemplo, pessoas e grupos de uma mesma classe podem se colocar em diferentes lados da linha divisória traçada pela Revolução Cultural, dado que as pessoas têm atribuído maior importância à proximidade em termos de valores morais e princípios do que ao fato de pertencerem a uma mesma classe, ou religião, etc. Esse aspecto é o mais relevante em toda a pesquisa histórica e na discussão filosófica empreendida por Himmelfarb neste livro.

Himmelfarb descreve o que teria sido uma inversão entre as duas estruturas de valores morais que seriam preponderantes na sociedade americana. A ordem tradicional, composta de virtudes republicanas, foi sendo paulatinamente deslocada pela nova ordem moral que se estabeleceu a partir da Revolução Cultural. Os valores vitorianos, descritos por Adam Smith, que se estabeleciam com base nos estamentos sociais, isto é, os valores derivados da austeridade, mais afeitos à classe trabalhadora, e os valores mais liberais das classes ricas, foram, aos poucos, tendo as fronteiras originais borradas e novas linhas demarcatórias surgiram, fruto dos novos movimentos culturais que emergiram no fim do século XIX e início do XX. Um desses movimentos, ao qual Himmelfarb dá particular destaque, representa muito bem o tipo de transformação na ordem dos valores morais a que ela se refere e que produzirão efeitos durante todo o século XX. É o grupo de Bloomsbury, na Inglaterra, do qual participaram, por exemplo, Virginia Woolf e John Maynard Keynes. Esse foi um grupo de boêmios cujos membros eliminaram muitos dos limites morais em seus relacionamentos interpessoais e sexuais, rompendo com as normas vigentes no ambiente vitoriano inglês, influenciando costumes, estética, literatura e outros campos da vida social britânica. Nos Estados Unidos, houve uma versão um pouco mais branda desse movimento, mas que também marcou um momento de afrouxamento das normas morais na sociedade americana. Em ambos, havia a intenção de questionar e subverter a chamada moral burguesa.

Esses movimentos de início de século XX se propagam no decorrer dos anos seguintes. Na década de 1960, novos elementos vão se somar, quando surge o movimento que ficou conhecido como Contracultura. A esse movimento, de cunho eminentemente cultural, Himmelfarb associa os efeitos na sociedade americana, os quais ela descreve como "o colapso dos princípios éticos e hábitos, a perda do respeito pela autoridade e instituições, a ruptura da família, o declínio da civilidade, a vulgarização da alta cultura, a degradação da cultura popular".

São termos fortes que não deixaram de suscitar críticas de muitos comentadores em veículos de comunicação, como jornais e revistas, que, ao resenharem este livro, reclamaram de moralismo, de excessos na crítica, de tradicionalismo, de direitismo, dentre outras qualificações negativas. Contudo, mesmo nessas análises muito críticas, os autores jamais deixaram de reconhecer que o trabalho de Himmelfarb foi minucioso, fundamentado em dados, argumentado com inteligência e erudição. Pode-se ver, por essas reações, que a autora tocou em pontos nevrálgicos da conjuntura sociocultural de sua sociedade. Mesmo aqueles que lhe opuseram forte oposição reconheceram que seus argumentos eram sólidos. A reação negativa parece provir muito mais das diferenças nas concepções dos críticos em relação à autora do que propriamente de uma refutação ou deslegitimação dos argumentos por ela apresentados na obra.

Em outra de suas obras, o excelente livro *The De-moralization of Society* (até o momento, sem tradução no Brasil), Himmelfarb toca em outro aspecto que se soma às suas críticas desenvolvidas em *Uma Nação, Duas Culturas*. Nesse livro, a atenção de Himmelfarb é colocada sobre as ações de governos americanos voltados aos programas do chamado *welfare state*. Na visão da autora, uma das consequências no plano moral desses programas de governo foi a ampla e profunda entrada do Estado em âmbitos que seriam da competência de indivíduos, de famílias e mesmo de responsabilidade da própria sociedade. Quanto mais os programas de *welfare state* substituíam funções antes exercidas pelos cidadãos, entrando em ação revestidos de seu pretenso caráter amoral como instituição técnica que é, tanto mais os vínculos afetivos e morais iam se desgastando no tecido social americano e britânico. Assim, funções da família são terceirizadas ao Estado. A solidariedade social é substituída pelos programas estatais de assistência social. A maternidade fora do casamento é sustentada por programas sociais e sanitários. Até mesmo o crescimento econômico em certos períodos foi afetado pelos programas de renda estatais, pois os indivíduos se limitavam a se sustentar a partir dos programas de renda estatais. A preocupação de Himmelfarb com essas intervenções nas relações intrínsecas à sociedade americana, com a dependência econômica que as pessoas desenvolviam provocada pelos programas assistenciais estatais e, em especial, com as consequências negativas para a estrutura moral das pessoas, lembra a intensa crítica desenvolvida por Theodore Dalrymple em seu livro *A Vida na Sarjeta: O Círculo Vicioso da Miséria Moral* (publicado no Brasil também pela É Realizações). Nessa obra, Dalrymple avalia os resultados concretos dos programas do *welfare state* britânico, resultado de certo alinhamento ideológico da burocracia estatal bem como de amplas áreas da intelectualidade britânica. Himmelfarb faz todas essas inferências sustentando-se, assim como faz Dalrymple, em fartas quantidades de dados, sejam eles de institutos de pesquisa particulares, sejam estatais, produzidos por universidades, por grandes jornais e outras instituições que geraram a profusão de informações e estatísticas de que ela se utiliza para suas análises. Dessa forma, as transformações no campo cultural têm nos programas do *welfare state* um apoio não solicitado, mas, ainda assim, muito eficaz na produção das transformações no cenário moral que ela aponta neste livro.

Também em outra obra, *Ao Sondar o Abismo*, publicada no Brasil pela É Realizações, Himmelfarb discute o enfraquecimento da ordem moral nas sociedades americana e britânica. O abismo a que ela se refere, em referência a uma imagem proposta por Nietzsche, é o da dimensão de relativismo e niilismo produzida no âmbito acadêmico, por intelectuais, professores, literatos, historiadores, filósofos, mas que vai reverberar na sociedade e produzir consequências concretas. Em *Ao Sondar o Abismo*, Himmelfarb destaca que o enfraquecimento nas noções de verdade, objetividade, realidade, factualidade, dentre outros, produzido pelos pensadores pós-modernos, teve como efeito a banalização de eventos de grande tragicidade, como é o caso do Holocausto. Na medida em que historiadores não mais se atêm ao fato objetivo, nem mesmo nele creem, eles se transformam em ficcionistas que, em vez de um esforço contínuo de aproximação do fato histórico, passam a produzir apenas narrativas. Filósofos, em vez de manterem seu compromisso com a investigação racional e terem a expectativa de, em algum grau, se aproximarem de um conhecimento verdadeiro, passam a dizer que o flerte com a "verdade" é apenas diversão e coisa de gente "pedante". Por efeitos como esse, Himmelfarb mostra que a pós-modernidade flerta com o abismo moral e não leva em consideração os efeitos na sociedade, que só são reconhecidos quando grandes tragédias, como o Holocausto, se manifestam. Somente nesse momento é que se tem a devida consciência de que as ideias realmente produzem consequências. Por isso, a autora afirma a necessidade de continuar sustentando "proposições de que existem coisas como verdade e realidade e de que há uma ligação entre elas, como há uma conexão entre sensibilidade estética e imaginação moral, entre cultura e sociedade". Essa ligação, explorada naquele livro na perspectiva da filosofia, história e literatura, aqui é investigada no seu aspecto social, pois aquela cultura ligada à sociedade vem carregada de imaginação moral, em uma sociedade que valoriza as virtudes sociais, ou vem vazia e enfraquecida, em uma sociedade que pouco dá atenção à ordem moral que a sustenta.

Essas mudanças fizeram com que se produzisse a inversão que fez com que a moral tradicional que sustenta as virtudes republicanas, base da fundação da sociedade americana e da primeira grande república moderna, se tornasse, agora, a cultura "dissidente", pois a cultura preponderante, majoritária na academia, em meios de comunicação, nas artes e na cultura, mas não necessariamente na base da sociedade, é aquela produzida pela revolução cultural. Esse é o grande desafio que a autora apresenta à sociedade americana. É necessário que se reconheça essa grande linha divisória, sua origem, quais suas consequências até o momento e quais as possibilidades (positivas ou negativas) que se apresentam para o futuro.

Notório também é o papel que Himmelfarb atribui à religião, remontando até mesmo à fundação da república americana (e ainda lembrando a discussão sobre o profícuo diálogo entre os filósofos morais do iluminismo britânico com a religião, desenvolvido em seu outro magistral livro, *Os Caminhos para a Modernidade* (É Realizações Editora), que também marca uma profunda diferença com os *philosophe*, os revolucionários franceses, em que não houve um embate com a religião como o que houve na Revolução Francesa. O reconhecimento do lugar da religião na sociedade americana fica marcado até mesmo no texto de sua constituição. Himmelfarb vai apontar o lugar da religião na cultura dissidente e mostra como ela é responsável em grande parte pela manutenção da unidade nacional. "One Nation, Under God", na visão de Himmelfarb, não é apenas texto do juramento à bandeira, mas é parte da própria história americana.

Neste livro, Himmelfarb, em uma grande afirmação de otimismo e esperança, mostra que a sociedade americana deve ser louvada, pois, apesar da divisão em duas culturas, ela ainda se constitui em uma única nação.

Em um mundo que tem experimentado uma crescente polarização no campo da política, impulsionado pelas tecnologias que colocam indivíduos em contato direto entre si, sem as mediações sociais do mundo real, em que as afinidades vão se construindo ou descobrindo com base nas visões de mundo assumidas pelas pessoas e que encontram seus pares nesses novos ambientes, a investigação da natureza dessas novas linhas de aglutinação e de divisão é fundamental para poder compreender melhor a situação da sociedade ocidental contemporânea. Apesar dos estudos de Himmelfarb aqui se concentrarem na sociedade americana e, ocasionalmente, trazerem dados do mundo britânico, eles são compatíveis com as experiências que vivemos em nosso país, desde o início deste milênio. A sociedade brasileira, em parte, importou as divisões culturais do mundo anglo-saxônico, em parte criou as próprias divisões. Em ambos os casos, podemos observar que, cada vez mais, essas divisões em nossa sociedade têm se mostrado também de natureza cultural, à maneira aqui apresentada por Himmelfarb, não se restringindo mais às tradicionais divisões de classe e raça, tão marcantes em nosso país.

Assim, o livro *Uma Nação, Duas Culturas*, de Gertrude Himmelfarb, que já estabeleceu uma discussão intensa no país de origem, agora, no Brasil, traz também para nossa sociedade elementos e análises de extrema importância e utilidade para que possamos compreender melhor nosso momento e, quem sabe, assim, estimar nosso caminho para o futuro.

Prefácio à Edição Americana

"História contemporânea" costumava ser um oximoro. Acreditava-se que a história estava solidamente fundamentada no passado, relembrada com tranquilidade, com seus contemporâneos já seguramente mortos, suas paixões arrefecidas e seus documentos organizadamente armazenados em arquivos ou esperando para serem descobertos em porões empoeirados. Tal como a regra de cinquenta anos que vigora sobre a divulgação de alguns registros oficiais, os cursos dos departamentos de história eram interrompidos muito antes da última ou penúltima guerra, do último ou penúltimo rei, e certamente antes da última ou penúltima administração (ou da antepenúltima, ou da pré-antepenúltima).

Fernand Braudel, nem um pouco tradicional em outros aspectos – um dos mais destacados praticantes do método *analiste* da história, que despreza a transitoriedade da política em favor da *langue durée*, as "realidades profundas" da geografia, demografia e economia –, escreveu sua obra monumental sobre o Mediterrâneo no período de Filipe II, enquanto estava confinado num campo de prisioneiros de guerra na Alemanha, durante a Segunda Guerra Mundial. "Todos aqueles acontecimentos", escreveu ele posteriormente, "que foram despejados sobre nós pelo rádio e pelos jornais de nossos inimigos, ou mesmo as notícias de Londres que nossos contatos clandestinos nos davam – eu tive que afastar de mim, rejitá-los, negá-los. Abaixo com os acontecimentos, especialmente os incômodos! Eu tinha que acreditar que a história, o destino, era escrita num nível muito mais profundo."[1]

Entre esses acontecimentos "incômodos" estavam as batalhas sangrentas que acabaram por levar à derrota dos nazistas e às revelações de um dos episódios mais horrendos da história humana, o Holocausto.

Outros historiadores, longe de tentar "distanciar-se, rejeitar, negar" os eventos momentosos de suas épocas, procuraram, em vez disso, registrá-los, analisá-los e compreendê-los. (E não apenas os eventos momentosos como também os mais triviais e passageiros.) Ainda assim existem indícios permanentes de dúvida e inquietação. Abandonamos a "visão de longo prazo" que nos permitia colocar o presente em perspectiva? Estaremos inclinados a superestimar a importância de experiências que vivenciamos pessoalmente e a dramatizar eventos que testemunhamos? Estaremos indevidamente impressionados pela mudança (uma idade de ouro perdida, ou um novo mundo conquistado) que deu lugar à continuidade e à permanência? E encontraremos revoluções em qualquer divergência ou aberração?

Revoluções representam uma dificuldade especial. Os historiadores têm cautela com o próprio termo. Têm até mesmo má vontade em aplicá-lo a eventos políticos (teria a Revolução Inglesa de 1688 sido uma "revolução" ou apenas uma "restauração"?), que dirá a eventos culturais ou sociais. Ainda assim, ocasionalmente, muito ocasionalmente, eles estão destinados a vivenciar revoluções reais. Acredito que alguns de nós, "de uma certa idade", vivenciaram uma dessas revoluções – revolução na moral, nas tradições e nos costumes da sociedade. Isto não significa que tenham transformado cada âmbito de nossa vida mais do que outras revoluções dignas do nome – a Revolução Industrial, do século passado, ou a revolução tecnológica, mais recentemente. Porém essas revoluções tiveram um efeito profundo sobre nossas instituições e relações, privadas e públicas.

---

[1] Fernand Braudel, "Personal Testimony", *Journal of Modern History*, dez. 1972, p. 454.

Essas revoluções também nos legaram, nesse período pós-revolucionário, uma sociedade fragmentada e polarizada não apenas nos termos familiares de classe, raça, etnia, religião e gênero como também com relação aos aspectos morais e culturais que perpassam os outros. À medida que as implicações e as consequências da revolução vão se desenrolando, as pessoas têm respondido com diferentes graus de aquiescência e resistência. Em sua forma mais extrema, essas diferenças assumiram a forma de uma divisão moral, uma "guerra cultural". Com mais frequência, as diferenças têm se expressado na forma de tensões e divergências de menor dimensão. É um tributo ao povo americano e à força de nossas tradições e instituições a forma como essas disputas têm sido conduzidas, na maior parte dos casos, com civilidade e sobriedade.

Sendo eu mesma desconfiada dessa ideia de revolução, fiz um esforço especial para documentar esta, de que estamos tratando, através do tipo mais duro de evidência, os dados quantificados. Afortunadamente, um dos resultados desta revolução é justamente a disponibilidade deste material. Agências governamentais e fundações privadas, centros de pesquisa dentro e fora da academia, pesquisadores e cientistas sociais, periódicos profissionais e até mesmo os jornais diários produzem uma variedade de estatísticas, pesquisas, análises, sondagens, tabelas, gráficos e quadros que fazem inveja aos historiadores que trabalham com períodos mais remotos do passado. Seguramente não faço coro à máxima atribuída ao cientista britânico Lorde Kelvin, grafada sobre uma janela no edifício de Ciências Sociais da minha *alma mater*, a Universidade de Chicago: "Quando não se pode medir, o conhecimento é frágil e insatisfatório". Acredito que existem outras fontes de conhecimento, por vezes mais convincentes que os números: filosofia, história, literatura, tradição, religião, bom senso. Também tenho muita cautela em relação à quantificação quando ela é representada como única ou a mais alta forma de evidência histórica, especialmente referindo-se a períodos do passado, em que a quantificação era escassa e altamente seletiva, e quando quaisquer estatísticas são utilizadas para determinar os assuntos que o historiador julga dignos de atenção. No entanto, para o estudo de assuntos contemporâneos, em que tal informação é tanto abundante quanto pertinente, essas restrições não se sustentam. Estatísticas podem ser falhas; e sondagens, enganosas, e nenhuma delas pode ser levada de maneira excessivamente literal ou precisa; porém quando usadas em conjunto com outros tipos de evidências ("impressionistas", "literárias", ou "teóricas", como afirmam de maneira derrogatória os quantificadores), elas têm sido de valor inestimável para o estabelecimento de alguns fatos sólidos e para a correção de algumas concepções errôneas.

Sou grata, portanto, àqueles que me ajudaram a encontrar o caminho em meio a essas fontes que já me foram tão pouco familiares: a meus amigos Charles Murray e Karlyn Bowman, ambos do American Enterprise Institute; a John Dilulio, da Universidade de Princeton; e a James Q. Wilson, da Universidade da Califórnia, em Los Angeles, que me dedicaram tão generosamente o respectivo conhecimento formidável e o tempo deles; a minha assistente de pesquisa, Helen Boutrous, que foi tão assídua em obter artigos de jornais acadêmicos obscuros e pescar relatórios das mais profundas entranhas do Government Printing Office e da internet; e aos muitos acadêmicos que responderam com grande cortesia às minhas indagações sobre temas da respectiva área de conhecimento deles. E mais uma vez, como em mais de meia dúzia de meus livros anteriores, tive o encorajamento infalível de meu editor, um *gentleman-publisher* da velha guarda, Ashbel Green.

Minha maior dívida, agora e sempre, é com meu marido, Irving Kristol. Que ele é uma fonte constante de estímulo intelectual é dispensável dizer. Talvez mais relevante a esta ocasião tenha sido seu caráter constante. Talvez o fato de eu ser mais sensível à condição da cultura nos dias de hoje, como sua volatilidade e irresolução, deva-se exatamente ao contraste com a constância e vitalidade dele, que sustentaram a mim e à minha família por todos esses anos.

Capítulo 1 | Um Prólogo Histórico: "Os Vícios da Leviandade" e as "Doenças da Democracia"

Na sua obra *A Riqueza das Nações,* Adam Smith descreveu os "dois esquemas diferentes de moral" que prevalecem em todas as sociedades civilizadas.

> Em qualquer sociedade civilizada, em qualquer sociedade onde a distinção de classes está completamente estabelecida, tem havido sempre dois esquemas diferentes de moral corrente coexistindo; a um deles pode chamar-se de rígido ou austero; ao outro de liberal ou, se quiserem, de dissoluto. O primeiro é geralmente admirado e respeitado pela gente comum, o segundo é de um modo geral mais considerado e adotado por aqueles aos quais se chamam de pessoas de distinção.

O sistema liberal ou dissoluto está propenso aos "vícios da leviandade" – "a luxúria, a alegria libertina e mesmo desregrada, a busca do prazer até certo grau de imoderação, a violação da castidade, pelo menos por um dos sexos, e outras coisas". Entre as "pessoas de distinção" esses vícios são tratados com indulgência. A "gente comum", por outro lado, ou ao menos "sua parte melhor e mais sensata", comprometida com o sistema rígido ou austero, vê esses vícios "com a máxima aversão e repulsa", ao menos para si próprios – porque eles sabem que esses vícios lhes serão quase sempre nocivos. Enquanto os ricos podem sustentar anos de desordem e extravagâncias – na verdade, encaram a liberdade de fazê-lo sem sofrer qualquer censura ou repreenda como um dos privilégios de sua classe –, o povo sabe que o desregramento de uma única semana pode arruinar um pobre trabalhador para sempre. Este é o motivo, explicou Smith, de seitas religiosas geralmente surgirem e florescerem entre as pessoas comuns, já que essas seitas pregam aquele sistema de moral do qual o bem-estar delas depende.[1]

Grande parte da história social dos tempos modernos pode ser escrita com base na ascensão e na queda das permutações e combinações desses dois sistemas. Smith sabia, claro, que esses "sistemas" são apenas padrões prescritivos ou normativos com base nos quais as pessoas são julgadas, mas que elas frequentemente os violam na prática. Ele não tinha ilusões sobre o comportamento real de qualquer classe; não acreditava que todas as "pessoas de distinção" entregavam-se a esses "vícios da leviandade", nem que todas as "pessoas comuns", mesmo as "melhores e mais sensatas" delas, eram modelos de virtude. Ele compreendia, no entanto, que condições sociais diferentes encontravam seus reflexos em princípios morais e instituições religiosas diferentes. Assim, as classes mais altas eram mais bem servidas por uma igreja estabelecida leniente, enquanto as classes mais baixas eram atraídas às seitas dissidentes austeras.[2]

Smith estava escrevendo na sequência do renascimento wesleyano ocorrido anteriormente naquele século, que havia levado tanto a religião quanto um sistema austero de moralidade a uma parcela considerável das classes baixas. O que ele não tinha antecipado é que o wesleyanismo rapidamente se espalharia para as classes médias, na forma do evangelismo, e inspiraria um movimento de "Reforma

---

[1] Adam Smith, *An Inquiry into the Nature and Causes of the Wealth of Nations*. Edwin Cannan (ed.). New York, Modern Library, 1937, p. 746-47

[2] Talvez austeras demais, no entanto, Smith suspeitava. Sendo ele próprio um homem não de "destaque", porém do Iluminismo, ele acreditava que a moral das seitas era "desagradavelmente rigorosa e antissocial", e que o governo faria muito bem em dispersar sua "melancolia e tristeza" encorajando "diversões públicas" na forma de arte, música, dança, poesia e peças teatrais. (Ibid, p. 748)

Moral" que em pouco tempo permearia todas as classes. Em 1787 (onze anos após a publicação de *A Riqueza das Nações* e três anos antes da morte de Smith) este movimento recebeu o *imprimatur* de Jorge III, numa proclamação real para o "Encorajamento da Piedade e da Virtude, e para a Prevenção e a Punição do Vício, Profanidade e Imoralidade". À proclamação seguiu-se a formação de uma sociedade que visava esse propósito, que assumiu seu lugar entre tantas outras sociedades dedicadas a semelhantes causas valorosas, como a "Preservação da Moral Pública", a "Supressão da Lascívia Pública", e a "Observância Externa do Dia do Senhor" – todas elas direcionadas pelo menos tanto às classes médias e altas quanto às baixas. Quando Hannah More, uma convertida ao evangelismo e uma proponente entusiasta das reformas morais, convocou os ricos a se absterem de seus vícios (o teatro, particularmente, era sua *bête noire*), ela instou-lhes a fazê-lo não apenas para sua própria salvação, mas para dar um exemplo aos pobres, inspirando-lhes a se abster dos *seus* vícios habituais (a bebida, mais especificamente).

Em meados do século XIX, aquele etos austero que conhecemos atualmente como "vitorianismo" havia se tornado o credo oficial, por assim dizer, de todo o país.[3] Trabalho, parcimônia, autoconfiança, autodisciplina, asseio, religiosidade – estas eram as preeminentes virtudes vitorianas, aceitas quase que universalmente como

---

[3] Literalmente o credo oficial. Em 1862, a rainha Vitória, numa proclamação que ecoava a de seu avô, declarou ser sua obrigação "manter e ampliar o serviço a Deus Todo-Poderoso, bem como desencorajar e reprimir todo os vícios, práticas profanas, devassidão e imoralidade", e para atingir tal objetivo proibiu jogos de cartas ou qualquer outro tipo de jogos no Dia do Senhor e ordenou a seus súditos "que frequentassem, com decência e reverência, o Serviço Divino". [Hippolyte Taine, *Notes on England*, traduzido e editado para o inglês por Edward Hyams (London, 1957, ed. orig. em francês, 1860-70)], p. 12. A proclamação foi citada por Taine em suas notas escritas durante sua visita a Londres em 1862. A citação dada aqui é a tradução para o português da tradução para o inglês feita por Hyams do original francês de autoria de Taine.

tais, mesmo quando eram violadas na prática.[4] O "sistema liberal ou dissoluto de moralidade" continuou a existir, seguramente, nas periferias da sociedade, entre os elementos dissolutos da aristocracia e os pobres "irrespeitáveis". Mesmo entre eles, no entanto, ele se tornou menos conspícuo no decorrer do tempo, à medida que mais membros da aristocracia "ociosa" foram absorvidos pelo mundo comercial e industrial, e mais pobres "indolentes" foram assimilados pelas classes trabalhadoras.

No fim do século XIX o sistema lasso foi reabilitado por um pequeno grupo de boêmios que de maneira deliberada e ostentosa cultivava os "vícios da leviandade" – vícios ainda mais "decadentes" (um termo que eles próprios usavam) do que qualquer coisa imaginada por Smith. A maioria dos membros desse culto do final do século sobreviveu a esses vícios, assim como os ricos sobreviveram a eles na época de Smith. Se Oscar Wilde foi arruinado por eles, não foi porque, tal como o desafortunado trabalhador do século anterior, dissipação significava fome, mas porque ele, de maneira imprudente, provocou uma ação legal que o levou à exposição pública e à punição. Uma geração posterior de boêmios, o grupo de Bloomsbury, agia de maneira mais discreta publicamente, embora não o fizessem de maneira privada. Como seus antecessores do *fin-de-siècle*, este grupo pequeno e reservado de artistas e escritores impunha a si mesmos uma licenciosidade moral que não estendiam à sociedade como um todo. ("Imoralistas" era como um deles, John Maynard Keynes, descreveu-os de maneira cândida.)[5] Repudiando a moralidade vitoriana, muitos deles tinham tanto desprezo pelas classes proletárias que aderiam àquela moralidade quanto pela burguesia que a celebrava. Porém não tinham o desejo de libertar qualquer uma dessas classes de uma moralidade que servia

---

[4] Para uma discussão sobre as virtudes e vícios vitorianos, ver Gertrude Himmelfarb, *The De-Moralization of Society: From Victorian Virtues to Modern Values*. New York, 1995.

[5] John Maynard Keynes, *Two Memoirs*. New York, 1949, p. 97.

tão bem a eles, a elite intelectual, fornecendo-lhes os bens e serviços de que eles precisavam para seus próprios chamados "superiores".[6] Neste ponto, os boêmios ingleses do início do século XX lembravam as "pessoas de distinção" da época de Smith, que desfrutavam de uma moralidade (ou amoralidade) privilegiada, que não era partilhada pelas pessoas comuns, e ainda gozavam de seus vícios com impunidade e sem nenhuma censura – seguramente sem autocensura.

Quando Smith disse que aqueles dois sistemas de moralidade prevaleciam em "toda sociedade civilizada", ele teve o cuidado de especificar que isso significava "toda sociedade em que a distinção de classes já havia sido completamente estabelecida". Havia uma sociedade civilizada, no entanto, na qual essa distinção não havia sido estabelecida e em que esses dois sistemas de moralidade não prevaleciam – não naquela altura, pelo menos. Neste ponto, os Estados Unidos, mesmo então, eram um "país excepcional". Eles não haviam abandonado o puritanismo do qual eram herdeiros; não haviam passado por uma Restauração Cultural, muito menos política, como a que a Inglaterra havia sofrido. Se os ricos se entregavam aos "vícios da leviandade", eles eram vistos como vícios, não como privilégios de classe. Talvez seja isso que tenha feito com que os Fundadores não

---

[6] Dois dias após o armistício que deu fim à Primeira Guerra Mundial, quando a maior parte dos ingleses estava comemorando o término daquela carnificina, Virginia Woolf escreveu a sua irmã: "Os pobres de Londres, meio bêbados e muito sentimentais ou completamente estólidos, com suas roupas e vozes hediondas e seus dentes podres, fazem com que se duvide de que algum tipo de vida decente será possível". (*The Letters of Virginia Woolf*, vol. II [1912-1922], Nigel Nicolson e Joanne Trautmann [ed.]. New York, 1976, p. 293). Com o mesmo espírito, ela descreveu James Joyce como um trabalhador pretensioso ou, na melhor das hipóteses, "um estudante de graduação enjoado coçando os dentes". *Ulisses*, disse ela, era "um livro tão analfabeto e subalterno ..., o livro de um trabalhador autodidata, e todos nós sabemos o quão angustiado eles são, quão egoístas, insistentes, rudes, marcantes e, em última análise, nauseantes". (Virginia Woolf, *A Writer's Diary: Being Extracts from the Diary of Virginia Woolf,* ed. Leonard Woolf [London, 1953], p. 47 [Aug. 16, 1922])

tivessem achado necessário introduzir a ideia de virtude na Constituição, ou delegar ao governo um papel positivo na promoção da moral de seus cidadãos. Eles simplesmente julgaram que já existia, como dizem os *Papéis Federalistas*, "virtude suficiente" no povo para suportar o autogoverno.[7] Os Estados Unidos coloniais e do início de seu período republicano eram "vitorianos" *avant la lettre*.

O que é extraordinário é que esse "vitorianismo", ao menos em princípio, tenha sobrevivido ao longo de todo o século seguinte, apesar das inúmeras circunstâncias que poderiam ter militado contra ele: uma guerra civil que quase destruiu totalmente a unidade e o moral da nação, ondas sucessivas de imigração que trouxeram pessoas de sociedades e culturas muito diferentes, a abertura de novas fronteiras e a expansão para territórios que estavam distantes da cultura das colônias fundadoras, as tensões sociais do período da Reconstrução e da Idade de Ouro – tudo isso acompanhado por mudanças momentosas na indústria, no comércio, no transporte e na urbanização. Os visitantes ingleses aos Estados Unidos – Charles Dickens, Harriet Martineau, Frances Trollope, Matthew Arnold – ficaram incomodados com a combinação curiosa entre individualismo e igualitarismo que parecia tão tipicamente americana, e encorajava hábitos tão desagradáveis quanto cuspir e gabar-se. Porém também ficaram impressionados com a qualidade moral da vida doméstica dos americanos e com a natureza responsável de suas atividades e de seu discurso público. Mesmo Arnold, para quem os Estados Unidos sempre representaram o ápice da vulgaridade e do filistinismo – ele citava outro viajante que havia dito que "não há país que se diga civilizado em que uma pessoa não desejaria viver além da América, com exceção da Rússia"[8] –,

---

[7] *Papéis Federalistas*, 55.

[8] Matthew Arnold, "Civilisation in the United States" (1888), in: *Five Uncollected Essays*. Kenneth Allott (ed.). Liverpool, 1953, p. 46. (Esta não é uma citação direta do viajante, Sir Lepel Griffin, mas sim a paráfrase dele feita por Arnold.)

se impressionara com a igualdade social do país, com a falta de distinção de classes apesar das grandes desigualdades de riqueza. (Foi o exemplo dos Estados Unidos que o influenciou, em seu retorno à Inglaterra, a advogar a abolição de todos os títulos de nobreza.)[9]

É notável também que, apesar das condições turbulentas dos Estados Unidos no século XIX, o etos vitoriano daquele novo país tinha muito em comum com o do antigo. Tanto nos Estados Unidos quanto na Inglaterra esse etos era partilhado pelas classes baixas e pelas classes médias. Da mesma maneira, tal como na Inglaterra, o país gradualmente foi secularizando-se no decorrer do século, sem, no entanto, perder seu vigor ou sua autoridade. Até mesmo os rebeldes culturais – abolicionistas, feministas, radicais – professavam um comprometimento com os valores vitorianos, frequentemente invocando a autoridade de John Stuart Mill, Thomas Carlyle e Matthew Arnold. Um historiador menciona a relação entre esses eminentes vitorianos e os representantes americanos da "Tradição Gentil" como a "Conexão Vitoriana".[10] Outro explica que o vitorianismo era "vivido mais intensamente nos Estados Unidos que na própria terra natal de Vitória", porque não havia lá uma tradição aristocrática que as classes médias tinham que combater.[11] Outro, por sua vez, atribui a dominância dessa cultura ao "excesso de leis, ordenações, estatutos

---

[9] É curioso notar que os americanos, que até então viam em Arnold a epítome da urbanidade, da sofisticação e do comportamento aristocrático, ficaram mais desapontados com ele do que Arnold com os americanos. Viram nele alguém rude, até mesmo "comum", tanto em suas maneiras quanto em sua aparência, pretensioso e condescendente, materialista e ganancioso. Histórias apócrifas da época diziam que ele exigia honorários antes de receber um diploma honorário. Walt Whitman, talvez vingando-se de Arnold pela maneira com que este havia desprezado seu *Leaves of Grass*, declarou-o "o perfeito filisteu". (Lionel Trilling, *Matthew Arnold*. New York, 1949, p. 398 – Esta é a paráfrase de Trilling de Whitman.)

[10] David Hall, "The Victorian Connection", in: *Victorian America*. Daniel Walker Howe (ed.), Philadelphia, 1976, p. 81-82.

[11] Daniel Walker Howe, "Victorian Culture in America", in: ibid., p. 4.

e restrições legais comuns que regulavam quase todos os aspectos da economia e da sociedade americana em seus primórdios"[12] – leis que refletiam e reforçavam os costumes e a moral, hábitos e sanções sociais, que definiam o etos vitoriano.

Foi contra esse vitorianismo que uma geração de boêmios americanos (mais uma vez, de maneira semelhante ao grupo de Bloomsbury na Inglaterra) rebelou-se após a virada do século. "Todos sabem", escreveu um célebre historiador, "que, em algum ponto no século XX, os Estados Unidos passaram por uma revolução cultural."[13] Henry May não estava referindo-se à revolução da década de 1960, mas sim àquela que havia sido iniciada pouco antes da Primeira Guerra Mundial, e que já havia se concretizado na década de 1920. Ecoando a descrição de Virginia Woolf do espírito que animava Bloomsbury em seus princípios – "tudo seria novo; tudo seria diferente; tudo estava sob julgamento"[14] –, May descreve seu equivalente americano: "A década de 1920 foi o período dos começos, uma época em que cientistas sociais e psicólogos anunciavam um admirável mundo novo, no qual as realizações tecnológicas fixaram nova imagem dos Estados Unidos aos olhos da Europa ciumenta, no qual Henry L. Mencken criou um novo idioma para castigar a burguesia, e no qual os Jovens Intelectuais encontraram novos motivos para rejeitar a cultura americana em sua totalidade".[15]

---

[12] William J. Novak, *The People's Welfare: Law and Regulation in Nineteenth-Century America*. Chapel Hill, North Carolina, 1996, p. 1.

[13] Henry F. May, *The End of American Innocence: A Study of the First Years of Our Own Time 1912-1917*. Oxford, England, 1979 (1. ed., 1959), p. ix. Na mesma época, William E. Leuchtenburg falou da década de 1920 como "a revolução na moral". (*The Perils of Prosperity*, 1914-1932 [Chicago, 1958], p. 158)

[14] Virginia Woolf, *Moments of Being: Unpublished Autobiographical Writings*. Jeanne Schulkind (ed.). New York, 1976, p. 163.

[15] May, p. x.

Os "Jovens Intelectuais" dos Estados Unidos, no entanto, tinham uma semelhança apenas superficial com o Bloomsbury inglês. Embora fossem hostis ao que Mencken chamava de *"booboisie"*, eles não tinham nenhuma indiferença, muito menos desprezo, com relação às classes proletárias. Pelo contrário, a maior parte deles (com a distinta exceção do próprio Mencken) era ferrenhamente progressista, reformista e até mesmo socialista em seus pontos de vista políticos. Tampouco sua revolução sexual tinha alguma semelhança com a de seus primos ingleses. Ao contrário de Bloomsbury, que era acintosamente promíscuo (é necessário um diagrama para acompanhar a complicada rede de relacionamentos – simultâneos e sucessivos, homossexuais e heterossexuais – de seus membros), seus equivalentes do Greenwich Village eram relativamente reservados em sua boemia. Walt Whitman, seu herói, é celebrado nos dias de hoje como um homossexual; na altura, era conhecido e admirado como um romântico e um democrata. Nem mesmo o *"Flapper Set"*,[16] como Mencken o batizou – "adorável, cara e com cerca de dezenove anos", como F. Scott Fitzgerald descreveu uma delas[17] – era tão extravagante quanto julgava uma geração mais antiga. Seus prazeres consistiam em beijar, fumar, beber, frequentar festas e acariciar-se dentro de automóveis (*"necking"*, como se dizia na época). Em *This Side of Paradise*, publicado em 1920, Fitzgerald comentou: "Nenhuma das mães vitorianas – e a maioria das mães era vitoriana – tinha alguma ideia de quão casualmente as filhas estavam acostumadas a serem beijadas".[18] Beijadas! – Bloomsbury teria se divertido com

---

[16] "Flapper" era uma expressão utilizada na década de 1920 para referir-se a uma jovem que desdenhava tanto o modo de se vestir quanto as convenções comportamentais. (N. T.)

[17] "A Freeze-Out" (1931), in: *The Short Stories of F. Scott Fitzgerald*. Matthew J. Bruccoli (ed.). New York, 1989, p. 649.

[18] F. Scott Fitzgerald, *This Side of Paradise*. New York, 1948 [1. ed., 1920], p. 60.

uma noção tão singular de liberação. (O termo não era um eufemismo, como poderíamos supor nos dias de hoje.)

Comparado com o período vitoriano que o precedeu, o início do século XX pode muito bem ter inaugurado, como um historiador escreveu, "a primeira revolução sexual".[19] A Primeira Guerra Mundial teve um efeito dissolvente sobre o comportamento e as crenças convencionais. Antes mesmo dela, no entanto, o aumento da secularização e a urbanização da sociedade, o emprego de mulheres em grande escala e em diversas ocupações, o movimento sufragista (que culminou com a conquista do voto após a guerra), a difusão da prática da contracepção e, de maneira igualmente importante, a discussão franca desse tema, o advento do automóvel que proporcionava um grau de liberdade e mobilidade até então sem precedentes – todos esses fatores levaram a um relaxamento dos costumes sociais e sexuais tradicionais. Até mesmo o movimento de "higiene social", que tinha como intenção elevar a moral ao obrigar os homens a aderir aos mesmos padrões que as mulheres e expor os perigos das doenças venéreas, teve o resultado não intencional de liberar tanto homens quanto mulheres de suas atitudes e papéis tradicionais. Um artigo amplamente citado, de autoria de Agnes Repplier, publicado na *Atlantic Monthly*, em 1914, "The Repeal of Reticence", lamentava a perda da autoridade paterna e a lassidão moral decorrente desse afrouxamento dos padrões e convenções.

A "primeira revolução sexual", no entanto, foi menos subversiva do que esse rótulo sugere. Em seu estudo de caso de "Middletown", em meados da década de 1920, Robert e Helen Lynd notaram que o aumento nas taxas de divórcio e no uso de contraceptivos não

---

[19] Kevin White, *The First Sexual Revolution: The Emergence of Male Heterosexuality in Modern America*. New York, 1993. Ver também James R. McGovern, "The American Woman's Pre-World War I Freedom in Manners and Morals", *Journal of American History*, 1968, p. 315-33; John C. Burnham, "The Progressive Era Revolution in American Attitudes toward Sex", ibid., 1973, p. 885-908.

foi acompanhado por comportamentos ou atitudes sexuais significativamente mais permissivas. Entre os jovens, pode ter ocorrido um "relaxamento experimental" do tabu pesado sobre as relações sexuais entre pessoas solteiras, porém no geral aquele tabu "é tão forte hoje quanto era nas sedes de condado de quarenta anos atrás".[20] Middletown (e, pode-se presumir, outras cidades semelhantes por todo o país) adaptou-se de maneira mais tímida e moderada às alterações nas condições sociais e materiais do que supuseram alguns historiadores contemporâneos, à época, ou mesmo posteriormente.

Qualquer que tenha sido a revolução cultural vivida pelos Estados Unidos na década de 1920, ou antes, ela foi um leve presságio do que viria a seguir. Em 1942, o economista Joseph Schumpeter localizou a fonte da revolução no próprio capitalismo. Em *Capitalism, Socialism and Democracy*, ele descreveu a "espécie" ou "classe" de intelectuais que ostentavam seu desprezo pela sociedade capitalista na qual eles floresciam, cediam ao seu senso de superioridade moral sobre a cultura materialista que os alimentava e explorava a liberdade que lhes era concedida pelas leis e instituições da sociedade burguesa que insultavam. A "sociologia do intelectual", no entanto, era apenas uma digressão na tese de Schumpeter. Seu cerne era a vulnerabilidade inerente, a falha fatal do próprio capitalismo. O espírito racionalista e empreendedor que assegurava o sucesso econômico do capitalismo, argumentava Schumpeter, tinha o efeito involuntário de minar tanto o etos burguês quanto as instituições tradicionais que o sustentavam.

---

[20] Robert S. Lynd e Helen Merrell Lynd, *Middletown: A Study in American Culture*. New York, 1956 (1. ed., 1928), p. 112. Kevin White cita estatísticas que sugerem uma mudança bem mais radical nos costumes sexuais. "Mulheres nascidas após 1900 têm probabilidade duas vezes e meia maior de ter sexo antes do casamento do que as que nasceram antes." (White, p. 15.) A fonte para esse número, no entanto, bem como para todos os outros citados por White, é o *Sexual Behavior in the Human Female*, de Alfred Kinsey, obra de autoridade duvidosa.

Assim, o capitalismo estava constantemente sendo subvertido pelo próprio processo de "destruição criativa" que gerava sua dinâmica econômica. O próprio capitalismo, previu Schumpeter, acabaria por ser destruído, auxiliado e encorajado por seus próprios intelectuais.

> Ao subverter a ordem pré-capitalista da sociedade, o capitalismo derrubou não apenas barreiras que lhe impediam o progresso como também as escoras que lhe impediam o colapso.... O capitalismo produz uma atitude crítica de espírito que, depois de haver destruído a autoridade moral de tantas outras instituições, vira-se, por fim, contra ela própria. O burguês descobre, espantado, que a atitude racionalista não se satisfaz em contestar as credenciais dos reis e papas, mas continua atacando a propriedade privada e todo o esquema de valores burgueses.[21]

Essa previsão ainda não foi inteiramente confirmada. O capitalismo continua a florescer, e sobre uma porção cada vez maior do mundo do que em toda a sua história. Porém o processo de "destruição criativa" teve impacto negativo na vida moral da sociedade. Na realidade, ele se provou tanto mais criativo quanto mais destrutivo do que Schumpeter poderia ter previsto. O capitalismo sobreviveu, ao que tudo indica, porém à custa do etos burguês que o inspirou originalmente e que por muito tempo o sustentou.

---

[21] Joseph A. Schumpeter, *Capitalismo, Socialismo e Democracia*. New York, 1950. George Allen e Unwin Ltd (ed.). Trad. Ruy Jungmann. Rio de Janeiro, Fundo de Cultura, 1961, p. 174-79.
Um século antes, John Stuart Mill havia apontado para uma falha semelhante no capitalismo. Convencido de que os instintos competitivos e aquisitivos libertados por uma "economia progressiva" acabariam por conduzir a um hedonismo e a um materialismo indecoroso, ele propôs a restrição da economia, mantendo-a deliberadamente num "estado estacionário". (John Stuart Mill, *Principles of Political Economy*. Toronto, 1965 [1. ed., 1848], II, 752 ss.) Os vitorianos rejeitaram essa solução pelo bom motivo de que ela impediria não apenas o materialismo e o hedonismo como também os avanços tecnológicos e industriais que estavam tornando a vida mais suportável para as massas. Seguros de seus próprios valores, eles estavam confiantes de que a sociedade podia suportar os desafios apresentados pela nova economia.

No período que se seguiu à Segunda Guerra Mundial, o Ocidente e, de maneira mais dramática, os Estados Unidos começaram a experimentar os benefícios de uma sociedade aberta e uma economia florescente: como a libertação das pressões da depressão e da guerra, a prosperidade, que permitiu a expansão e dispersão inédita de bens materiais, a extensão da educação superior a classes que não tinham acesso a ela até então, e uma enormidade de inovações científicas e tecnológicas que prolongaram, melhoraram, enriqueceram e energizaram a vida da maior parte das pessoas.

Hoje em dia, é comum ouvirmos os anos 1950 serem descritos como um período de repressão sexual e opressão patriarcal, de um conformismo desanimador e um desespero silencioso. Foi nesse período, porém (como apontou Theodore Roszak, que cunhou o termo "contracultura"), que os revolucionários dos anos 1960 foram criados. Portanto, longe de terem sido reprimidos ou oprimidos, eles foram criados por pais apaixonados que seguiam as receitas permissivas do Dr. Benjamin Spock, cujos livros sobre educação infantil foram a bíblia da geração. (O primeiro desses *best-sellers* perenes foi publicado em 1946; os outros foram lançados na década seguinte.) Como jovens adultos eles gozaram dos privilégios de frequentar as faculdades que floresceram naquela década, graças em parte à G. I. Bill of Rights e ao influxo colossal de fundos governamentais. (A população de estudantes universitários mais que duplicou entre 1950 e 1964.) Foi ali que eles encontraram os estímulos intelectuais para desafiar a cultura dominante, bem como uma cultura de semelhantes que lhes forneceu suporte. Alguns se identificaram com os *beatniks*, seguidores de Jack Kerouac e Allen Ginsberg, que estavam na vanguarda da rebelião. Outros aprenderam suas táticas de dissensão no movimento anti-McCarthy que continuou a vigorar mesmo após o próprio senador ter sido censurado, em 1954, e na campanha antinuclear que se desenvolveu pouco depois. (A Sane foi fundada em 1957, ano da morte de Joseph McCarthy.) Outros, por sua vez, foram inspirados pela vanguarda artística que fez de Jackson Pollock um herói e de Norman Rockwell alvo de ridículo.

Ademais, eles e seus pais foram preparados para a revolução sexual pelo freudianismo que estava tão difundido e influente na geração do pós-guerra, inspirando períodos prolongados de terapia para eles que podiam bancar e uma vasta literatura para os que não podiam. O *Relatório Kinsey* sobre a sexualidade masculina foi publicado em 1948, e o relatório sobre a sexualidade feminina, em 1953; *Eros e Civilização*, de Herbert Marcuse, apareceu em 1955, e uma gama de manuais de faça-você-mesmo conquistou as listas de *best-sellers*, revelando técnicas para a liberação e a satisfação sexual. Em 1956, o sociólogo Pitirim Sorokin, de Harvard, publicou *The American Sex Revolution*, lamentando, com toda a paixão de um pregador evangélico, a "sexualização da cultura americana" e a "amoralidade pretensamente nietzschiana" que estariam engolindo o país. "O que costumava ser considerado moralmente repreensível agora é recomendado como valor positivo; o que costumava ser chamado de desmoralização agora é designado progresso moral e uma nova liberdade."[22]

Mesmo o movimento dos direitos civis teve seu início dramático nos anos 1950, com a recusa de Rosa Parks, em dezembro de 1955, em ceder seu assento num ônibus em Montgomery, Alabama. Foi então que Martin Luther King atingiu a proeminência nacional ao liderar – e sagrar-se vitorioso – o boicote contra o sistema de ônibus segregador daquela cidade. Em 1957 ele criou a Southern Christian Leadership Conference, que carregou sua mensagem de resistência não violenta aliada à campanha de dessegregação por todo o sul americano e, finalmente, pelo resto do país. Quando os entusiastas dos anos 1960 se orgulham por terem posto um fim aos terríveis velhos tempos dos anos 1950 – a ignorante era do *Leave It to Beaver* –, eles fariam bem em lembrar que havia muito acontecendo fora da

---

[22] Pitirim A. Sorokin, *The American Sex Revolution*. Boston, 1956, p. 23, 45.

residência dos Cleaver. Se os anos 1960 foram uma reação aos anos 1950, estes foram também um prelúdio dos anos 1960.

O que era, no entanto, um prelúdio de todos esses desenvolvimentos, bem como de outros, foi intensificado e acelerado de tal maneira na década de 1960 e nas décadas seguintes que acabou por parecer, à época (e em retrospecto), uma revolução cultural e moral genuína – uma revolução que confirmou as previsões de Schumpeter sobre os efeitos ambíguos do progresso material. À medida que a sociedade se tornou mais aberta e a economia mais afluente, a moralidade e a cultura se liberalizaram e democratizaram. O "sistema frouxo de moralidade", escapando das amarras de classe que o estavam restringindo, tornou-se disponível a todos. Seguramente, a maior parte das pessoas, durante a maior parte do tempo, optou por não se utilizar desse sistema. Mas havia surgido, potencialmente, uma sirene convocando todos à "leviandade" e à liberação. Para as pessoas comuns, esse fato trouxe consigo muitas virtudes, incluindo a grande virtude de elas não mais terem de ser identificadas como "pessoas comuns". Porém o sistema também estava repleto de tentações e vícios que eram ainda mais difíceis de serem resistidos, porque vinham com a chancela de seus superiores sociais e intelectuais.

A década de 1960 levou às últimas consequências as "contradições culturais do capitalismo", como se vê na frase memorável de Daniel Bell: "As contradições inerentes de uma economia que exige, para seu funcionamento adequado, restrições morais como a autodisciplina e a submissão da gratificação, mas que ao mesmo tempo estimula o hedonismo e a autoindulgência intolerante a qualquer tipo de restrição".[23] Uma dessas "contradições" era a manipulação e exploração do capitalismo por aqueles que professavam desprezá-lo. Como os "intelectuais" de Schumpeter, muitos *hippies* provaram ser hábeis em

---

[23] Daniel Bell, *The Cultural Contradictions of Capitalism*. New York, 1976.

comercializar seus próprios talentos e converter suas atividades contraculturais em empreendimentos lucrativos. Assim, indústrias inteiras sugiram dedicadas ao vestuário e à arte pseudopopular, *head shops* especializadas na venda de objetos relacionados ao consumo de drogas e lojas herbais especializadas em "remédios naturais", bem como teatros e galerias de vanguarda que eram patrocinadas e mesmo subsidiadas pelos capitalistas burgueses que estavam sendo satirizados.

Em 1965 Lionel Trilling analisou a "cultura adversária", como ele a chamou. Propagada inicialmente por artistas e escritores modernistas, ela tinha uma "intenção adversária" intencional, dirigida à cultura burguesa tradicional. Nos anos 1960, no entanto, ela assumiu uma forma que era única, tanto quantitativa quanto qualitativamente, pois agora caracterizava não só um pequeno grupo como toda uma classe, uma classe que estava mais evidente nas universidades, mas que agora se espalhara por toda a sociedade como um todo – na verdade, em meio à própria classe média, que era seu pretenso inimigo. Trilling observou que, embora ela não tivesse dominado a classe média, ela "destacou uma força considerável do principal corpo de seu inimigo e... cativou sua lealdade".[24]

Apenas alguns anos após esse comentário presciente, a "cultura adversária" de Trilling desenvolveu-se na "contracultura", atingindo muito mais pessoas do que ele havia antecipado na época. Ela até mesmo ultrapassou as expectativas de Theodore Roszak, que, em 1968, num artigo chamado "Youth and the Great Refusal", na revista *The Nation*, apresentou e definiu este novo fenômeno: "A contracultura é a base cultural embriônica da política da nova esquerda, um esforço para descobrir novos tipos de comunidade, novos padrões familiares, novos costumes sexuais, novos meios de sustento, novas formas estéticas, novas identidades pessoais no lado oculto das políticas do

---

[24] Lionel Trilling, *Beyond Culture: Essays on Literature and Learning*. New York, 1965, p. 12-15.

poder, do lar burguês e da ética de trabalho protestante".[25] O termo passou a circular amplamente quando o ensaio foi republicado no livro *The Making of a Counter Culture*, do próprio Roszak. Ele mesmo, porém, subestimou a atração da contracultura, pois a restringiu a "uma reduzida minoria de jovens e a um punhado de seus mentores adultos; em algumas gerações", ele especulou, "seus herdeiros poderiam transformar esta nossa civilização desorientada em algo que um ser humano pudesse identificar como um lar".[26]

Na realidade, a contracultura progrediu muito mais rápida e amplamente do que até mesmo seus mais entusiastas partidários tinham previsto, pois ela provou ser nada menos que uma revolução cultural. E essa revolução foi ampliada por outras revoluções simultâneas: a revolução racial (inspirada pelo movimento dos direitos civis); a revolução sexual (encorajada pela pílula anticoncepcional e pelo feminismo); a revolução tecnológica (da qual a televisão foi um célebre derivado); a revolução demográfica (que produziu uma geração de *baby-boomers* e uma poderosa cultura de pares); a revolução política (precipitada pela Guerra do Vietnã); a revolução econômica (que introduziu a Grande Sociedade e a expansão do estado de bem-estar social); e o que pode ser chamado de revolução psicológica (a "cultura do narcisismo", como Christopher Lasch a cognominou).[27] Cada uma delas foi significativa por si só, e juntas alimentaram-se umas das

---

[25] Theodore Roszak, "Youth and the Great Refusal", *The Nation*, 25 mar. 1968, p. 406.

[26] Roszak, *The Making of a Counter Culture: Reflections on the Technocratic Society and Its Youthful Opposition*. Berkeley, 1995 (1. ed., 1970), p. 40-41.

[27] Christopher Lasch, *The Culture of Narcissism: American Life in a Age of Diminishing Expectations*. New York, 1979.
Talvez porque estivesse escrevendo no fim da década de 1970, num período de estagnação econômica, Lasch associou a cultura do narcisismo com uma "era de diminuição de expectativas", como declara o subtítulo de sua obra. Na realidade, essa cultura floresceu ainda mais na era do aumento das expectativas dos anos 1980 e 1990.

outras, promovendo uma crescente insatisfação com as autoridades e instituições estabelecidas e uma rejeição aos modos convencionais de pensamento e comportamento.

Negros e mulheres celebraram esse período como o início de sua libertação, sua admissão a um mundo de direitos, liberdades e oportunidades das quais eles haviam sido injustamente excluídos. Essa celebração é justificada, bem como a libertação muito apreciada. Mas não demorou muito para que surgissem anomalias – as "contradições culturais da libertação", como se poderia dizer. Algumas mulheres se descobriram libertadas do lar em mais de um sentido. O aumento na taxa de desemprego entre as mulheres foi paralelo ao aumento nas taxas de divórcios e ao número de mães solteiras. Muitas mulheres, após conquistarem o acesso ao ambiente de trabalho, perderam o lugar seguro que tinham no lar conjugal. E, após tornarem-se "lucrativamente empregadas" (no sentido que os economistas dão ao termo), frequentemente viram-se reduzidas à condição de pobreza que acompanha o divórcio e a condição de mãe solteira.

Para os negros a situação acabou por tornar-se igualmente anômala. Livres das condições degradantes da segregação e da discriminação, a maior parte dos negros, incluindo os da classe proletária, passou a gozar de um padrão de vida mais elevado, empregos mais variados e desejáveis, melhor educação e moradia. Outros, porém, nessa "era pós--direitos civis", como a descreveu o economista negro Glenn Loury, viram-se num "dilema moral", dependentes de um sistema de bem-estar social subsidiado pelo governo que era suficiente para suas necessidades básicas; entretanto, colocava-lhes na situação infeliz de vitimização e dependência – uma condição que poderia ser retificada, sugere Loury, pela utilização daqueles recursos dentro de sua própria comunidade que promovia um senso de autoconfiança e "autoajuda".[28]

---

[28] Glenn C. Loury, "The Moral Quandary of the Black Community", *Public Interest*, primavera de 1985.

Assim, a contracultura, que pretendia libertar todos da influência imbecilizante dos "valores burgueses", também liberou uma grande quantidade de pessoas daqueles valores – virtudes, como já haviam sido chamados – que tinham um efeito estabilizador, socializante e moralizante na sociedade. Não é por acaso, como costumavam dizer os marxistas, que a rápida aceleração do crime, do nascimento de filhos de pais solteiros e a dependência dos sistemas de bem-estar social teve início justamente no período em que a contracultura entrou em vigor.

É uma questão debatida intensamente, se é possível apreciar o bom sem o mau, os efeitos desejáveis da revolução cultural sem os indesejáveis. Revoluções, como bem se sabe, acabam por desenvolver um impulso próprio, e frequentemente ultrapassam suas metas originais e terminam consumindo tanto seus pais quanto seus filhos. E a conjunção de várias revoluções, como ocorreu nos anos 1960, provavelmente fez com que as consequências indesejadas acabassem por se sobrepor às desejadas. Desta maneira, os resultados benéficos do movimento de direitos civis foram parcialmente – por sorte, apenas parcialmente – anulados por dois outros desenvolvimentos que coincidiram com o de direitos civis: a revolução cultural, que denegriu exatamente aquelas virtudes (trabalho, parcimônia, temperança, autodisciplina) necessárias para levar à melhoria econômica e à mobilidade social; e a Grande Sociedade, que tinha como meta facilitar a entrada das minorias na sociedade aberta das oportunidades e da autorrealização, acabou com frequência excessiva levando a uma sociedade fechada de dependência crônica.

A Guerra do Vietnã deu aos anos 1960 uma ênfase especial nos Estados Unidos. Porém a revolução cultural não ficou confinada a esse país; pelo contrário, ela surgiu ao mesmo tempo nas nações ocidentais que não haviam passado pela experiência traumatizante daquela guerra.[29] Se alguns dos efeitos dessa revolução – pais solteiros

---

[29] Ver Arthur Marwick, *The Sixties: Cultural Revolution in Britain, France, Italy and the United States, c.1958-c.1974*. Oxford, England, 1998.

ou o nascimento de crianças fora do casamento, por exemplo – não representaram tanto um problema para os europeus quanto para os americanos (com exceção dos ingleses, que têm sofrido muito com eles), isso reflete mais o etos desses países do que as condições objetivas.[30] E se os americanos têm consciência acentuada dessas condições, se as enxergamos como problemas sérios, é porque temos tradicionalmente aos orgulhado de não ser apenas a nação mais democrática, mas também de ser a mais moral – moral por ser democrática.

Muito antes da fundação da república americana, Montesquieu explicou que a "virtude" é a característica que distingue uma república, assim como a 'honra" distingue uma monarquia, e a "moderação", uma aristocracia. Se os europeus não partilham de nossa "obsessão", como eles dizem, com a moralidade, repudiando-a de maneira depreciativa como "moralista", talvez seja porque seu etos ainda tem resquícios de sua herança monárquica e aristocrática – aqueles vestígios de classe, nascimento e privilégio que são congênitos a um sistema "frouxo" de moralidade. Os americanos, tendo sido poupados desse legado e tendo dependido desde o início do caráter como meio de testar o mérito e da autodisciplina como pré-condição para o autogoverno, ainda prestam homenagem à ideia de "virtude republicana".

Dois séculos atrás, os Pais Fundadores confrontaram aquela que era então a questão mais séria enfrentada pela nova nação. Uma

---

[30] A taxa de nascimento de crianças fora do casamento, por exemplo, entre 1960 e 1990 aumentou de 5% para 28% nos Estados Unidos e no Reino Unido; de 4% para 24% no Canadá; de 6% para 30% na França; de 8% para 46% na Dinamarca; e de 11% para 47% na Suécia. A maior parte dessas cifras é consideravelmente maior nos dias de hoje. (*State of the Union: America in the 1990s*, ed. Reynolds Farley [New York, Russell Sage Foundation, 1995], II, 15 [citando o U.S. Bureau of the Census, Statistical Abstract of the United States, 1993]; Constance Sorrentino, "The Changing Family in International Perspective", *Monthly Labor Review*, mar. 1990. Para estatísticas mais recentes, ver *The Economist*, 26 set. 1998 [citando Eurostat e o Departamento de Comércio dos EUA].)

célebre passagem dos *Papéis Federalistas* procura na Constituição "um remédio republicano para as doenças mais recorrentes no governo republicano".[31] As doenças que os Pais Fundadores tinham em mente eram "os males do facciosismo": a busca de interesses pessoais em detrimento do interesse geral. Para neutralizar essas doenças, eles propuseram o sistema do federalismo e a separação dos poderes.

Gerações posteriores se preocuparam menos com as doenças recorrentes no governo republicano do que com aquelas recorrentes na sociedade democrática – pobreza, racismo, desemprego, desigualdade. Mais recentemente, nos deparamos com ainda outros tipos de doença, morais e culturais: o colapso dos hábitos e princípios éticos, a perda de respeito pelas autoridades e instituições, a desestruturação da família, o declínio da civilidade, a vulgarização da alta cultura e a degradação da cultura popular. Em todas as pesquisas, mesmo as realizadas no auge da prosperidade econômica, a grande maioria do povo americano (até mesmo dois terços ou três quartos) identifica a "decadência moral" ou o "declínio moral" como um dos principais problemas, quando não o principal problema que o país enfrenta.[32]

---

[31] *Papéis Federalistas*, 10.

[32] Numa das pesquisas, 76% de "outros americanos" (ou seja, aqueles que não pertencem à "direita religiosa") disseram que a principal causa dos problemas dos Estados Unidos era a "decadência moral"; 88% da direita religiosa deu esta resposta. (American Jewish Committee, "A Survey of the Religious Right", p. 8 [realizada pelo Instituto Internacional Gallup, 10 mai. – 3 jun. 1996].) Noutra pesquisa realizada no mesmo ano por Daniel Yankelovich, até 87% do público demonstrou estar incomodado com a condição moral do país (citado pelo Instituto pelos Valores Americanos, "A Call to Civil Society" [New York, 1998], p. 4). Em 1998, com a economia num estado de semieuforia, de 60 a 75% disseram que o país passava por um período de declínio nos "padrões morais e éticos", que estavam incomodados com esse "declínio moral", e que o país estava "seguindo pelo caminho errado" em termos de valores. (*Public Perspective*, Roper Center, fev./mar., 1998, p. 12. Ver também *Washington Post*, 14 jul. de 1998, p. A8 [citando a pesquisa *Washington Post*/ABC]; *Washington Post*, 11 set. 1998, p. A40 [citando a pesquisa *Washington Post*/Kaiser Family Foundation/Universidade Harvard]; CNN/Gallup, 4-8 fev. 1999).

Essa "decadência" se manifesta, em sua forma mais virulenta, nas "estatísticas morais" (como os vitorianos as chamavam – "patologia social", diríamos) sobre crime, violência, nascimento de crianças fora do casamento, gravidez na adolescência, abuso infantil, dependência de drogas, alcoolismo, analfabetismo, promiscuidade, dependência do bem-estar social. Algumas dessas estatísticas melhoraram nos últimos anos, e existem sinais auspiciosos para o futuro. O declínio mais dramático foi nos números relacionados ao crime. De 1990 a 1997, crimes graves (assaltos, roubos, roubos de automóveis) caiu de 58 para 49 por mil habitantes; crimes violentos, de 7,3 para 6,1; homicídios, de 9,4 para 6,9 por 100.000; a taxa de homicídios entre negros, de 38 para 6,8 por 100.000; e a taxa de homicídios entre jovens adolescentes (de 14 a 17 anos) de 30,2 por 100.000 (em 1993) para 16,5 (em 1997).[33] Em cidades com

---

O senso de declínio moral não é desvirtuado pelo fato de que as pessoas frequentemente eximem a si mesmas e àqueles que lhes são próximos desse declínio. A atitude "eu estou bem, você não" é conhecida como a "lacuna do otimismo". Dois terços das pessoas "se sentem bem" com suas próprias comunidades, porém apenas um terço delas nutrem bons sentimentos para com os Estados Unidos em geral. (Everett Carll Ladd e Karlyn H. Bowman, *What's Wrong: A Survey of American Satisfaction and Complaint*.Washington D.C., AEI Press, 1998, p. 40. Ver também David Whitman, *The Optimism Gap: The I'm OK – They're Not Syndrome and the Myth of American Decline*. New York, 1998). Isto se assemelha à síndrome da "autoestima", que induz as pessoas a ter uma opinião mais elevada sobre suas próprias capacidades do que os outros têm (ou do que possa ser garantido por medições objetivas). A lacuna do otimismo, tal como a enganosa autoestima, é uma espécie de dissonância cognitiva, uma relutância em confrontar a realidade.

[33] *Crime in the United States*, 1997, Uniform Crime Reports, Departamento de Justiça dos Estados Unidos, F.B.I., p. 66; *Sourcebook of Criminal Justice Statistics 1997*, Departamento de Justiça dos Estados Unidos, p. 294. Ver também M. Sickmund, H. Snyder e E. Poe-Yamagat, *Juvenile Offenders and Victims: 1997 Update on Violence*, Escritório para a Justiça Juvenil e Prevenção à Delinquência, Departamento de Justiça dos Estados Unidos, 1997. Esses números continuaram a cair em 1998, de acordo com os Relatórios Criminais Uniformes preliminares (publicados em 16 mai. 1999).

população superior a 1 milhão de habitantes, a taxa de homicídios caiu de 35,5 por 100.000 habitantes em 1991 para 20,3 em 1997 – a taxa mais baixa em duas décadas. Na cidade de Nova York, a mudança foi mais palpável no metrô, nas ruas e nos lares; novamente, as cifras mais notáveis indicam a queda na taxa de homicídios: 2.262 em 1990, 620 em 1998.[34]

Depois do crime, a situação mais promissora é a do bem-estar social. O número de pessoas dependentes da previdência social caiu em mais de um terço, de 14,1 milhões em janeiro de 1993 para 7,6 milhões em dezembro de 1998.[35] Menos dramáticos, porém ainda assim significativos, foram os declínios registrados nas taxas de nascimento fora do casamento (de 47 por mil mulheres solteiras em 1994 para 44 em 1997);[36] a taxa de nascimento entre mães adolescentes também caiu (de 62,9 por mil em 1991 para 52,3 em 1997);[37] a atividade sexual entre garotas de 15 a 19 anos (de 55% em 1990 para

---

[34] James Alan Fox e Marianne W. Zawitz, "Homicide Trends in the United States", Escritório para Estatísticas de Justiça, FBI, jan. 1999; FBI Supplementary Homicide Reports, 1976-1997; *New York Times*, 29 dez. 1998, p. A16 (atualizado pelo Departamento de Polícia de Nova York, publicado no *Washington Post*, 1º jan. 1999, p. A25). Utilizando uma metodologia diferente, os Relatórios Criminais Uniformes preliminares (publicados em 16 mai. 1999) registraram 633 homicídios na cidade de Nova York em 1998.

[35] "Aid to Families with Dependent Children and Temporary Assistance", atualizado em dezembro de 1998, Administração de Crianças e Famílias, Departamento de Saúde e Serviços Humanos dos Estados Unidos (publicado em abr. 1999).

[36] *Monthly Vital Statistics Report*, suplemento de 1998, Centro Nacional de Estatísticas de Saúde. (Entre mulheres negras a taxa caiu de 94 para 74.)

[37] S. J. Ventura, S. C. Curtin e T. J. Matthews, "Teenage Births in the United States: National and State Trends, 1990-1996", e "Births: Final Data for 1997", Centro Nacional de Estatísticas de Saúde, 1998 e 1999. Entre adolescentes negras a taxa caiu de 115,5 para 91,7. A gravidez entre adolescentes (diferentemente da taxa de nascimento) declinou de 117,1 por mil em 1990 para 101,1 em 1995. ("U.S. Teenage Pregnancy Statistics", Instituto Alan Guttmacher, 1998.)

50% em 1995); e entre garotos (de 60,4% em 1988 para 55,2% em 1995);[38] divórcios (de 4,7 por uma população de mil em 1990 para 3,9 em 1997);[39] e abortos (de 27,4 por mil mulheres [de 18 a 44 anos] em 1990 para 22,9 em 1996).[40]

Alguém já disse que um pessimista não consegue aceitar um "sim" como resposta. No entanto, até mesmo um pessimista inveterado deve animar-se com esses progressos – e animar-se não apenas pela melhoria existencial na vida dos americanos, tais como as refletidas por essas estatísticas, mas também pelas prováveis causas dessas melhorias. O início da década de 1990 viu um reconhecimento tardio, porém convincente, da gravidade desses problemas pelas autoridades e especialistas que havia muito vinham resistindo às suas óbvias evidências. E, com esse reconhecimento (como mostrarão os próximos capítulos), veio a introdução de práticas e políticas, por parte de grupos privados e agências governamentais, visando remediar esses problemas – punir de maneira mais severa tanto os crimes mais graves quanto os mais leves, transferir o papel de prover o bem-estar social aos estados e localidades, dar às igrejas e organizações locais um papel mais ativo nas regiões centrais das cidades, falar de "valores familiares" com mais respeito, e não de maneira sarcástica, como antes se fazia, e tentar tratar, com uma série de maneiras, dessa "decadência moral" tão amplamente deplorada.

---

[38] "1995 National Survey of Family Growth", Centro Nacional de Estatísticas de Saúde, 1997; J. C. Abma, A. Chandra, W. D. Mosher, L. Peterson e L. Piccino, "Fertility, Family Planning, and Women's Health: New Data from the 1995 National Survey of Family Growth", Centro Nacional de Estatísticas de Saúde, 1997.

[39] Advance Report of Final Divorce Statistics, 1989-1990, Centro Nacional de Estatísticas de Saúde; National Vital Statistics Reports, 4 nov. 1998, Centro Nacional de Estatísticas de Saúde.

[40] Stanley K. Henshaw, "Abortion Incidence and Services in the United States, 1995-1996", *Family Planning Perspectives*. Instituto Alan Guttmacher, 1998, p. 264.

Esses esforços não só tiveram o salutar efeito de reduzir a incidência de crime, bem-estar social, nascimentos fora do casamento, como também começaram a gerar uma mudança no comportamento moral do país. Quase todos os relatos positivos das últimas estatísticas são citados como uma contribuição importante para esses resultados. O *National Journal*, por exemplo, comentando um estudo governamental que apontava queda no número de casos de gravidez entre adolescentes, concluiu que o declínio teria sido ocasionado por "mudanças nas normas sociais" até mais do que pelas políticas em si.[41] Outro estudo, publicado no *Journal of the American Medical Association*, concluiu que "fatores familiares significativos", como a desaprovação dos pais (não apenas às atividades sexuais de seus filhos mas também ao uso de contraceptivos), era um fator dissuasivo mais forte da gravidez entre adolescentes do que a própria contracepção.[42] O Instituto Guttmacher, informando a queda na taxa de nascimentos entre adolescentes, não atribuiu essa queda apenas ao medo da aids e a melhores métodos anticoncepcionais, mas também a uma "maior ênfase na abstinência... [e] atitudes mais conservadoras em relação ao sexo".[43]

No entanto, embora haja muito a agradecer, existem poucos motivos para complacência. Se a *taxa* de nascimento entre adolescentes e mulheres solteiras diminuiu, em parte por causa do declínio na taxa de natalidade de um modo geral, a *proporção* de nascimentos fora do casamento (em relação a todos os nascimentos) apenas permaneceu estagnada, e num nível muito alto: um terço de todas as crianças, dois terços das crianças negras e três quartos das crianças nascidas de

---

[41] Burt Solomon, "Teens and Sex", *National Journal*, 4 jul. 1998, p. 1566.

[42] M. D. Resnick, P. S. Bearman, R. W. Blum, et al., "Protecting Adolescents From Harm: Findings from the National Longitudinal Study on Adolescent Health", *Journal of the American Medical Association*, set. 1997.

[43] Patrícia Donovan, "Falling Teen Pregnancy Birthrates: What's Behind the Decline?". *The Guttmacher Report on Public Policy*, out. 1998, p. 4.

adolescentes, ocorreram fora do casamento.[44] (E o número de domicílios de pais solteiros com crianças continua a aumentar, de 24% em 1990 para 27% em 1996.)[45] Se menos abortos estão sendo realizados, é em parte graças a novas formas de contracepção (como Norplant e Depo Provera), mas também porque a maternidade fora do casamento tornou-se mais respeitável. (E a taxa de abortos ainda é mais alta que em qualquer outro país ocidental.)[46] Se as garotas mais velhas têm sido menos ativas sexualmente, as mais novas (abaixo dos 15 anos) têm sido mais ativas.[47] (Um novo termo, "*tweens*", foi cunhado para descrever aqueles que têm de 8 a 12 anos, que se comportam mais como adolescentes que como os "pré-adolescentes" de tempos anteriores.)[48]

---

[44] Centro Nacional de Estatísticas de Saúde, 1998 e 1999. Os nascimentos entre adolescentes foram muito mais numerosos na década de 1950, porém a imensa maioria era de mulheres casadas, refletindo o fato de que mais mulheres naquela época se casavam no final da adolescência.
Aqueles que querem minimizar o problema dos nascimentos fora do casamento citam taxas de natalidade no lugar das proporções. [Michael Lind, *Up From Conservatism: Why the Right is Wrong for America*. New York, 1996, p. 169; Christopher Jencks, "Is the American Underclass Growing?", in: *The Urban Underclass*. Jencks e Paul E. Peterson (ed.). Brookings Institution Press, Washington, D.C., 1991, p. 87.] Porém é a proporção, e não o número bruto, que mede de maneira mais significativa a mudança social, na medida em que ela determina o meio em que a nova geração de crianças será criada. Entre os negros, por exemplo, a taxa de natalidade entre mulheres solteiras declinou significativamente, porém como a taxa entre mulheres casadas diminuiu ainda mais, a porcentagem de bebês negros nascidos fora do casamento aumentou.

[45] Relatório do U.S. Census Bureau, dez. 1998.

[46] Henshaw, "Abortion Incidence", p. 13.

[47] Relatório de Joyce Abma (do Centro Nacional de Estatísticas de Saúde) e Freya L. Sonenstein (do Urban Institute), "Teenage Sexual Behavior and Contraceptive Use: An Update", tabela 3 (28 abr. 1998); "Teen Sex and Pregnancy", itens 12-17, Instituto Alan Guttmacher; Douglas J. Besharov e Karen N. Gardiner, "Trends in Sexual Behavior", *Children and Youth Services Review*, 1997, p. 343-47; Patrícia Donovan, "Falling Teen Pregnancy Birthrates: What's Behind the Decline?", relatório do Instituto Alan Guttmacher, out. 1998.

[48] Kay S. Hymowitz, "Tweens: Ten Going on Sixteen", *City Journal*, outono de 1998, p. 26-39

Se o divórcio entrou em declínio, é em parte porque a coabitação está se tornando mais comum; pessoas que vivem juntas sem a sanção do casamento podem separar-se sem a sanção do divórcio – e fazê-lo com maior facilidade e frequência. A coabitação aumentou em 85% somente na última década, e em oito vezes desde 1970; 40% dos casais que vivem juntos separam-se antes do casamento; aqueles que acabam se casando têm uma taxa de divórcio 50% superior à dos casais que não viviam junto antes do casamento; e a proporção de mães que se casaram com o pai de seus filhos com o qual viviam antes do casamento diminuiu em quase um quarto na última década.[49]

Se o uso de drogas entre adultos diminuiu, entre pessoas mais jovens, e cada vez mais jovens, aumentou. (Em 1990, 27% dos veteranos das escolas secundárias admitiram ter utilizado maconha no ano anterior; em 1997, 38,5 o fizeram. Entre os veteranos das universidades, no mesmo período, a taxa aumentou de 29,4% para 31,6%).[50]

---

[49] Relatório do U.S. Census Bureau, jul. 1998; Larry L. Bumpass e Hsin-Hen, "Trends in Cohabitation and Implications for Children's Family Contexts", manuscrito não publicado, Centro para a Demografia, Universidade de Michigan, 1998; Larry L. Bumpass e James A. Sweet, "Cohabitation Marriage and Union Stability: Preliminary Findings from NSFH2" (National Survey of Families and Households, 2nd wave, mai. 1995), p. 7. Ver também Bumpass e Sweet, "The Role of Cohabitation in Declining Rates of Marriage", *Journal of Marriage and the Family*, nov. 1991, p. 921; Alfred DeMaris e K. Vaninadha Rao, "Premarital Cohabitation and Subsequent Marital Stability in the United States: A Reassessment", in: ibid., fev. 1992, p. 178; Alfred DeMaris e William MacDonald, "Premarital Cohabitation and Marital Instability: A Test of the Unconventionality Hypothesis", in: ibid., mai. 1993; Steven L. Nock, "A Comparison of Marriages and Cohabiting Relationships", *Journal of Family Issues*, jan. 1995; Zheng Wu, "Premarital Cohabitation and Postmarital Cohabiting Union Formation", in: ibid., mar. 1995.

[50] L. D. Johnston, P. M. O'Malley e J. G. Bachman, "National Survey Results on Drug Use from the Monitoring the Future Study, 1975-1997", Instituto Nacional para o Abuso de Drogas, Departamento de Saúde e Serviços Humanos dos Estados Unidos. O uso de heroína entre adolescentes dobrou entre 1990 e 1996; embora o número ainda seja relativamente pequeno (1,8%), ele é alarmante em virtude da natureza viciante e das consequências

Se o medo da aids é um dos fatores responsáveis pelo declínio na taxa de natalidade fora do casamento entre mulheres negras, ele não afetou os homens negros, entre os quais a aids vem aumentando de maneira significativa e desproporcional. (Enquanto a taxa de mortalidade devido à infecção do HIV entre homens brancos caiu de 15 por 100.000 em 1990 para 12,5 em 1996, entre homens negros ela aumentou de 44,2 para 66,4.)[51]

Mesmo a notável diminuição do crime, por mais que seja animadora, tem alguns aspectos desconcertantes, alertam os criminologistas, pois eles refletem não apenas um policiamento mais eficaz e políticas de encarceramento mais efetivas, mas também um declínio no número de adolescentes. Embora a taxa de crimes cometidos por jovens tenha caído desde 1993, os jovens ainda são responsáveis por uma parcela considerável dos crimes, e especialmente dos crimes violentos. (Os relatórios do FBI sugerem que enquanto as mortes por arma de fogo de pessoas acima de 25 anos caíram 44% entre 1980 e 1997, as mortes por arma de fogo de pessoas entre 18 e 24 anos aumentaram 20%.)[52] Alguns criminologistas temem que o aumento esperado no grupo de "*baby-boomerangs*" (os filhos dos *baby-boomers*) possa levar a nova "onda de crimes juvenis" comparável àquela do início da década de 1990.[53]

---

dessa droga. (*New York Times*, 8 dez. 1998, p. A20, citando a edição dez. 1998 do jornal *Pediatrics*.)

[51] *Health, United States, 1998*, Vital Statistics of the United States (Centro Nacional de Estatísticas de Saúde), vol. II, parte A, p. 243-44.

[52] Fox e Zawitz, "Homicide Trends". (Ver nota 34)

[53] James Alan Fox, "Trends in Juvenile Violence: 1997 Update", Escritório para Programas de Justiça, Departamento de Justiça dos Estados Unidos, 1998. A taxa de crimes violentos entre jovens tem sido consistentemente mais alta que a de adultos. Entre 1990 e 1996, enquanto a taxa de crimes cometidos por adultos já havia começado a diminuir, a de jovens entre 15 e 20 anos aumentou em 5%, e a dos jovens abaixo de 14 em até 15%. (Devo estas estatísticas a Patrick A. Langan, Analista de Pesquisas Sênior do Escritório para Estatísticas de Justiça do Departamento de Justiça.)

Além do mais, a diminuição ou estabilização de alguns desses índices de desmazelo social nem mesmo começa a nos levar de volta ao *statu quo ante*, antes de seu aumento vertiginoso nas décadas de 1960 e 70. Não é preciso ter nostalgia de uma idade de ouro que nunca existiu para perceber o contraste entre passado e presente. A proporção entre nascimentos fora do casamento aumentou em seis vezes desde 1960 (até mesmo a taxa de nascimentos fora do casamento está um terço mais alta do que era em 1980); o número de crianças que vivem com apenas um dos pais aumentou de menos de um décimo para mais de um quarto; e o número de domicílios que consistem de casais solteiros com filhos com menos de 15 anos aumentou de menos de 200.000 em 1960 para mais de 1.300.000 em 1995.[54] Tem sido frequentemente comentado que, quando o senador Daniel Patrick Moynihan escreveu seu perceptivo relatório sobre a fragmentação da família negra, em 1965, a taxa de ilegitimidade entre os negros era apenas levemente maior que a taxa de ilegitimidade entre os brancos nos dias de hoje, e consideravelmente menor do que a taxa total do país como um todo.[55] A taxa de divórcios é quase o dobro da registrada na década de 1950, e metade dos casamentos hoje em dia, bem como mais da metade dos segundos (ou terceiros, quartos, etc.) casamentos, tendem a terminar em divórcio.[56] A atividade sexual

---

[54] Mary Ann Lamanna e Agnes Riedmann, 6. ed., *Marriage and Families: Making Choices in a Diverse Society*. Belmont, Califórnia, 1997, p. 8; Monthly Vital Statistics Report, suplemento de 1998, Centro Nacional de Estatísticas de Saúde; *Public Perspective*, out./nov. de 1997, p. 9.

[55] A taxa de ilegitimidade entre negros em 1965 era de 24,5%. Hoje em dia é de 22% para brancos não hispânicos, 32,4% para o país como um todo, e 69% para os negros. (A taxa entre os negros diminuiu levemente dos 70% registrados em 1994.)

[56] Centro Nacional de Estatísticas de Saúde. Ver também Barbara Dafoe Whitehead, *The Divorce Culture* (New York, 1997); William Galston, "Divorce American Style", *Public Interest*, verão de 1996, p. 14; Robert H. Lauer e Jeanette C. Lauer, *Marriage and Family: Diversity and Strengths*. Mountain View, Califórnia, 1994.

de garotas adolescentes diminuiu para 50% em 1995; porém ela era menos de 30% em 1970.[57] A taxa de crimes graves ainda é consideravelmente mais alta que na década de 1950; homicídios, que sofreram a queda mais dramática, ainda são 50% mais comuns do que eram em 1950; e os homicídios cometidos por jovens entre 14 e 17 anos, embora totalizem metade do total registrado em 1993, ainda ocorrem com o dobro da frequência do que em 1984.[58]

As estatísticas, no entanto, boas ou ruins, não contam toda a história. A perda da autoridade paterna, a falta de disciplina nas escolas (para não falar dos esfaqueamentos e tiroteios), a escalada da violência e da vulgaridade na TV, a pronta acessibilidade da pornografia e das perversões sexuais na internet, a obscenidade e o sadismo dos videoclipes e do *rap*, as bebedeiras e "ficadas" nos *campi*, o "emburrecimento" da educação em todos os níveis – tudo isso faz parte da patologia social de nossos tempos. E essa patologia, que afeta não apenas a "classe inferior" como também toda a população, não mostra sinais de enfraquecimento. "A moralidade do 'legal'"[59] foi como o historiador cultural Roger Shattuck chamou uma tendência que permeia a cultura, que vai de filmes que mostram episódios sádicos em detalhes sangrentos, como se fossem "legais", até a universidade, onde o pecado e o mal aparecem, no discurso acadêmico que segue a moda, sob a guisa neutra ou até mesmo positiva de "transgressão".[60]

A riqueza e a educação, como descobrimos, não garantem imunidade às desordens culturais e morais. Na verdade, argumenta-se que os ricos e bem-educados têm alguma responsabilidade pela condição das classes mais baixas. Essa é a tese de um poderoso livro de Myron

---

[57] Ver nota 38.
[58] Fox e Zawitz, "Homicide Trends" (ver nota 34).
[59] "The morality of the cool", no original. (N. T.)
[60] Roger Shattuck, "When Evil is Cool", *Atlantic Monthly*, jan. 1999, p. 78.

Magnet que analisa a relação simbiótica entre os "que têm" e os "que não têm".⁶¹ Foram os "que têm", as elites culturais da década de 1960, que legitimaram e glamorizaram a contracultura, que desarranjaram a própria vida, ainda que apenas temporariamente, mas que produziram um efeito desastroso naqueles menos afortunados que eles próprios. Ao depreciar a ética puritana, a contracultura minou aquelas virtudes que melhor serviriam aos pobres. As classes mais baixas, assim, não apenas são vítimas de sua própria "cultura de pobreza"; também são vítimas da cultura da classe alta em torno delas. O tipo de delinquência casual que um adolescente branco suburbano pode absorver com relativa impunidade pode ser literalmente fatal para um adolescente negro do centro da cidade. Ou o filho de uma mulher profissional rica e solteira (uma "Murphy Brown") está obviamente numa posição mais privilegiada que o filho (ou, mais frequentemente, filhos) de uma mulher solteira que vive da previdência social.

Os efeitos da cultura, no entanto, podem ser sentidos em todos os níveis. Era apenas uma questão de tempo até que surgisse, como Charles Murray demonstrou, uma classe baixa branca que padece da mesma patologia que a negra.⁶² E essa patologia afetou a classe média também. Alguns dos subúrbios mais afluentes exibem os mesmos sintomas de alcoolismo entre adolescentes, dependência de drogas, delinquência e promiscuidade, embora não, obviamente, com o mesmo grau de intensidade nem os mesmos resultados devastadores.

Esta situação é ainda mais angustiante porque viola uma das nossas mais caras suposições: a de que o progresso moral é um subproduto necessário do progresso material. Na realidade, houve tanto progresso moral quanto progresso material nas décadas mais

---

[61] Myron Magnet, *The Dream and the Nightmare: The Sixties' Legacy to the Underclass*. New York, 1993.

[62] Charles Murray, "The Coming White Underclass", *Wall Street Journal*, 29 out. 1993, p. A14.

recentes – progresso esse que é real e substancial, embora nem sempre possa ser medido nas estatísticas. Como resultado de uma consciência social mais aguçada, auxiliada por uma legislação social mais judiciosa, testemunhamos a abertura da sociedade para as mulheres, negros e outras minorias; o aumento na tolerância racial, religiosa e sexual; maior sensibilidade às fraquezas e desigualdades; a expansão da educação superior, das oportunidades econômicas e da mobilidade social; maior distribuição de bens e confortos; uma energia intelectual que propiciou uma era de avanços científicos, tecnológicos e médicos sem precedentes.

Não é algo que diminui a importância dessas conquistas consideráveis observarmos as sérias perdas que vivenciamos durante o mesmo período. De fato, esses ganhos fazem com que as perdas sejam ainda mais desanimadoras – perdas que, como os ganhos, desafiam a quantificação. Como podemos medir o declínio da civilidade, a perda do respeito pela privacidade, a "revogação da discrição"[63] (na frase memorável de Rochelle Gurstein)[64] exibida em todas as esferas da vida – mais visivelmente nos *talk shows* televisivos, em que os participantes ostentam de maneira orgulhosa os detalhes mais sórdidos de sua vida, mas também de maneira mais pérfida, por ser aparentemente mais magnânima –, na torrente de autobiografias confessionais feitas por escritores que expõem as próprias falhas e incapacidades (ou, pior, a dos cônjuges, dos amantes ou dos pais)?[65] E como podemos

---

[63] No original, "repeal of reticence". (N. T.)

[64] Rochelle Gurstein, *The Repeal of Reticence: A History of America's Cultural and Legal Struggles over Free Speech, Obscenity, Sexual Liberation, and Modern Art.* New York, 1996. Ver também Wendy Shalit, *A Return to Modesty: Discovering the Lost Virtue.* New York, 1999.

[65] Uma autobiografia muito elogiada, do célebre romancista e crítico literário John Bayley, narra os detalhes mais desoladores da condição de sua esposa, a romancista e filósofa Iris Murdoch, que sofria da doença de Alzheimer, enquanto ela ainda estava viva. Que essa obra tenha sido escrita com tamanha graça literária torna essa traição da privacidade ainda mais chocante – ainda

avaliar o peso relativo desses ganhos e perdas – a ascensão da liberdade, do candor, da espontaneidade, contra o declínio da discrição, da sensibilidade, da decência?

O senador Moynihan resumiu a situação social e cultural de nosso tempo na brilhante frase "amenizar" ou "desvalorizar o desvio comportamental".[66] O que costumava ser estigmatizado como um comportamento transviado é atualmente tolerado e até mesmo sancionado; o que costumava ser visto como anormal, atualmente foi normalizado. Assim, pacientes mentais não são mais institucionalizados; são tratados (e aparecem nas estatísticas) não como mentalmente incapacitados, mas apenas como "sem-teto". Da mesma maneira, nascimentos fora do casamento, vistos anteriormente como indicadores da fragmentação da família, agora são vistos como um "modelo alternativo de paternidade". Entre os adolescentes, o sexo oral não é visto como uma "relação sexual".

Charles Krauthammer propôs um conceito complementar, "aumentar" ou "valorizar o desvio comportamental".[67] À medida que o desvio comportamental é normalizado, também o que era normal se torna desviado. O tipo de família que foi tido por séculos como natural e moral – a família "burguesa" como costuma ser chamada com hostilidade – é visto atualmente como patológico, ocultando por trás da fachada de respeitabilidade o novo "pecado original", o abuso infantil. Assim, enquanto o crime é menos denunciado pois nos tornamos insensíveis a ele, o abuso infantil é denunciado em excesso, incluindo casos, frequentemente inspirados por terapeutas, recordados

---

mais porque, como ele torna claro, ela mesmo sempre havia prezado essa privacidade. (John Bayley, *Elegy for Iris*. London, 1998. Ver Gertrude Himmelfarb, "A Man's Own Household His Enemies", *Commentary*, jul./ago. 1999.)

[66] No original, "*defining deviancy down*". Daniel Patrick Moynihan, "Defining Deviancy Down", *American Scholar*, inverno de 1993, p. 17-30.

[67] No original, "*defining deviancy up*". Charles Krauthammer, "Defining Deviancy Up", *New Republic*, 22 nov. 1993, p. 20-25.

muito tempo depois dos supostos eventos. De maneira semelhante, a definição de estupro foi "aumentada" para englobar o "*date rape*",[68] que os próprios participantes na altura não percebiam como estupro. Ou o ato de fumar, que foi elevado ao nível de vício e pecado, enquanto a promiscuidade sexual é tolerada como uma questão de escolha e direito individual.

O efeito combinado de valorizar e desvalorizar o desvio comportamental foi o de normalizar e legitimar o que antes era visto como anormal e ilegítimo, e, da maneira contrária, denegrir e desacreditar o que antes era apropriado e respeitável. Essa redefinição de desvio comportamental – e da moralidade – nos dá a medida da revolução moral que veio após a revolução cultural. Por algum tempo, a própria ideia da moralidade – até mesmo a própria palavra – era tida com suspeita, cheirando a puritanismo, conformismo, repressão, mesquinhez e intolerância – um desejo de "voltar o relógio" à sufocante década de 1950, a um vitorianismo ainda mais retrógrado ou, pior ainda, ao puritanismo ("neopuritanismo" é o último epíteto nesta guerra retórica)[69].

Ainda assim, podemos, no entanto, estar testemunhando uma mudança significativa na disposição de nossos tempos. Assim como alguns dos índices sociais sofreram alterações para melhor, também surge uma disposição para se cogitar ideias que, apenas alguns anos atrás, eram ridicularizadas ou descartadas logo de cara. Em alguns círculos, "moralidade" e "virtude" ainda são vistas como palavras de

---

[68] Expressão inglesa que define estupro de uma mulher por um homem com quem ela saiu num encontro amoroso. (N. T.)

[69] O rótulo de "novo vitoriano" ou "neovitoriano" foi imposto àquelas feministas que são a favor da proibição da pornografia e da imposição de códigos sexuais e de discurso. (Ver Himmelfarb, *The De-Moralization of Society*, p. 259-63.) O "neopuritanismo" surgiu no decorrer do debate sobre o *impeachment* do presidente Clinton. O colunista R. W. Apple Jr., por exemplo, reclamou de que "o golpe mortal da foice do neopuritanismo parece ser inevitável". (*New York Times*, 20 dez. 1998, p. A1.)

código para reação e repressão. Em outros, porém, e entre o grande público, elas são testemunhas de algo real e louvável. Se alguns analistas interpretam esse senso persistente e difundido de declínio moral como um exercício de nostalgia, a ilusão perene de uma idade de ouro, outros o creditam a uma avaliação realista do presente tal como comparado ao passado – realista, pois recebe de bom grado a melhoria recente de algumas de nossas estatísticas morais, ao mesmo tempo que reconhece que essas melhorias ainda nos deixam muito atrás de onde estávamos há não muito tempo atrás.[70]

Neste cenário moral, reconhecendo os ganhos conquistados, mas também as perdas pelas quais passamos, podemos nos sentir encorajados (parafraseando os Pais Fundadores) a procurar remédios democráticos para as doenças que incidem sobre a sociedade democrática.

---

[70] Até mesmo essa nostalgia varia em intensidade. De 70% do público, em 1998, apenas 46%, em 1965, acreditavam que "os jovens nos dias de hoje não têm um senso de certo ou errado tão forte quanto tinham cinquenta anos atrás"; 71%, em 1998, porém apenas 52%, em 1965, acreditavam que "as pessoas em geral não levam vida tão honesta e moral quanto costumavam". (Brookings Review, primavera de 1999, p. 15 [citando pesquisa do *Washington Post*/Kaiser Family Foundation/Universidade Harvard, 1998]).

Capítulo 2 | Sociedade Civil: "As Sementeiras da Virtude"

A tentativa mais séria de encontrar um remédio para nossas desordens morais é um chamado para a restauração da sociedade civil – famílias, comunidades, igrejas, organizações cívicas e culturais. Isto foi recebido com uma ovação quase que universal.[1] "Sociedade civil" tornou-se o mantra de nossos tempos. Liberais e conservadores, libertários e comunitários, democratas e republicanos, cientistas políticos e políticos, pensadores religiosos e seculares concordam sobre poucos temas além deste: que a sociedade civil é a chave para a nossa redenção.

Há algo suspeito sobre um conceito que agrada a tantas pessoas de tantas orientações diferentes. E a confusão é agravada pelo uso frequente do termo "comunidade" como sinônimo de "sociedade civil". De um subgrupo da sociedade civil, as "comunidades" (no plural)

---

[1] Uma ovação apenas "quase universal". Na academia, ela gerou um debate com aqueles liberais de esquerda que sustentam que a sociedade civil não é necessária como um corretivo para o individualismo ou o estatismo porque o próprio liberalismo fornece esse corretivo. (Nos EUA, os principais proponentes dessa visão incluem John Rawls, Ronald Dworkin, Thomas Nagel, Amy Gutman, Bruce Ackerman e Stephen Holmes. Para uma crítica deste debate, ver Gertrude Himmelfarb, "The Unravelled Fabric – And How to Knit It Up", *Times Literary Supplement*, 17 mai. 1996, p. 12-13. Uma tentativa recente de mediar entre as duas posições foi feita por Nancy L. Rosenblum em *Membership and Morals: The Personal Uses of Pluralism in America* [Princeton, 1998], que argumenta por um liberalismo pluralista no qual as comunidades que englobam a sociedade civil servem à necessidades e interesses particulares dos indivíduos em vez da promoção da virtude cívica.)

foram elevadas a "comunidade" (no singular). Os dois conceitos, sociedade civil e comunidade, no entanto, tiveram histórias muito diferentes e, até recentemente, conotações muito diferentes. A sociedade civil tem a função de mediadora entre o indivíduo e o Estado, restringindo o excesso de individualismo de um e as intenções ufanistas do outro, socializando o indivíduo ao lhe imbuir com um senso de deveres e responsabilidades, bem como direitos e privilégios. Comunidade tem um caráter mais coletivista, orgânico, integral, recordando uma sociedade feudal ou tribal (uma sociedade tribal ou feudal mitificada), na qual os indivíduos são socializados ao se fundirem numa entidade única, uma "solidariedade".

A ideia moderna de sociedade civil corresponde ao que o sociólogo alemão do século XIX Ferdinand Tönnies identificou como *Gesellschaft*, em contraste ao conceito de *Gemeinschaft*, comunidade. Hoje em dia, essa distinção é uma memória histórica, e o termo comunidade perdeu seu caráter essencialmente orgânico até mesmo para aqueles que se dizem hoje em dia "comunitários". (Os *kibbutzim* israelenses, em seus primórdios, e as "comunas" americanas da década de 1960 foram as últimas tentativas de reviver aquele sentido romântico, antigo de comunidade.) No falar contemporâneo, uma ideia muito emasculada de comunidade mantém um pouco do apelo evocativo do antigo termo e pouco de sua substância. Sociólogos falam atualmente de "pequenos grupos" – grupos de autoajuda e apoio (dos quais os Alcoólicos Anônimos são o protótipo), grupos de oração e estudos bíblicos, clubes de solteiros e jovens – que fornecem algo do sustento emocional da comunidade no antigo sentido do termo. Ao contrário da comunidade de antigamente, porém, esses são grupos voluntários, transientes e frequentemente terapêuticos, dos quais os indivíduos entram e saem livremente à medida que a ocasião exige.[2]

---

[2] Ver Robert Wuthnow, *Sharing the Journey: Support Groups and America's New Quest for Community*. New York, 1994.

Se "comunidade" remete a tempos pré-modernos (ou a versões muito idealizadas desses tempos), "sociedade civil" tem um pedigree distintamente moderno.[3] O analista da sociedade civil pode citar o *Segundo Tratado do Governo Civil* (*Second Treatise on Government*), de John Locke (1690), onde "o principal fim" da sociedade civil aparece, a um determinado ponto, como sendo "a preservação da propriedade", e, noutro, como um meio para a obtenção de "segurança, bem-estar e abundância".[4] Ou em *Of the Origin of Government*, [*Da Origem do governo*], de David Hume (1741), onde ele afirma que a liberdade "constitui a base da perfeição da sociedade civil; mas, ainda assim, deve-se reconhecer que a autoridade é essencial para a sua própria existência".[5] Ou o *Discurso sobre a Origem da Desigualdade* (1755), de Jean-Jacques Rousseau, que se inicia aceitando a premissa de Locke sobre propriedade e sociedade civil ("O primeiro que, tendo cercado um terreno, se lembrou de dizer: Isto é meu, e encontrou pessoas bastante simples para acreditar nele, foi o verdadeiro fundador da sociedade civil."), e continua vilipendiando o "impostor" que desencadeou todos os "crimes, guerras, assassínios,

---

[3] A *koinonia politike* de Aristóteles por vezes é citada como a fonte clássica do termo "sociedade civil", talvez devido à sua tradução latina, *societas civilis*. *Koinonia politike* presume a definição do homem como *zoon politikon*, animal político, o que desmente qualquer distinção entre sociedade civil e a pólis (ou Estado, como aquela palavra é expressa atualmente). Até mesmo a família, tal como Aristóteles a compreendia, estava firmemente localizada dentro da pólis, pois ela "tem precedência sobre a família e sobre cada um de nós individualmente, pois o todo deve necessariamente ter precedência sobre as partes"; (Aristóteles, *Política*. Trad. Mário da Gama Kury. Universidade de Brasília, 1985, livro I, capítulo I.)

[4] John Locke, *Segundo Tratado do Governo Civil*, parágrafos 85 e 101. Trad. Magda Lopes e Marisa Lobo da Costa. Petrópolis, Vozes, Clube do Livro Liberal, p. 57 e 62.

[5] David Hume, "Da Origem do Governo", *Ensaios Morais, Políticos e Literários*. Trad. Luciano Trigo, Rio de Janeiro, 2004, p. 140.

misérias e horrores" perpetrados em nome da propriedade.⁶ Ou em *Um Ensaio sobre a História da Sociedade Civil* (*An Essay on the History of Civil Society*, de 1767), de Adam Ferguson, em que a única referência substancial à sociedade civil (além do título) é a afirmação de que " ao conduzir os assuntos da sociedade civil é que a humanidade encontra o exercício de seus melhores talentos, bem como o objeto de suas melhores afeições".⁷ Ou nas *Reflexões sobre a Revolução em França* (1790), de Edmund Burke, que repreende os revolucionários franceses por agir como se "nunca tivessem sido moldados em uma sociedade civil, como se pudessem tudo refazer a partir do nada".⁸

Essas, no entanto, são exumações arqueológicas do historiador, e são marcadamente casuais, imprecisas e inconsistentes. Foi apenas com a publicação de *Filosofia do Direito* (1821), de Hegel, que o conceito recebeu sua primeira exposição clara. Ao louvar a sociedade civil ("*die bürgerliche Gesellschaft*") como "obra do mundo moderno", Hegel a identifica como a esfera intermediária entre a família e o Estado, "o campo de batalha dos interesses individuais de todos contra todos" – e, de maneira mais memorável, como "o território da

---

⁶ Jean-Jacques Rousseau, *Discurso sobre a Origem da Desigualdade*, 1754. Trad. Maria Lacerda de Moura, ed. Ridendo Castigat Mores. Versão para eBook: eBooksBrasil.com. Disponível em: http://www.ebooksbrasil.org/adobeebook/desigualdade.pdf, p. 91.

⁷ Adam Ferguson, *An Essay on the History of Civil Society*, ed. Duncan Forbes (Edimburgh, 1966), p. 155.

⁸ Edmund Burke, *Reflexões sobre a Revolução em França*, 2. ed. Trad. Renato de Assumpção Faria, Denis Fontes de Souza Pinto e Carmen Lídia Richter Ribeiro Moura. Universidade de Brasília, p. 71. Podemos também encontrar referência a esse termo em outros trabalhos clássicos do século dezoito: Bernard Mandeville, The Fable of the Bees (1714) (Penguin ed., London, 1970), p. 95; Adam Smith, An inquiry into the Nature and Causes of the Wealth of Nations, ed. Edwin Cannan (Modern Library, ed. New York, 1937), p. 759; Immanuel Kant, The Science of Right (1785), trad. W. Hastie, em Great Books of the Western World (Chicago, 1952), XLII, 402.

mediação onde há espaço livre para toda idiossincrasia, todo talento, todo acaso de nascimento e fortuna, e onde ondas de toda paixão irrompem, reguladas somente pela razão refletida através delas".[9]

Não é Hegel, no entanto, que costuma geralmente ser associado ao conceito, e sim Alexis de Tocqueville. O termo aparece por diversas vezes em *Democracia na América* (1835 e 1840), porém apenas de forma passageira, e em nenhum dos diversos títulos de capítulos ou no índice das edições em inglês. Na tradução original do livro para o inglês, feita por Henry Reeve, uma referência à "*la societé civile*" foi traduzida como "*social intercourse*".[10] Essa tradução incorreta persistiu por mais de um século em diversas edições do livro, tanto na Inglaterra quanto nos Estados Unidos, incluindo a edição de dois volumes da Knopf, de 1948, que teve grande influência no ressurgimento do interesse em Tocqueville nos Estados Unidos.[11] Foi apenas em 1966, com nova tradução editada por J. P. Mayer e Max Lerner, que isso foi corrigido.[12] E foi somente então (ou depois disso) que o termo "sociedade civil" passou a ser identificado com as "associações voluntárias", das quais Tocqueville falava com tanta frequência e admiração.

Tendo em vista a atual popularidade da sociedade civil, é extraordinário constatar quão recentemente – no período das últimas duas décadas – não apenas o termo como a ideia entraram em circulação de modo geral. Em retrospecto, poderia imaginar-se que foi o encontro com o nazismo e o comunismo que instigou seu ressurgimento.

---

[9] Georg Wilhelm Friedrich Hegel, *Princípios da Filosofia do Direito*. Trad. Orlando Vitorino. São Paulo, Martins Fontes, 1997.

[10] Alexis de Tocqueville, *De la Démocratie en Amérique*. Paris, 1981 (1. ed., 1835), I, 340; *Democracy in America*, tradução para o inglês de Henry Reeve. London, 1862 (republicação da primeira edição, 1835), I, 294.

[11] Tocqueville, *Democracy in America*. Phillips Bradley (ed.). New York, 1948, I, 251.

[12] Tocqueville, *Democracy in America*. J. P. Mayer e Max Lerner (ed.), tradução para o inglês de George Lawrence. New York, 1966, p. 225.

Se Hannah Arendt, em *As Origens do Totalitarismo* (1951), tinha razão (como ela seguramente tinha) em dizer que a atomização e o isolamento do indivíduo eram a estratégia distinta do totalitarismo, os inimigos do totalitarismo poderiam muito bem ter olhado para a sociedade civil como a força compensadora, o "território de mediação", nas palavras de Hegel, projetada para opor-se a esse despotismo. Da mesma maneira, a subversão e manipulação da família pelo nazismo e pelo comunismo poderiam ter nos instigado a incluir a família no domínio da sociedade civil (como Hegel não o fez) como a mais importante dessas instituições mediadoras. Entretanto, somente bem depois da experiência do totalitarismo que a ideia de sociedade civil se tornou popular nos Estados Unidos e em boa parte do mundo ocidental. Ela não aparece no livro de Arendt (que cita Tocqueville, porém apenas ao se referir ao *ancien régime* e à correspondência com Arthur Gobineau sobre o tema de raça).[13] Nem ele tampouco é discutido na maior parte das obras sobre o totalitarismo. Nem antes da década de 1980 ele figurava como verbete em enciclopédias, dicionários, índices de literatura periódica e outras obras de referência.[14]

---

[13] Hannah Arendt, *The Origins of Totalitarianism*. New York, 1951, p. 4, 158, 177.
Embora Hannah Arendt não use o termo "sociedade civil", alguns de seus escritos posteriores criticam duramente o conceito. Em *A Condição Humana* (1958), ela se opõe à ideia moderna do "privado", que ela identifica com as "relações sociais" ou "sociedade" em oposição à ideia clássica do "público", a pólis. (Hannah Arendt, *The Human Condition*. Chicago, 1958, p. 22-78. Ver também Hanna Fenichel Pitkin, *The Attack of the Blob: Hannah Arendt's Concept of the Social*. Chicago, 1998.) Esse domínio do "privado" ou "social" é o que hoje em dia seria chamado de "sociedade civil".

[14] Ele não consta, por exemplo, do "Syntopicon" do *Great Books of the Western World*. Mortimer J. Adler (ed.). Chicago, 1975 (1. ed., 1952); ou do *Great Treasury of Western Thought*. Mortimer Adler e Charles Van Doren (ed.). New York, 1977; ou da *Columbia Encyclopedia*, 5. ed., New York, 1993; ou da *Encyclopedia of Social Sciences*. New York, 1937; ou da *International Encyclopedia of Social Sciences*. New York, 1968; ou nem sequer da edição revisada do *Oxford English Dictionary*, Oxford, 1989. Tampouco aparece na

O que inspirou recentemente, ao menos nos Estados Unidos, uma série de livros, artigos, conferências, colóquios, comissões e organizações a promoverem a sociedade civil não foi um reconhecimento tardio dos horrores do totalitarismo, mas sim uma resposta às desordens culturais e morais da própria democracia. E é como um remédio a essas desordens que a ideia de sociedade civil costuma ser invocada atualmente.

Sociedade civil é uma ideia atraente, pois não exige nada além de instituições universais, familiares e naturais como famílias e comunidades. Além do mais, é acima de tudo uma ideia democrática. É a democracia em sua menor escala – o "pequeno pelotão" descrito por Burke como "o primeiro princípio – o germe por assim dizer – de nossas afeições públicas".[15] A sociedade civil é também um atributo da democracia em sua maior escala – as "associações voluntárias" de Tocqueville que cumpriam a tarefa crucial de mediação entre o indivíduo e o Estado. Além disso, serviam como um corretivo para aquela outra falha democrática identificada por Tocqueville: "a tirania da

---

obra de Robert Nisbet, *The Quest for Community*, Oxford, 1953, frequentemente citada nessa literatura. (Nisbet está mais interessado em "comunidade" como uma força compensatória ao poder político do que como um instrumento de poder social.) John Courtney Murray, em *We Hold These Truths: Catholic Reflections on the American Proposition* (New York, 1964 [1. ed., 1960], p. 33-34), utiliza o termo "sociedade civil" no sentido de uma sociedade "civilizada" ou "ordenada", porém não para se referir a associações voluntárias ou mediadoras da sociedade.

Uma das primeiras tentativas recentes de popularizar a ideia de mediar as estruturas é o panfleto *To Empower People*, de 1977, de autoria de Richard John Neuhaus e Peter L. Berger. Mesmo nesse panfleto o termo "sociedade civil" não aparece. O livro publicado com esse título (AEI Press, Washington, D.C., 1996), que republica o panfleto juntamente com ensaios sobre o assunto, tem o subtítulo: *From State to Civil Society* (Do Estado à Sociedade Civil). O subtítulo do panfleto original era *The Role of Mediating Structures in Public Policy*" (O Papel das Estruturas Mediadoras na Política Pública).

[15] Burke, p. 59.

maioria", o poder da massa popular coletiva que pode ser hostil à liberdade de indivíduos e minorias.

Hoje em dia, pede-se que a sociedade civil assuma ainda outra função: a de consertar o tecido moral da sociedade democrática. As instituições da sociedade civil, como se diz, são as "sementeiras da virtude".[16] É nelas, nas famílias e comunidades, que o caráter assume forma, que as crianças se tornam civilizadas e socializadas, que as pessoas conquistam um senso de responsabilidade individual e social, que os direitos são complementados pelos deveres, que o interesse próprio é reconciliado com o interesse geral e que a civilidade cala a discórdia das vontades opostas. E tudo isso é conquistado naturalmente, organicamente, sem os dispositivos artificiais do governo, sem a aprovação de leis ou a intrusão de burocracias, sem que se tenha que recorrer ao poder punitivo e coercitivo do Estado.

O princípio é admirável. Hoje em dia, mais do que nunca, precisamos de uma estrutura mediadora entre o individualismo irrestrito e o Estado excessivamente poderoso, entre um *"unencumbered self"*[17] (na célebre frase de Michael Sandel)[18] e o "Estado-babá".[19] Muitos anos de um governo intrusivo deixaram algumas das instituições mais importantes da sociedade civil numa condição enfraquecida e desmoralizada. O estado de bem-estar social assumiu a função tradicional das famílias no cuidado com os doentes e idosos. As escolas públicas tomaram o lugar dos pais na educação sexual dos mais novos. Entidades privadas de caridade frequentemente são pouco mais que canais

---

[16] Mary Ann Glendon e David Blankenhorn, (ed.), *Seedbeds of Virtue: Sources of Competence, Character and Citizenship in American Society*. Lanham, Maryland, 1995.

[17] Um "eu desengajado", "desimpedido". (N. T.)

[18] Michael J. Sandel, *Democracy's Discontent: America in Search of a Public Philosophy*. Cambridge, Massachussetts, 1996.

[19] *"Nanny state"*, no original. (N. T.)

utilizados pelo Estado para a distribuição de fundos públicos (e são obrigados a distribuí-los de acordo com a exigência das burocracias governamentais). E o mercado, que Hegel via como um dos principais componentes da sociedade civil, foi submetido por um lado aos mecanismos regulatórios do Estado, e, por outro, ao processo econômico de "destruição criativa" que subverte as instituições tradicionais e o etos burguês do qual o capitalismo costumava depender.

Por algum tempo houve uma lufada de preocupação com o que Robert Putnam chamou de o fenômeno *bowling alone*:[20] enquanto os americanos têm jogado cada vez mais boliche, eles o têm feito cada vez mais sozinhos (*solo*) do que nas ligas que já foram tão populares. Sustentado por estatísticas que mostravam o declínio no número de membros em outras associações voluntárias, Putnam interpretou esses dados como um sinal do "declínio do capital social" dos Estados Unidos, do "desaparecimento da América cívica".[21] Essas estatísticas, e a tese no geral, desde então vêm sendo questionadas. Se por um lado as ligas de boliche não são mais populares, por outro elas foram substituídas por ligas de beisebol e uma série de outras atividades organizadas, bem como uma imensidade de "pequenos grupos" dedicados a um ou outro propósito específico.[22]

---

[20] Ou seja, "[jogar] boliche sozinho". (N. T.)

[21] Robert Putnam, "Bowling Alone: America's Declining Social Capital", *Journal of Democracy*, jan. 1995; "The Strange Disappearance of Civic America", *The American Prospect*, inverno de 1996; "Tuning In, Tuning Out: The Strange Disappearance of Social Capital in America", *PS: Political Science and Politics*, dez. 1995; e "Bowling Alone, Revisited", *The Responsive Community*, primavera de 1995. Francis Fukuyama reinterpretou o declínio do "capital social" como o declínio da "confiança social". (*Trust: The Social Virtues and the Creation of Prosperity* [New York, 1995].)

[22] Para os dados estatísticos que contestam a tese de Putnam, ver *Public Perspective* (Roper Center), jun./jul. 1996; Wuthnow, *Sharing the Journey*. Everett Carll Ladd fala da "agitação", e não do declínio, das associações cívicas. (*The Ladd Report* [New York, 1999], p. 4, 25.)

Na realidade, o problema hoje não parece estar na insuficiência da sociedade civil, mas sim na sua deformação. Algumas instituições têm florescido como nunca, e estão, até mesmo, mais poderosas do que antes. Os sindicatos trabalhistas e associações comerciais, filantrópicas, fundações, universidades e organizações culturais muitas vezes são tão grandes e influentes que, com efeito, são instituições semigovernamentais. Dessa forma, não mais medeiam tanto entre o indivíduo e o Estado, mas se impõem sobre o indivíduo com o conluio tácito do Estado. Em alguns exemplos elas têm até mesmo mais influência que as agências públicas. Em períodos cruciais da história recente da educação, a Fundação Ford e a Associação Nacional de Educação (*National Education Association*), tanto separadamente quanto em conjunto, foram mais influentes que os governos locais ou estatais na formação do caráter e da qualidade das escolas públicas. Essas instituições não eram exatamente o que Tocqueville, ou seus discípulos, tinham em mente ao se referir a "associações voluntárias". Longe de serem voluntárias, algumas são quase que praticamente obrigatórias; em muitas indústrias, os empregados são obrigados a fazer parte de um sindicato, e seus empregadores de uma associação comercial.

Alguns teóricos da sociedade civil, visando resgatar o conceito dessas instituições grandes, burocráticas e semipúblicas, prefeririam confiná-la a grupos pequenos, locais, pessoais, cara a cara – não a Associação Nacional de Educação, mas sim associações locais de pais e mestres; no lugar da Fundação Ford, pequenas fundações familiares, em vez da Cruz Vermelha, cozinhas comunitárias. Outros teóricos, impressionados pela revolução tecnológica que vem alterando toda a sociedade, querem ampliar ainda mais o conceito estendendo-o à internet e ao ciberespaço, com base na teoria de que hoje é nesses meios que muitas pessoas encontram suas associações e comunidades reais (isto é, "virtuais").[23]

---

[23] Alan Wolfe sugere que os americanos, hoje em dia, têm mais chance de encontrar a sociedade civil não em "vizinhanças, famílias e igrejas", mas "[n]

Se há dúvida quanto à estrutura da sociedade civil, também há quanto a sua função. A sociedade civil deveria servir não apenas como uma força mediadora entre o indivíduo e o Estado, mas também como uma força moralizadora tanto para o indivíduo quanto para o Estado. No entanto, nesse ponto também algumas das mais importantes instituições da sociedade civil tiveram efeitos ambíguos. Universidades e fundações privadas promoveram ideologias educacionais (a filosofia da "autoestima", por exemplo) que são opostas ao tipo de caráter moral que a sociedade civil deveria encorajar. Canais locais de televisão a cabo levam pornografia leve e até mesmo pesada às salas de estar. Museus e organizações cívicas muitas vezes dão a sua chancela a exibições obscenas e de mau gosto que passam por arte. E a família, a unidade mais básica da sociedade civil, está numa situação especialmente frágil, podendo dificilmente ser considerada um modelo de estabilidade e responsabilidade.

A sociedade civil já foi descrita como um "sistema imunológico contra a doença cultural".[24] Boa parte dela, no entanto, foi infectada pelo mesmo vírus que produziu essa doença – o relativismo ético e cultural que reduz todos os valores, padrões e instituições a expressões de poder e vontade pessoais. Se a sociedade civil se tornará um instrumento eficaz de reforma e mediação social, ela terá que reafirmar os princípios morais que lhe deram seu propósito distinto. E só poderá fazê-lo exercitando sua autoridade e utilizando as sanções sociais que lhe estão disponíveis, sanções que podem ser tão coercitivas, psicologicamente, senão até mesmo fisicamente, que as sanções legais

---

o ambiente de trabalho, no ciberespaço e em formas [menos organizadas] de participação política". ("Is Civil Society Obsolete? Revisiting Predictions of the Decline of Civil Society in *Whose Keeper?*", in: *Community Works: The Revival of Civil Society in America*. E. J. Dionne Jr. [ed.], Washington, D.C., Brookings Institution Press, 1998, p. 22.)

[24] Dan Coats, "Can Congress Revive Civil Society?", *Policy Review*, jan./fev. 1996, p. 25.

impostas pelo Estado. Esses mecanismos de aprovação e desaprovação são ainda mais necessários numa sociedade liberal, pois quanto mais eficazes as sanções sociais, menos necessidade há das sanções penais e legais do Estado. Alguns dos defensores da sociedade civil – os defensores "duros" – sabem disso. Eles valorizam a sociedade civil exatamente porque ela é uma garantia para uma sociedade liberal, uma proteção contra os excessos tanto do individualismo quanto do estadismo. E porque levam a sério a limitação desses excessos, estão preparados a dotar a sociedade civil de autoridade para fazer exatamente isto – restaurar não apenas as instituições da sociedade civil como também a força da persuasão moral e social.

Os proponentes "suaves" da sociedade civil apoiam a ideia da boca para fora, porém não têm a vontade ou a convicção para implementá-la. Contentam-se em louvar a caridade e a compaixão como virtudes, porém não estigmatizam o egoísmo e o hedonismo como vícios. Na realidade, eles até mesmo se sentem desconfortáveis com as palavras "vício" e "estigmatizar", como se a função da sociedade civil não fosse precisamente encorajar a virtude e desencorajar – ou seja, estigmatizar – o vício. Don Eberly, um dos mais sérios proponentes da sociedade civil, descreve essa ala do movimento como "revivalistas cívicos", que procuram uma maior participação de pessoas nas comunidades e associações locais, porém visando apenas o propósito do "revivalismo cívico", e não do "revivalismo moral". "O que não precisamos", diz ele citando o cientista político Benjamin Barber, "é de caráter moral, mas de caráter cívico. Nossa meta são cidadãos democráticos; não um homem moral. Uma sociedade não precisa de verdades morais; precisamos viver em conjunto."[25]

Outros embora não repudiem a moralidade por princípio, são cautelosos quanto à sua implementação. Deploram a autonomia

---

[25] Don Eberly, "Civic Renewal vs. Moral Renewal", *Policy Review*, set./out. 1998, p. 46. Ver também Eberly, *America's Promise: Civil Society and the Renewal of American Culture*. Lanham, Maryland, 1998.

excessiva do indivíduo e a proliferação de direitos, mas não estão preparados para tomar as medidas práticas que limitariam efetivamente essa autonomia e esses direitos. Alguns até mesmo usam a sociedade civil como um meio de se evadir das duras escolhas que qualquer política social envolve. Assim, um influente organizador comunitário propõe restaurar a família "sem reviver a mentalidade da década de 1950"; reprimir criminosos e motoristas alcoolizados "sem abrir a porta – ou nem sequer uma fresta – para um Estado policial"; controlar a propagação da aids "ao mesmo tempo que se protege a privacidade"; desencorajar o divórcio sem restringi-lo de qualquer maneira[26] – como se a criminalidade, o uso de álcool por motoristas, a aids e o divórcio pudessem ser controlados sem restrições de privacidade e individualidade.

Dois estudos recentes sobre comunidades reais (em vez de especulações teóricas sobre a ideia de comunidade) – a obra de Alan Ehrenhalt, *The Lost City*, sobre a Chicago da década de 1950,[27] e *1939*, de David Gelernter, sobre a Feira Mundial de Nova York[28] – deixam claro que a autoridade moral é um atributo essencial em comunidades saudáveis e vigorosas. Nenhum dos autores é sentimental demais ou celebrativo a respeito daqueles períodos já históricos. Ambos têm plena consciência da extensão do crime e da corrupção (em Chicago mais que em Nova York), e das dificuldades sob as quais as mulheres e, de maneira muito mais séria, os negros viviam e trabalhavam. Porém eles também reconhecem a vitalidade daquelas comunidades, do que fazia delas comunidades genuínas. O que Ehrenhalt fala sobre a Chicago pós-guerra ecoa no que Gelernter diz sobre Nova York às

---

[26] Amitai Etzioni, *Sunday Times* (London), 19 mar. 1995, p. 7. Ver também Etzioni, *The Spirit of Community: Rights, Responsibilities, and the Communitarian Agenda*. New York, 1993.

[27] Alan Ehrenhalt, *The Lost City: Discovering the Forgotten Virtues of Community in the Chicago of the 1950s*. New York, 1995.

[28] David Gelernter, *1939: The Lost World of the Fair*. New York, 1995.

vésperas da guerra: "A Chicago da década de 1950 faz parte de um período e de um lugar em que as pessoas comuns viviam com o bem e o mal, o certo e o errado, pecados e pecadores, de uma maneira que é quase incompreensível para a maior parte de nós, do outro lado do dilúvio moral dos anos 1960".[29] Aquele senso de estabilidade e consenso moral foi perdido irrevogavelmente, segundo Ehrenhalt, porque renegamos o "acordo" que havíamos feito então: a aquisição da estabilidade e da moralidade pelo preço das restrições na liberdade.[30] Num ensaio mais recente, ele ainda enfatizou a questão com mais intensidade. "A autoridade e a comunidade", diz ele, "realmente se desembaraçaram simultaneamente"; porém enquanto as pessoas sentem nostalgia pela perda da comunidade, "são bem poucos os que estão de luto pela autoridade".[31]

Se alguns proponentes da sociedade civil a emasculam, privando-a de sua autoridade social, outros o fazem transformando-a, na prática, num acessório do estado de bem-estar social. Enquanto os proponentes duros da sociedade civil procuram fortalecê-la transferindo à família, à igreja, à comunidade e às associações voluntárias muitas das funções que atualmente são exercidas pelo Estado, os proponentes mais suaves dela ou ignoram o tema do estado de bem-estar social, como se ele não tivesse influência na sociedade civil, ou discordam de alguns de seus aspectos enquanto o apoiam de maneira geral. Alguns chegam mesmo a argumentar que o impulso comunitário ou cívico que sustenta a sociedade civil também é a justificativa para o estado de bem-estar social, que seria simplesmente a comunidade num sentido mais amplo. Michael Sandel rejeita as ideias de direitos individuais e justiça redistribucionalista que os

---

[29] Ehrenhalt, p. 32.
[30] Ibid., p. 270.
[31] Ehrenhalt, "Where Have All the Followers Gone?", in: *Community Works*, p. 94.

liberais tradicionais invocam para justificar o estado de bem-estar social, porém defende o próprio estado de bem-estar social como um meio de "afirmar a associação e formar a identidade cívica, tanto de ricos quanto de pobres".[32]

Essa parcialidade em relação ao estado de bem-estar social talvez se deva ao fato de muitos comunitaristas verem com mais boa vontade a ideia abstrata de comunidade do que as comunidades específicas que possam desafiar a primazia do estado de bem-estar social ao remover dele algumas de suas funções. É elucidativo o fato de que "comunidade", no singular, aparece com maior frequência na literatura do comunitarismo do que o plural "comunidades".[33] Michael Walzer chega a falar em famílias, vizinhanças e clubes como sendo meramente "análogos" de uma comunidade política maior, que ele identifica não apenas com o estado de bem-estar social, mas também com a "democracia social"[34] – "socialismo com um rosto humano", poder-se-ia dizer.

O comunitarismo, nesse sentido, também poderia ser descrito como clintonismo com rosto humano. Em seu "Discurso do Estado

---

[32] Sandel, p. 33. Ver também Charles Taylor, *Sources of the Self: The Making of the Modern Identity*. Cambridge, Massachusetts, 1989, e William A. Galston, *Liberal Purposes: Goods, Virtues, and Diversity in the Liberal State*. Cambridge, Massachusetts, 1991. Nem em *The Spirit of Community* nem em *The New Golden Rule: Community and Morality in a Democratic Society*. New York, 1996. Amitai Etzioni aborda o tema da relação entre o estado de bem-estar social e o comunitarismo.

[33] É também irônico o fato de que essa ideia singular de "comunidade" persiste, apesar da fragmentação ocorrida nos últimos anos como resultado do multiculturalismo, da ação afirmativa, do feminismo radical e dos imperativos conflitantes do esquema de raça/classe/gênero. Existe, na realidade, pouca coerência ou atributos comuns nessa "comunidade" que ainda se encontra no cerne do comunitarismo.

[34] Michael Walzer, *Spheres of Justice: A Defense of Pluralism and Equality*. New York, 1983, p. 36. Ver também Walzer, "The Communitarian Critique of Liberalism", *Political Theory*, 1990, p. 15, 20; "Rescuing Civil Society", *Dissent*, inverno de 1999.

da União", em 1996, o presidente Clinton utilizou a palavra "comunidade" quinze vezes. Seu conceito de comunidade, no entanto, é tão extenso a ponto de abranger todo o país – "a comunidade americana", como ele diz.³⁵ Isto lembra o discurso do governador Mario Cuomo na Convenção Democrática de 1988, quando ele exaltou a ideia de "família" – os Estados Unidos como uma família grande e feliz.

No polo oposto da visão comunitarista da sociedade civil está a visão libertária. Os libertários mais rigorosos, seguramente, são hostis ao próprio conceito de sociedade civil, com base na ideia de que a sociedade, da mesma maneira que o Estado, é uma limitação ilegítima do indivíduo. Em sua defesa, podem citar *Sobre a Liberdade* (*On Liberty*), de John Stuart Mill, que argumentava que a ameaça peculiarmente moderna à liberdade não é o despotismo governamental, mas a "tirania social". Em resposta a essa nova forma de tirania, Mill formulou seu "princípio muito simples": que a liberdade só pode ser restrita para o propósito da autoproteção ou a prevenção do dano a outrem. Além dessa única condição, nem a "força física sob a forma de penalidades legais" nem a "coerção moral da opinião pública" podem ser autorizadas a interferir na liberdade do indivíduo.³⁶

Os libertários moderados têm uma visão mais benigna da sociedade civil.³⁷ Na realidade, eles se baseiam nela como o único antídoto eficaz contra o Estado, a única força capaz de exercer as funções sociais que foram usurpadas pelo Estado. Segundo seu ponto de vista, é na sociedade civil que os indivíduos podem juntar-se de maneira livre visando propósitos comuns sem a intrusão do governo; é nessa sociedade que eles podem optar por serem morais, por desenvolver um

---

[35] *New York Times*, 24 jan. 1996, p. A13.

[36] John Stuart Mill, *Sobre a Liberdade*. Trad. Alberto da Rocha Barros. São Paulo, Companhia Editora Nacional, 1942, p. 33.

[37] Por exemplo, Charles Murray, *What It Means to Be a Libertarian: A Personal Interpretation*. New York, 1997.

senso de responsabilidade social e exercer seus deveres sociais. Isto, no entanto, só pode acontecer se o Estado estiver totalmente excluído da sociedade civil. Enquanto o Estado estiver envolvido, ainda que parcialmente, ele inevitavelmente minará a autoridade da sociedade civil, e por consequência inibirá o seu amadurecimento moral bem como a liberdade do indivíduo.

Esta é uma refutação poderosa àqueles proponentes suaves da sociedade civil que tentam reconciliá-la com o estado de bem-estar social. Porém mesmo esta versão modificada do libertarianismo não leva totalmente em conta o grau de coerção social e moral e, por conseguinte, a limitação da liberdade e da individualidade que estão implícitas na sociedade civil como um todo ou nas instituições particulares da sociedade civil – instituições que servem verdadeiramente como as "sementeiras da virtude".

Os dilemas da sociedade civil emergiram de maneira mais dramática na Europa Central e Oriental. Ao contrário dos Estados Unidos e da Europa Ocidental, lá o conceito surgiu como uma resposta ao totalitarismo – não ao nazismo, mas à dominação prolongada da União Soviética. A ascensão do movimento Solidariedade na Polônia, no fim da década de 1970 e nos anos 1980, inspirou um chamado pelo "renascimento da sociedade civil". (Leszek Kolakowski, o mais distinto imigrante polonês, referiu-se a isso como uma "ressaca pós--revolucionária".[38]) Em vez de tentar reformar a estrutura política do Estado comunista, os dissidentes procuraram contornar o Estado construindo uma ordem democrática e pluralista na sociedade civil – uma "sociedade paralela", em suas palavras.[39] Encontrando-se

---

[38] Citado em Andrzej Korbonski, "Civil Society and Democracy in Poland: Problems and Prospects", in: *Civil Society, Political Society, Democracy*. Adolf Bibic e Gigi Graziano (ed.). Liubliana, Eslovênia, 1994, p. 227.

[39] Ver Krishan Kumar, "Civil Society: An Inquiry into the Usefulness of na Historical Term", *British Journal of Sociology*, set. 1993, bem como a resposta e

clandestinamente em igrejas e em quartos dos fundos de bares, circulando os *samizdats* que mantinham vivo o espírito da liberdade, criando "universidades voadoras" que competiam com as oficiais, os dissidentes não apenas fomentaram a ideia de sociedade civil mas criaram, ao se engajar nessas atividades, algo muito semelhante a uma sociedade civil, um refúgio contra o opressivo regime comunista.

Ainda assim, a sociedade que surgiu após a queda do comunismo ficou muito longe do ideal. Em vez de ser independente do Estado, a ideia de sociedade civil serviu para legitimar o novo governo, como se os propósitos da sociedade civil fossem preenchidos pelos parlamentos eleitos e pelas agências administrativas do Estado.[40] "O mito da sociedade civil", segundo relatou o intelectual polonês Aleksander Smolar, foi "uma das primeiras vítimas da era pós-comunista. [...] O que eram 'sociedades civis morais' tornaram-se blocos políticos – primeiro na oposição, e, então, com a decomposição das antigas estruturas dominantes, no poder." Aqueles dissidentes que haviam exaltado a ideia da sociedade civil agora propunham a ideia de uma "sociedade normal" – na qual normalidade significava um Estado político, até mesmo com uma democracia constitucional e o domínio da lei. Essa mudança ideológica veio acompanhada por

---

a contrarresposta a este artigo nas edições seguintes do jornal. Ver também J. Keane (ed.), *Civil Society and the State: New European Perspectives*. Londres, 1998, especialmente o artigo de Z. A. Pelczynski, "Solidarity and 'The Rebirth of Civil Society' in Poland, 1976-1981"; Jacques Rupnik, "Dissent in Poland, 1968-1978: The End of Revisionism and the Rebirth of Civil Society", in: Rudolf Tokes (ed.), *Opposition in Eastern Europe*. Baltimore, 1979.

Alguns teóricos derivam essa estratégia de Antonio Gramsci, que alegava ser essa a maneira com que a burguesia exerce seu domínio, não através da coerção do Estado, mas por meio da "hegemonia" da sociedade. Porém a "sociedade civil" de Gramsci incluía partidos políticos, além da família, da comunidade e das associações voluntárias, e era por vezes quase que indistinguível do Estado. (Antonio Gramsci, *Cadernos do Cárcere*. Trad. Carlos Nelson Coutinho, Rio de Janeiro, Civilização Brasileira, 1999.)

[40] Ver Adam B. Seligman, *The Idea of Civil Society*. New York, 1992, p. 6 ss.

uma transferência real dos ativistas mais destacados das instituições da sociedade civil – grupos de direitos humanos, editoras, centros educacionais – para as agências governamentais. Como um "exemplo especialmente comovente", Smolar cita o recrutamento em massa de jovens do grupo pacifista Paz e Liberdade para o novo Ministério de Assuntos Internos, do qual fazia parte a polícia política.[41]

A "sociedade normal", logo se tornou evidente (não apenas na Polônia como também em toda a Europa do leste), estava muito distante da "sociedade civil moral" que havia sido imaginada. Na realidade, quase sempre faltava, de maneira visível, a essas novas sociedades aquelas virtudes que se havia julgado inerentes à própria ideia de sociedade civil. Em 1992, Václav Havel, então presidente da Tchecoslováquia, refletiu sobre as consequências imprevistas de uma libertação que ameaçava libertar seus compatriotas não apenas da tirania do comunismo como também das restrições da moralidade.

> A restituição da liberdade a uma terra moralmente perturbada produziu algo que, obviamente, tinha de produzir e, por isso, era previsível, mas que acabou por se tornar algo mais grave do que se esperava: uma enorme e flagrantemente visível explosão de todos os vícios humanos imagináveis. Uma ampla gama de tendências humanas questionáveis ou pelo menos ambivalentes [...] foi repentinamente libertada, por assim dizer, de sua camisa de força, e acabou por sair fora de controle [...] Assim, estamos a presenciar um estado de coisas bizarro: a sociedade libertou-se, é verdade, mas de certa maneira comporta-se pior do que quando estava presa.[42]

Aqueles que ficaram desanimados pelo caráter anárquico da sociedade civil em partes da Europa do leste e na Rússia frequentemente

---

[41] Aleksander Smolar, "From Opposition to Atomization", *Journal of Democracy*, jan. 1996, p. 29-30. Ver também "Rival Visions", trechos dos escritos e discursos de Václav Havel e Václav Klaus sobre esse assunto na mesma edição.

[42] Václav Havel, "Paradise Lost", *New York Review of Books*, 9 abr. 1992, p. 6.

atribuem o fato à "cobiça" capitalista. O que eles ainda têm de descobrir – na realidade, o que o comunismo deveria tê-los ensinado – é que as instituições públicas podem ser tão egoístas quanto as privadas, que o poder e a ideologia podem corromper tanto quanto o dinheiro, que os vícios comunistas não foram menos perniciosos (e muito mais mortais) do que os vícios capitalistas, e que a cultura comunista não foi menos degradante.

Essa experiência pode revelar-se um momento marcante para o Ocidente democrático, bem como para a Europa pós-comunista. A ideia de sociedade civil, em seu sentido tocquevilliano, como uma força mediadora entre o individualismo excessivo e um Estado opressor, é tão válida e crucial para as antigas democracias quanto para as novas. Porém, tanto para as antigas democracias quanto para as novas, ela não é suficiente, como Havel descobriu, para restaurar a sociedade civil; também é necessário que se reformem suas instituições, tanto estrutural quanto moralmente. É com esse processo de reforma que agora se deparam os defensores duros da sociedade civil, à medida que enfrentam os graves problemas da sociedade democrática – a educação, o bem-estar, o crime, a cultura popular e, acima de tudo, a família.

Capítulo 3 | A Família: "Um Sistema Social em Miniatura"

Se a sociedade civil em si é problemática, a família, a base da sociedade – a sociedade civil em menor escala, por assim dizer –, não é menos. Isto é ainda mais incômodo porque a família, até mais do que a sociedade civil, é a "sementeira da virtude", o lugar onde recebemos nossas experiências formativas, onde as emoções mais primitivas, mais elementares, entram em cena, e onde aprendemos a expressá-las e controlá-las, onde aprendemos a confiar e nos relacionar com os outros, onde adquirimos os hábitos de sentir, pensar e nos comportar, que chamamos de caráter – onde somos, em suma, civilizados, socializados e moralizados. A família, é dito, é um "sistema social em miniatura, com os pais no papel de principais promotores e impositores da ordem social".[1] Hoje em dia, infelizmente, muitos pais são tão ineficazes na promoção e imposição da ordem social como as outras autoridades, e esse sistema em miniatura é tão fraco e pouco confiável quanto o sistema social maior do qual ele faz parte.

Quando Joseph Schumpeter alertou seus leitores sobre o efeito autodestrutivo do capitalismo, sua tendência a subverter o etos burguês do qual seu sucesso econômico depende, ele também

---

[1] David Popenoe, "The Roots of Declining Social Virtue: Family, Community, and the Need for a 'Natural Communities Policy'", in: *Seedbeds of Virtue: Sources of Competence, Character and Citizenship in American Society*. Mary Ann Glendon e David Blankenhorn (ed.). Lanham, Maryland, 1995, p. 79.

alertou sobre a "desintegração da família burguesa". Escrevendo em 1942, muito antes de as taxas de divórcio, de nascimento fora do casamento e de pais solteiros começarem a rápida ascensão, ele apontou que as estatísticas não contam toda a história. "Não importa saber quantos casamentos são dissolvidos por decisão judicial, mas quantos carecem do conteúdo básico do velho tipo." A desintegração da família, ele argumentou, foi causada pelo hábito inveterado de racionalização que caracteriza o capitalismo e que foi estendido para a vida privada. Através de "uma espécie de sistema mudo de contabilidade de custo" as pessoas passaram a acreditar que as vantagens de uma família não compensavam suas desvantagens – não apenas os custos econômicos de manter essa família como também a "falta de conforto, o excesso de cuidados e pouca oportunidade de gozar das alternativas de atração e variedades de experiências cada vez maiores". O que se esquece é a grande contribuição da paternidade à saúde física e moral – "à 'normalidade', se assim podemos dizer". Focados no imediato e no visível, tendemos a ser impacientes com as exigências da vida familiar por ignorarmos as "necessidades profundas da natureza humana ou do organismo social". Nem sempre foi assim, Schumpeter nos lembra. Para o *homo oeconomicus*, o homem burguês original, a família era a mola propulsora do motivo para o lucro. O homem era impulsionado a "trabalhar e economizar, primariamente, para a esposa e *filhos" (itálico de Schumpeter) – para o futuro de sua família e não para suas necessidades ou desejos presentes. O homem moderno, por sua vez, tende a ter um "horizonte temporal" limitado à sua própria expectativa de vida, motivo pelo qual ele perde o incentivo não só de trabalhar, poupar e investir, mas também de criar e cuidar de uma família.*[2]

---

[2] Joseph A. Schumpeter, *Capitalismo, Socialismo e Democracia*. George Allen e Unwin Ltd (ed.). Trad. Ruy Jungmann. Rio de Janeiro, Fundo de Cultura, 1961, capítulo XIV, seção 2.

A explicação de Schumpeter pode ser excessivamente utilitária e racionalista.³ Ele foi, no entanto, brilhantemente presciente em sua análise de uma cultura que, embora não seja conscientemente hostil à família, é menos que favorável a ela, uma cultura muito focada no presente e egocêntrica para tolerar os tipos de restrições impostas aos pais pelos interesses da família – ou, da mesma maneira, as restrições às crianças, que não são menos focadas no presente e egocêntricos. Os relatos do século XIX e do início do século XX sobre a vida da classe trabalhadora estão repletos de histórias de crianças que trabalhavam meio período e contribuíam com seus parcos ganhos não apenas de bom grado, mas com orgulho, para a família. Atualmente as crianças costumam receber mesadas de seus pais para gastar com satisfações pessoais.

A família atualmente parece estar numa situação de maior perigo que o capitalismo, pelos motivos que Schumpeter previu, e diversos outros. Se naquele tempo ele tinha poucas estatísticas para embasar suas intuições, atualmente temos muitas – estatísticas a respeito de divórcio, de pais solteiros, de filhos nascidos fora do casamento e de coabitação.⁴ Também temos outro conjunto de estatísticas que

---

³ Porém, talvez não. Um professor de sociologia, da Universidade de Bolonha, ao comentar sobre o recente declínio no tamanho das famílias na Itália, ecoou inconscientemente Schumpeter: "A prosperidade nos estrangulou. O conforto é atualmente a única coisa na qual acreditamos. A ética do sacrifício por uma família – uma das ideias mais básicas das sociedades humanas – tornou-se uma noção histórica". (*New York Times*, 10 jul. 1998, p. A6.)

⁴ Já se disse que uma maior perspectiva histórica mostra que a crise da família tem um século ou mais; a taxa de divórcio aumentou em até quinze vezes entre 1870 e 1920, de tal modo que em 1924 um em cada sete casamentos terminava em separação. (Christopher Lasch, *Haven in a Heartless World: The Family Besieged*. New York, 1977, p. 14, 8; Richard T. Gill, *Posterity Lost: Progress, Ideology, and the Decline of the American Family*. Lanham, Maryland, 1997, p. 22-23, 58-59.) Essas cifras, no entanto, são enganosas, pois o aumento de quinze vezes partiu de uma base muito baixa. E uma taxa de divórcio de 1 em 7 é diferente, qualitativamente, da atual taxa de 1 em

relaciona a fragmentação da família com os índices de patologia social. Domicílios em que a mãe é solteira, por exemplo, têm taxa de pobreza quase três vezes maior que em domicílios nos quais os pais são casados, e têm oito vezes mais possibilidade de permanecer na pobreza por dois ou mais anos.[5] Ou jovens do sexo masculino que cresceram em lar sem um pai têm duas vezes mais probabilidade (e aqueles com pais adotivos três vezes mais probabilidade) de acabar presos do que aqueles que vieram de lar com ambos os pais (mantendo-se constantes outros fatores como raça, renda, educação dos pais e residência urbana).[6] Ou (contrariando o célebre estereótipo racial) a taxa de abandono escolar entre crianças brancas que vivem com apenas um dos pais é substancialmente mais alta (28%) do que a de crianças negras que vivem com os dois pais (17%).[7] São descobertas como essas que fazem com que as outras estatísticas sejam tão ominosas – especialmente o fato de que mais de um quarto das crianças (e duas vezes mais a proporção de crianças negras) vive em lar com apenas um dos pais, um aumento triplicado desde 1960.[8]

---

cada 2. (J. C. Abma, A. Chandra, W. D. Mosher, L. Peterson e L. Piccinino, *Fertility, Family Planning, and Women's Health: New Data from the 1995 National Survey of Family Growth*, Vital Health Statistics, Centro Nacional de Estatísticas de Saúde, 1997.)

[5] L. Lamison-White, *Poverty in the United States: 1996*, Current Population Reports, 1997, U.S. Bureau of Census.

[6] *Washington Post*, 21 ago. 1998, p. A3, e *Wall Street Journal*, 1º dez. 1998, p. A22 (citando um estudo não publicado de Cynthia Harper e Sara S. McLanahan apresentado à Associação Sociológica Americana, 21 ago. 1998). Um estudo anterior chegou à mesma conclusão: "Controlar a configuração familiar apaga a relação entre raça e crime e entre baixa renda e crime". (Elaine Kamarck e William Galston, *Putting Children First: A Progressive Family Policy for the 1990s*. Progressive Policy Institute, Washington, D.C., 1990, p. 14-15).

[7] Sara McLanahan e Gary Sandefur, *Growing Up with a Single Parent: What Hurts, What Helps*. Cambridge, Massachusetts, 1994, p. 58-59.

[8] Trends in the Well-Being of America's Children and Youth, 1997, Departamento de Saúde e Serviços Humanos dos Estados Unidos, p. 26. Judith

Ainda assim, até mesmo nos dias de hoje, existe relutância em encarar a natureza real do problema. A síndrome da mulher espancada foi muito divulgada, porém alguns dos fatos essenciais foram obscurecidos pela retórica "acrítica" que quase sempre acompanha esses relatos – a falha, por exemplo, em distinguir entre casamento e coabitação. David Blankenhorn, diretor do Instituto de Valores Americanos (*Institute for American Values*), aponta que a violência doméstica costuma ser referida como "violência marital" ou "espancamento de esposa"[9], enquanto os perpetradores são chamados de "maridos" ou "parceiros"[10] (ou agrupados na categoria única de "maridos e companheiros") independentemente de seu *status* legal. ("Companheiros íntimos"[11] é outro eufemismo comum.) Assim, são os maridos que costumam ser representados como culpados, e o casamento parece ser o cerne do problema, embora seja a relação não marital a estar associada com a violência com maior frequência.[12] Um estudo do Departamento de Justiça descobriu que a mulher tem três vezes mais risco de ser estuprada

---

Rich Harris, *The Nurture Assumption: Why Children Turn Out the Way Do,* New York, 1998, questiona algumas dessas conclusões alegando que não é a separação da família ou a falta de um dos pais na família por si só que contribuem para esses efeitos inauspiciosos, e sim outros fatores, como a pobreza, a frequência de mudança de endereços, a disposição genética ou a pressão dos pares. A maior parte desses estudos, no entanto, leva em conta esses fatores, alguns dos quais (pobreza ou mudanças) são, eles próprios, a consequência da separação das famílias. Além do mais, a separação das famílias frequentemente ocorre em comunidades onde os "pares" são eles próprios produtos de famílias igualmente "não intactas". (Para uma análise cuidadosa do livro de Harris, ver Mary Eberstadt, "What Are Parents For?", *Commentary*, dez. 1998.

[9] "Wife-beating", no original. (N. T.)

[10] "Partners", no original. (N. T.)

[11] "Intimates", no original. (N. T.)

[12] David Blankenhorn, *Fatherless America: Confronting Our Most Urgent Social Problem.* New York, 1995, p. 33, 35, 245 (n. 30). Ver também David Popenoe, *Life Without Father.* New York, 1996, p. 65-74 e notas p. 241-43.

ou de sofrer abuso sexual por um namorado e dez vezes mais por um conhecido do que por seu cônjuge.[13]

Também é fato bem conhecido que as crianças têm mais probabilidade de serem abusadas em famílias fragmentadas do que nas que são bem estruturadas; ou abusadas por pais adotivos com maior frequência do que por pais biológicos; e ainda com maior frequência abusadas pelo namorado da mãe.[14] E, não raras vezes, nesses domicílios, pela mãe, sob pressão das drogas, do álcool e de homens abusivos. O Ato de Preservação da Família (*Family Preservation Act*) de 1992 foi aprovado com base na presunção de que a mãe biológica é a guardiã natural de seus filhos. Esse ato sofreu uma emenda cinco anos mais tarde, após uma série de casos horrendos e muito divulgados de mortes de crianças nas quais a mãe ou havia sido responsável ou cúmplice. Após a emenda nesse ato, a segurança da criança passou a ser vista como soberana, em vez de um "direito" da mãe ou da "unidade" da família, de modo que uma criança abusada pode ser removida de um lar dominado por um pai biológico, porém profundamente "disfuncional". Também existe um sentimento crescente pela internação dessas crianças em orfanatos (ou "internatos públicos", como costumam ser chamados de maneira eufemística) em vez de lares adotivos, que frequentemente reproduzem as condições infelizes do lar original.[15]

---

[13] Ronet Bachman e Linda E. Saltzman, "Violence Against Woman: Estimates from the Redesigned Survey", Escritório de Estatísticas de Justiça, ago. 1995, p. 3.

[14] *America's Children 1998: Indicators of Children's Well-Being*, Forum on Child and Family Statistics, Centers for Disease Control and Prevention, Centro Nacional de Estatísticas de Saúde.

[15] Charles Murray, "The Coming White Underclass", *Wall Street Journal*, 29 out. 1993, p. A14; James Q. Wilson, "Bring Back the Orphanage", *Wall Street Journal*, 22 ago. 1994, p. A10; "The Storm Over Orphanages", *Time*, 12 dez. 1994, p. 58; Gertrude Himmelfarb, "The Victorians Get a Bad Rap", *New York Times*, 9 jan. 1995, p. A15.

Os efeitos do divórcio e de pais solteiros sobre as crianças são mais sutis e têm maior alcance do que o abuso físico. Estudos longitudinais descobriram que os filhos de pais solteiros negros bem-sucedidos financeiramente têm desempenho escolar pior do que os filhos de famílias negras bem constituídas com rendas mais baixas; as filhas de pais solteiros brancos têm cinco vezes mais probabilidade de terem filhos fora do casamento que as filhas de pais casados; e em todos os índices de bem-estar, crianças que vivem com padrastos ou madrastas estão no mesmo nível dos filhos de pais solteiros, e muito abaixo daqueles que vivem com ambos os pais biológicos. Concluiu-se num estudo que "crianças que crescem num lar com apenas um pai biológico têm desempenho pior, em média, do que crianças que crescem num lar com ambos os pais biológicos", independentemente de raça, contexto educacional ou novos casamentos.[16]

Outros estudos sugerem que até mesmo a saúde das crianças a longo prazo é afetada pelo rompimento da família. A média de idade de crianças cujos pais se divorciaram quando elas tinham menos de 21 anos é significativamente mais baixa que a de crianças cujos pais não se divorciaram. Além do mais, os filhos de pais divorciados, por sua vez, têm mais possibilidade de se divorciarem, e como adultos divorciados tendem a morrer mais cedo, tais crianças correm risco dobrado de morte prematura.[17] O velho adágio que diz que os pais

---

[16] McLanahan e Sandefur, p. 1. Ver também Don S. Browning, et al., *From Culture Wars to Common Ground: Religion and the American Family Debate*. Louisville, Kentucky, 1997, p. 56-58. Sociólogos americanos, ao analisarem estudos longitudinais de crianças britânicas, descobriram os mesmos distúrbios psicológicos associados ao divórcio dos pais, independentemente de renda, raça ou *status* social. (Andrew J. Cherlin, P. Lindsay Chase-Lansdale e Christine McRae, "Effects of Parental Divorce on Mental Health Throughout the Life Course", *American Sociological Review*, abr. 1998.)

[17] Joseph E. Schwartz et al., "Sociodemographic and Psychosocial Factors in Childhood as Predictors of Adult Mortality", *American Journal of Public Health*, set. 1995, p. 1237-42; Howard S. Friedman et al., "Psychosocial

devem ficar juntos pelo bem das crianças pode ser mais verdadeiro do que se acreditava.

Esse adágio pode ser atualizado no sentido de que os pais também devem ficar juntos para seu próprio bem. A taxa de mortalidade entre homens e mulheres casados é a metade da taxa de mortalidade entre aqueles de idade semelhante que se divorciaram, e menos da metade entre aqueles que nunca se casaram. (Por outro lado, a taxa de mortalidade entre viúvas é quase a mesma que a de mulheres que nunca se casaram, e a de viúvos é significativamente maior que a de solteiros – talvez porque aqueles que tiveram casamentos felizes sofram com a morte do cônjuge?)[18] É o casamento, além disso, e não a coabitação, que tem relação direta com a saúde. Mulheres que coabitam correm duas vezes mais risco de sofrer violência doméstica que mulheres casadas; têm um índice três vezes maior de depressão; e casais que coabitaram antes de se casar apontam níveis significativamente mais baixos de felicidade conjugal e satisfação sexual que outros casais. (Também apresentam taxas mais altas de divórcio.)[19]

À medida que essas estatísticas se tornam mais conclusivas, aqueles que apoiam formas de vida familiar "diversificadas" e "alternativas" alteraram as bases de suas defesas, questionando não apenas as próprias estatísticas, mas até mesmo o próprio uso de estatísticas.[20]

---

and Behavioral Predictors of Longevity", *American Psychologist*, fev. 1995, p. 69-78.

[18] *Business Week*, 9 mar. 1998, p. 22 (citando o Centro Nacional de Estatísticas de Saúde).

[19] "Living Together Fails as Trial Run", *USA Today*, 13 jul. 1998, p. 13A (citando pesquisadores da Universidade do Estado de Washington, Universidade da Califórnia em Los Angeles, Universidade de Denver e do Instituto Nacional de Saúde Mental).

[20] Mudança semelhante ocorreu na controvérsia a respeito do padrão de vida dos trabalhadores ingleses como resultado da Revolução Industrial. Quando a evidência quantitativa deixou claro que o padrão havia sido de fato elevado, historiadores radicais mudaram o debate para a questão da "qualidade de vida" dos trabalhadores, que não podia ser medida quantitativamente.

Judith Stacey, uma proeminente integrante dessa escola, protesta contra qualquer estudo de ciências sociais que sugira a superioridade da "família dos anos 1950". "O melhor antídoto contra esse tipo de coisa", diz ela, "não é necessariamente mais ciências sociais, mas sim uma imersão nos valores vividos pelas próprias famílias" – narrativas de famílias não tradicionais que desafiem as estatísticas. O psiquiatra Robert Coles é igualmente receoso quanto às ciências sociais como um barômetro da família. "O relato de histórias", diz ele, em vez das estatísticas, "permite uma maior amplitude a respeito de nossa existência cotidiana"; e histórias fictícias, que misturam "verdades literais com versões imaginativas", são tão tocantes quanto as verdadeiras.[21]

Porém histórias, histórias reais, revelam muito dos mesmos fatos que as estatísticas. E a história corrobora muito da teoria de Schumpeter. Historicamente, a família, seja a família nuclear do "homem burguês", seja a família ampliada de seus ancestrais, tem sido a mais duradoura das relações sociais. (Na realidade, a família nuclear é mais antiga do que comumente se imagina.) Ao contrário de outras instituições da sociedade civil, a família nunca foi vista como uma "associação voluntária". Ela tem sido um "dado" da vida, um fato imutável, que começa antes do nascimento (na vida dos pais e avós) e persiste após a morte (na vida dos filhos e netos). E porque a família tem tido esse caráter involuntário e obrigatório, também se tem presumido que ela tenha a autoridade de realizar suas funções primordiais: criar e socializar as crianças e cuidar de seus membros mais fracos e vulneráveis, os idosos e os jovens. Em seu melhor cenário, ela era a fonte de amor incondicional, bem como de responsabilidade incondicional; no pior, se ela falhasse em sua missão prescritiva, estaria sujeita a sanções legais e sociais.

---

[21] *Lingua Franca*, out. 1997, p. 14-15.

Pelo menos costumava ser assim. Hoje em dia a família foi "voluntarizada", por assim dizer; ela é o que escolhemos fazer dela. O sociólogo inglês Jeffrey Weeks louva a nova família como a "família de escolha". "Para muitas pessoas atualmente, família significa algo mais que afinidade biológica. Significa algo que você cria para si mesmo, algo que envolve interações, compromissos e obrigações que têm de ser negociados num mundo onde nada é certo ou dado por antecipação." Nessas famílias, ele explica, amigos são tão importantes quanto parentes.[22] Assim, entramos e saímos de famílias ao nosso bel-prazer. Este é o significado do divórcio, casamentos em série, coabitação, paternidade solteira e "estilos de vida alternativos". A "família de escolha" não é definida por laços sanguíneos, matrimoniais ou adotivos, mas pelas variedades de relacionamentos e habitações existentes entre adultos "autônomos", "consensuais" e seus descendentes.

Não foram apenas os acadêmicos que reconfiguraram dessa maneira a família. A Igreja Episcopal, como relata com satisfação um comentarista, escapou da "armadilha da nostalgia". Em vez de enxergar a família em seu sentido legal, estreito, antiquado, a Igreja atualmente reconhece que ela é uma instituição que abraça "uma ampla gama de relações de parentesco e não parentesco, numa variedade de cenários econômicos e raciais". Nessa "teologia emergente da família", prossegue o relatório, o 'lar' substitui a 'família' estereotipada e fora de moda".[23]

O efeito dessa liberalização e "voluntarização" da família é o de libertá-la (ela, ou sua versão pós-moderna) de suas obrigações tradicionais. Falamos da família disfuncional como uma das características das classes baixas. Porém muitas famílias de classe média também se tornaram, em maior ou menor escala, disfuncionais, à medida que a família recém-libertada deixa de ser uma força estável e confiável,

---

[22] Christina Hardyment, "We Are Family", *Prospect*, jun. 1998, p. 38.
[23] Browning, p. 46.

seja para seus membros, seja para a sociedade. A "família da década de 1950", como se diz pejorativamente nos dias de hoje – aquela em que se esperava ter dois pais casados, residentes, responsáveis – nem sempre correspondia àquele ideal. Existiam célebres exceções e desvios: pais divorciados, mães viúvas, pais bêbados, mulheres abusadas, crianças maltratadas e delinquentes. Porém, essas eram vistas apenas como tal, exceções e desvios, infortúnios circunstanciais ou falhas de caráter. Uma grande maioria das famílias se enquadrava, na realidade, ao modelo dos dois pais, e os casais não se casavam com a expectativa de que metade deles fosse estar, mais cedo ou mais tarde, divorciada. Se a imagem *à la* Norman Rockwell da família de 1950, completa, com duas crianças felizes, de cabelos loiros e penteados (quase sempre uma menina e um menino), era idealizada e romantizada, a caricatura atual dela como uma instituição autoritária, patriarcal e burguesa, projetada para oprimir a esposa, abusar das crianças e inibir a sexualidade, não poderia estar mais afastada da realidade.

Não foi apenas o etos social que alterou o *status* da família; foi a intrusão do Estado. Há dois séculos, Adam Smith podia declarar com confiança: "O pai tem a obrigação de criar seus filhos, e os filhos, em caso de velhice ou enfermidade do pai, têm obrigação de sustentá-lo".[24] O Estado moderno ajudou a pôr um fim nisso. Ao prover subsídios a famílias sem pai, ele passa a mensagem de que o pai é dispensável, pois se pode contar com o Estado para assumir as funções paternas tradicionais. E, ao fornecer subsídios a pais idosos ou enfermos (tanto não pobres quanto pobres), ele livra os filhos de suas funções filiais normais. Apenas algumas gerações atrás, era considerado algo vergonhoso para um idoso depender do auxílio público – vergonhoso para o pai e para o filho. Hoje o pai

---

[24] Adam Smith, *Lectures on Jurisprudence*. R. L. Meek, D. D. Raphael e P. G. Stein (ed.). Oxford, 1978 (palestras ministradas em 1766), p. 450.

considera vergonhoso ficar "endividado" com um filho, e o filho (mesmo que tenha meios) sente-se absolvido de qualquer responsabilidade moral, que dirá legal, para com seu pai, acreditando que a responsabilidade é do Estado. Casos de necessidade extrema, que estavam além dos recursos da família, costumavam receber o auxílio da assistência pública, caridades privadas, ou de "sociedades de amigos" autossuficientes. Com as melhores intenções, passamos a regularizar, legalizar e expandir essa assistência. Essa assistência, que passou a se chamar estado de bem-estar social[25], tornou-se um direito legal, uma obrigação do Estado. O efeito involuntário dessa política foi minar a família tradicional ao remover dos pais e filhos suas obrigações e expectativas habituais.[26]

O Estado também minou a família por meio de políticas que depreciaram a importância do casamento e tornaram até mesmo desvantajoso casar-se, "desprivilegiando" assim, no jargão atual, o próprio casamento. Nas agências responsáveis por obras sociais e moradias públicas, a distinção entre solteiros e casados está sendo eliminada com o argumento de que é discriminatória. Enquanto pessoas casadas de baixa renda costumavam receber tratamento preferencial, hoje em dia os casais solteiros, por terem mais probabilidade de serem pobres,

---

[25] Ou "previdência social". (N. T.)

[26] E não apenas o efeito involuntário. O impulso de engenharia social por parte dos planejadores e reformistas sempre lhes fez suspeitos à família, muito antes do estado de bem-estar social. Christopher Lasch afirmou que o movimento progressivo, na virada do século, tentou estabelecer como principal agente socializante para a criança o suposto sistema iluminado, racional e eficiente das escolas públicas, no lugar da errática família, que oscilava entre excessivamente tirânica e excessivamente indulgente. Enquanto a mãe, argumentavam os progressistas, se preocupava apenas com "a minha criança", a escola tinha visão maior, mais impessoal e objetiva "da criança". (Lasch, *Haven in a Heartless World*, p. 14. Ver também Lasch, *The Culture of Narcissism: American Life in an Age of Dimishing Expectations*. New York, 1979, p. 154-55.) Pode-se acrescentar que, por razões um tanto diferentes, marxistas e socialistas utópicos, muito antes do período progressivo, apresentavam a mesma desconfiança contra a família. (E antes deles, é claro, Platão.)

obtêm maiores benefícios do Estado – um bônus, na realidade, por serem solteiros. As intenções por trás dessas reformas podem ser admiráveis, porém sua consequência pode enfraquecer uma estrutura familiar já debilitada.

Se o Estado usurpou algumas das funções da família, a revolução sexual subverteu o próprio conceito da família tradicional. Tanto conservadores quanto liberais podem ficar abismados com a atenção dada nos últimos anos a um assunto tão privado e pessoal quanto a moralidade sexual. Porém, o motivo para que esse tema tivesse assumido tal importância é que a moralidade sexual nunca é um assunto puramente privado ou pessoal. Ele está no cerne da ideia e da instituição da família. Se a família é o agente primordial da socialização, espaço em que desenvolvemos hábitos como amor, confiança e responsabilidade, que fazem de nós seres humanos maduros, o adultério é uma violação da família, uma traição do amor, da confiança e da responsabilidade, um ato de infidelidade e irresponsabilidade. Quando Hillary Clinton repreendeu aqueles que estavam dando demasiada importância ao caso amoroso de seu marido com Monica Lewinsky, ela reivindicou o direito à privacidade. "As únicas pessoas", disse ela, "que contam em qualquer casamento são os dois que estão nele"[27] – esquecendo-se dos filhos, que seguramente fazem parte do casamento, para não dizer nada da integridade e da dignidade da própria família.

A revolução sexual gerou uma libertação dupla: uma libertação dentro *do* casamento, alterando as relações e papéis de homens, mulheres e crianças dentro da família; e também uma libertação do casamento, tornando mais fácil abandonar ou prescindir da família – ter relações extraconjugais e "relações" não matrimoniais. Essa revolução também teve o efeito paradoxal de minar políticas sociais,

---

[27] *Los Angeles Times*, 28 jan. 1998, p. A16 (citando entrevista para o *Today*, programa de televisão da NBC).

as quais tanto liberais quanto conservadores geralmente apoiam. Os governos locais e estaduais, por exemplo, podem tentar pôr em prática a obrigação do pai de sustentar seus filhos, porém essa política é subvertida por um sistema de bem-estar social que fornece um meio alternativo de sustento, bem como por uma cultura que ridiculariza a ideia do pai como o "chefe" natural da família – que até mesmo nega a ideia do pai como um membro necessário da família. As feministas seguramente teriam objeções à máxima de Adam Smith de que o pai é obrigado a sustentar seus filhos; elas a alterariam de modo que "um dos pais" é que deveria ter essa obrigação. Sua intenção é elevar a mãe, levá-la ao *status* de igualdade com o pai. Contudo, o efeito pode sobrecarregá-la com uma responsabilidade econômica e psicológica que ela não suporte.

Esse fardo é ainda mais pesado hoje em dia porque tantas mães trabalham fora do lar. Em 1960, pouco mais de 30% o faziam; hoje em dia esse número é o dobro.[28] Aqui também vemos os efeitos ambíguos das boas intenções. A oportunidade de ter uma carreira, de se libertar dos limites da família e da domesticidade (e também da dependência econômica e psicológica do marido), tem sido a meta das feministas por mais de um século. Porém, uma vez atingida essa meta, muitas mulheres estão descobrindo que ela foi obtida a um custo considerável. Elas descobrem que uma carreira exige ainda mais da mulher do que do homem, pois ela ainda tem (por mais que algumas feministas possam insistir e alguns maridos solícitos possam conceder) a responsabilidade primordial de cuidar dos filhos. Muitas mulheres também estão se desiludindo com a solução comumente proposta para esse problema, a creche diária subsidiada pelo governo. Elas têm percebido que até mesmo a melhor creche (e a maior parte delas está muito longe da melhor) é inferior ao habitual cuidado paternal do lar. Assim, muitas mães estão procurando maneiras de conciliar família

---

[28] Gill, p. 27.

e trabalho, muitas vezes abandonando os padrões de carreira ou empregos convencionais. Mães solteiras que trabalham por necessidade econômica têm poucas ou nenhuma alternativa, porém mães casadas que trabalham para complementar a renda familiar podem optar por renunciar às amenidades fornecidas por essa renda adicional, ao menos nos primeiros anos de seu filho. Ou podem optar por trabalhar em meio período, ou em casa, ou em horários de trabalho flexíveis. Cada vez mais e mais mulheres (e homens) estão percebendo que a busca por uma carreira não é um bem absoluto, nem para si próprias nem para a família.

Ainda mais recentemente nos deparamos com mais um desafio à família. Além das revoluções sexual, social e ideológica, agora temos que lidar com uma revolução demográfica – uma "implosão" populacional quase tão significativa quanto a "explosão" que por tanto tempo foi prevista. As últimas estatísticas sugerem um declínio na taxa de natalidade dos países ocidentais que terá resultados inéditos. Os economistas se preocupam com uma população "grisalhante", com cada vez menos jovens para sustentar o grande número de idosos, colocando uma grande pressão sobre o seguro social, aposentadorias, serviços de saúde e as finanças do governo de forma geral. As consequências para a família, no entanto, não são menos graves. O demógrafo Nicholas Eberstadt calcula que, se a taxa de fertilidade atual da Itália de 1,2 continuar por apenas duas gerações, quase três quintos das crianças dessa nação não terão "irmãos, primos, tios ou tias; terão apenas pais, avós, e, talvez, bisavós". Em outros países ocidentais, com uma taxa de natalidade um pouco mais alta (a média europeia é de 1,4, e a americana, de 2,0), o efeito seria apenas levemente diferente: dois quintos não teriam parentes colaterais.[29] Assim, agora não precisamos nos preocupar apenas com

---

[29] Nicholas Eberstadt, "World Population Implosion?", *Public Interest*, outono de 1997, p. 21.

crianças sem pais, mas também com crianças sem parentes – crianças criadas em famílias tão enfraquecidas que dificilmente merecem receber o nome de "famílias".

A família, como a sociedade civil, está obviamente precisando ser revitalizada e reformada, recuperar a autoridade legal e social que ela perdeu para o Estado, e a autoridade moral que ela cedeu à contracultura. A precondição para essa revitalização e reforma já foi atingida na crescente atenção prestada ao assunto e no corpo de pesquisa exemplar acumulado sobre o tema. A família (novamente, da mesma maneira que a sociedade civil) gerou uma gama de sociedades, conferências, comissões, jornais e livros nas últimas duas décadas, produzindo uma grande quantidade de análises realistas do estado atual das coisas e uma disposição igualmente realista em considerar reformas que possam ir contra a natureza das atuais tendências e práticas.[30]

Isto não significa que temos a obrigação de retornar ao modelo familiar (ou ao modelo mitificado) da década de 1950, com suas relações e papéis parentais fixos. Se, como sugere o estribilho acadêmico, a família com dois pais é geralmente (embora nem sempre) a mais conducente ao bem-estar dos filhos e da sociedade, existe muito espaço naquela estrutura familiar para melhoria – para uma maior segurança, estabilidade e flexibilidade. E muito pode ser feito fora dela para promover os mesmos valores, encorajar responsabilidade

---

[30] É interessante que o tema da família tenha recebido muito menos atenção na Europa, onde tanto a revolução sexual quanto a subversão da família tradicional avançaram muito mais do que nos Estados Unidos. Até um certo ponto, o estado de bem-estar social encobriu alguns dos efeitos desses desenvolvimentos. No entanto, o próprio estado de bem-estar social está extremamente vulnerável, sofrendo tanto os desafios da União Europeia quanto os da economia global. De qualquer maneira, as implicações e consequências dessa revolução parecem exigir um estudo muito mais sério do que ele recebeu até agora na Europa (com exceção da Inglaterra, onde ele parece ter sido alvo de muita atenção e preocupação).

conjugal e paternal e evitar a contínua erosão da família. Algumas dessas propostas, como sugere o próximo capítulo, precisam da intervenção do governo: a revisão, talvez, da lei do divórcio *no-fault*[31] para tornar o divórcio mais difícil, ou do código de impostos, visando favorecer casais casados, ou do sistema de bem-estar social, para desencorajar pais solteiros, ou ainda do sistema educacional, de modo a permitir que pais exercitem mais ponderação e responsabilidade com relação a seus filhos.

Além dos efeitos práticos e específicos de tais reformas, elas também poderiam ajudar a criar um clima moral mais propício a uma família saudável, onde a maternidade e a domesticidade sejam uma vocação tão respeitável quanto a ocupação legal ou a prática dos negócios; a paternidade (a paternidade presente, e não ausente) seja identificada com a masculinidade; a promiscuidade sexual seja tão inaceitável, socialmente, quanto o tabagismo; que a família "burguesa" seja alvo de estima, e não de ridículo; e que a cultura não seja iludida pelos eufemismos comuns que dignificam o nascimento de crianças fora do casamento como um "meio alternativo de criação dos filhos", ou a coabitação como uma "relação" e um companheiro não casado como um "outro significativo". Uma mudança como essa no etos ajudaria a restaurar não apenas a integridade da família como também a da sociedade civil na qual ela desempenha um papel tão vital.

---

[31] Divórcio "sem culpa" – no direito americano, modalidade de divórcio em que nenhum dos cônjuges assume a culpa ou a responsabilidade pelo ocorrido. (N. T.)

Capítulo 4 | A Lei e a Forma de Governo:
"Legislando a Moralidade"

Em suas palestras de Godkin, em Harvard, em 1986, o senador Daniel Patrick Moynihan observou: "A verdade central conservadora mostra que é a cultura, e não a política, que determina o sucesso de uma sociedade. A verdade central liberal é que a política pode mudar uma cultura e protegê-la de si mesma".[1] A essência desta máxima, a importância da cultura e a relação entre a cultura e a política, é tão verdadeira hoje em dia quanto sempre foi – e verdadeira em relação à cultura no seu sentido mais amplo, a cultura moral, o etos do país. Porém a primazia da cultura para o conservador, e da política para o liberal, nem sempre foi tão evidente.

Foi, afinal, o liberal (ou radical) Thomas Payne que denegriu a política em sua célebre declaração: "A sociedade é produzida por nossas necessidades, e o governo por nossas maldades".[2] E foi o conservador Edmund Burke que replicou defendendo a política:

---

[1] Daniel Patrick Moynihan, *Miles to GO: A Personal History of Social Policy*. Cambridge, Massachusetts, 1996, p. 63, citado em português in: *Revista Continente*, edição *on-line*, n. 149, mai. 2013. Disponível em: http://www.revistacontinente.com.br/index.php/component/content/article/%20 9%20.html.

[2] Mesmo Paine, no entanto, admitiu que o governo tinha alguma utilidade: "... a primeira [sociedade] promove nossa felicidade positivamente, unindo nossos afetos, enquanto o segundo [governo] o faz de maneira negativa, reprimindo nossos vícios". Em sua melhor forma, ela acrescentou, o governo é um "mal necessário"; em sua pior, um "[mal] intolerável".

"O governo é uma invenção da sabedoria humana para atender às necessidades humanas".[3] Na realidade, Burke chegou mesmo a descrever o Estado (e não a sociedade, como consta de uma célebre citação incorreta sua) como "uma associação que leva em conta toda ciência, toda arte, toda virtude e toda perfeição [...] uma associação não só entre os vivos mas também entre os que estão mortos, e os que vão nascer".[4] Até mesmo John Stuart Mill (não o Mill de *Sobre a Liberdade*, seguramente, mas o Mill de *Governo Representativo*) disse que "o mais importante mérito que pode possuir uma forma de governo é o de promover a virtude e a inteligência do próprio povo".[5]

Geralmente presume-se que seja a sociedade civil, e não o governo, a portadora da cultura. Porém os primeiros progenitores da ideia da sociedade civil a invocavam não como antítese do governo, mas sim como do estado natural. John Locke, após explicar que "é fácil distinguir quem está e quem não está em sociedade política", fez de "sociedade política" e "sociedade civil" quase sinônimos:

Thomas Paine, *Common Sense* (1776), in: *Writing of Thomas Paine*. Moncur Daniel Conway (ed.). New York, 1967, I, 69, citado em português in: Christopher Hitchens, *Os Direitos do Homem, de Thomas Paine: uma biografia*. Trad. Sérgio Lopes, Rio de Janeiro, Jorge Zahar, 2007, p. 110.

[3] Edmund Burke, *Reflexões sobre a Revolução em França*. 2. ed. Trad. Renato de Assumpção Faria, Denis Fontes de Souza Pinto e Carmen Lídia Richter Ribeiro Moura. Universidade de Brasília, p. 89.

[4] Ibid., p. 116. O parágrafo no qual essa declaração aparece abre com uma referência à "sociedade", porém então passa a falar do "Estado". Imediatamente antes de "é uma associação" lê-se claramente "Estado". Além do mais, "Estado" aparece novamente na frase imediatamente seguinte. Esta citação incorreta aparece em obras de referência, bem como em livros acadêmicos, como, por exemplo, *A New Dictionary of Quotations on Historical Principles from Ancient and Modern Sources*. H. L. Mencken (ed.). New York, 1962, p. 1120; *The Oxford Dictionary of Political Quotations*. Antony Jay (ed.). Oxford, 1996, p. 67.

[5] John Stuart Mill, *Considerações sobre o Governo Representativo*. Trad. Manoel Innocêncio de L. Santos Jr., Universidade de Brasília, 1991, p. 19.

"Aqueles que estão unidos em um corpo único e têm uma lei estabelecida comum e uma judicatura à qual apelar, com autoridade para decidir sobre as controvérsias entre eles e punir os infratores, estão em sociedade civil uns com os outros. Aqueles, porém, que não têm em comum tal possibilidade de apelo, explico-me, na Terra, vivem ainda em estado de natureza". Assim, infrações cometidas na "comunidade" estão sujeitas aos "poderes legislativo e executivo da sociedade civil".[6]

Até mesmo Tocqueville não fazia uma distinção tão acentuada entre os campos político e civil como se costuma acreditar. Tampouco ele dava à sociedade civil a primazia que comumente se lhe atribui. Pelo contrário, ele acreditava que as duas esferas estavam intimamente relacionadas, uma dependendo da outra. Seu conceito de "associações" englobava tanto "associações políticas" quanto "associações civis". E ele via o "governo civil" como parte vital da democracia americana.[7] Num dos exemplos no qual utiliza o termo "sociedade civil", ele o faz no capítulo intitulado "Quais são as vantagens reais que a sociedade americana retira do governo da democracia" – uma dessas vantagens sendo o efeito estimulante que o governo democrático tem na sociedade. Impressionado com o grau extraordinário de atividade política nos Estados Unidos ("as próprias mulheres comparecem muitas vezes às assembleias públicas e se distraem, ouvindo os discursos políticos, dos aborrecimentos domésticos"), ele explicou que a "agitação sempre renascente, que o governo da democracia introduziu no mundo político, passa em seguida à sociedade civil". A democracia pode não ser o mais hábil dos governos, porém ela faz aquilo que os mais hábeis não conseguem: "ela difunde em todo o

---

[6] John Locke, *Dois Tratados sobre o Governo*. Trad. Júlio Fischer, São Paulo, Martins Fontes, 1998, p. 458-60

[7] Alexis de Tocqueville, *Democracy in America* (1835, 1840). J. P. Mayer e Max Lerner (ed.), tradução para o inglês de George Lawrence. New York, 1966, p. 174-80, 225, 492-93.

corpo social uma atividade inquieta, uma força superabundante, uma energia, que nunca existem sem ela".[8]

Além do mais, foram as associações políticas que forneceram a força inspiradora para as associações civis.

> Em todos os povos em que a associação política é vedada, ela é rara. [...] As associações civis facilitam, pois, as associações políticas; mas, por um lado, a associação política desenvolve e aperfeiçoa singularmente a associação civil. [...] Assim, a política generaliza o gosto e o hábito da associação; [...] Portanto, as associações políticas podem ser consideradas como grandes escolas gratuitas, em que todos os cidadãos vão aprender a teoria geral das associações.
>
> ...
>
> É no seio das associações políticas que os americanos de todos os Estados, de todos os espíritos e de todas as idades adquirem, cada dia, o gosto geral da associação e se familiarizam com seu emprego. Na associação eles se veem em grande número, conversam entre si, entendem-se e se animam em comum para todo tipo de empreendimento. Transportam em seguida para a vida civil as noções que adquiriram assim e as fazem servir a mil usos.[9]

*

O que os americanos descobriram, desde os tempos de Tocqueville, é que, para o bem ou para o mal, o governo, as leis e outras agências do Estado são igualmente repositórios, transmissores e até mesmo criadores de valores quanto o são a cultura e a as instituições da sociedade civil. As legislações, as decisões judiciais, as regulamentações administrativas, os códigos penais e até mesmo os códigos fiscais são todos, em maior ou menor escala, instrumentos de legitimação

---

[8] Alexis de Tocqueville, *A Democracia na América*. 2. ed. Trad. Eduardo Brandão, São Paulo, Martins Fontes, 2005, p. 284-85

[9] Ibid., p. 141-45

moral – ou ilegitimação. Pode-se dizer que os legisladores, juízes, administradores, policiais e agentes do imposto de renda não são, e não deveriam se atrever a ser, moralistas. Pregadores e professores é que são pagos por nós para isso. Neste mundo pós-moderno, no entanto, pregadores e professores com excessiva frequência abdicaram desse papel, que os funcionários públicos, ainda que de maneira inconsciente, assumiram forçosamente. Assim, ouvimos este ou aquele ato legislativo ser aclamado como um meio de promoção de "valores familiares", "justiça social", "igualdade" ou "justiça".

Assim como se pode apelar para a sociedade civil como um remédio para as doenças que incidem sobre a sociedade democrática, uma forma democrática de governo pode ser invocada para o mesmo propósito. Um remédio político confia no ramo mais democrático do governo, o legislativo, para passar leis planejadas visando a promoção do bem-estar moral do país (uma legislação, por exemplo, que proíba a discriminação), ou revisar as leis que contribuíram para nosso mal-estar (medidas tributárias que desencorajem o casamento).[10] Outro remédio é a transferência de poder do governo federal para os governos local e estadual, com base na teoria de que estes últimos refletem de maneira mais fiel o pensamento do povo do que a distante burocracia de Washington; esta é a razão fundamental por trás da reforma no estado de bem-estar social que torna os estados responsáveis pelo auxílio. Um remédio ainda mais radical confia na Constituição para retificações, como uma emenda que restaure o direito a orações nas escolas. Esses remédios específicos podem ou não ser as

---

[10] "O Projeto para a Renovação Americana" (*"The Project for American Renewal"*), patrocinado pelo senador Dan Coats, um proponente entusiasta da sociedade civil, contém dezoito propostas específicas que visam remediar este ou aquele problema social, na maior parte dos casos encorajando esforços comunitários, voluntários e privados. Todos eles precisam de uma legislação que lhes dê início e os implemente. (Dan Coats, "The Project for American Renewal", [Washington, D.C., 1995]). Ver *Policy Review*, jan./fev. 1996, p. 24ss., para um sumário do Projeto e comentários sobre ele.

melhores maneiras de abordar esses problemas específicos. Não são, no entanto, eliminados com base no princípio de que são remédios políticos, e, portanto, inadequados para problemas morais.

Frequentemente se diz que não podemos legislar a moralidade. No entanto, constantemente o fazemos. O exemplo mais dramático é a legislação de direitos civis da década de 1960, que tornou ilegítima – tanto moral quanto legalmente – a conduta racista. Mas se leis podem tornar ilegítimos certos tipos de comportamento, eles podem tornar legítimos outros. O sistema de bem-estar social, por exemplo, ao subsidiar o nascimento de crianças fora do casamento, legitima, implicitamente, tais nascimentos. Ou se pode dizer que decretos locais que obriguem uma escola a distribuir camisinhas estariam legitimando a promiscuidade. Ou que a lei do divórcio *no-fault*, ao remover o estigma associado ao divórcio, estaria legitimando-o. William Galston, cientista político e ex-assessor de política doméstica do presidente Clinton, observou: "A lei pode alterar incentivos, e incentivos podem moldar o comportamento. É surpreendente o número de pessoas que acreditam (com razão) que a lei de direitos civis ajudou a mudar as atitudes raciais, mas negam que quaisquer consequências possam surgir de mudanças nas leis do casamento e do divórcio".[11]

Na realidade, legislação e governo – uma boa legislação e um governo criterioso – legitimam a própria sociedade civil. São as precondições da sociedade, bem como da democracia, fornecendo a estrutura necessária e salvaguardando o espaço dentro do qual os indivíduos, famílias, comunidades, igrejas e associações voluntárias podem funcionar com eficácia.

É por isso que o Estado, assim como a sociedade, preocupa-se tanto com as questões de crime e punições. O crime não é apenas

---

[11] Citado por Joe Loconte, "I'll Stand Bayou: Louisiana Couples Choose a More Muscular Marriage Contract", *Policy Review*, mai./jun. 1998, p. 31.

uma agressão contra indivíduos; é uma agressão contra comunidades. Comunidades não conseguem florescer na presença da ilegalidade. E é a ilegalidade, tanto na menor quanto na maior escala, que mina as comunidades – o tipo de ilegalidade que se exibe na forma de grafite nos metrôs, mendicância escandalosa nas ruas, rádios estrondosos nos parques, vandalismo nos elevadores em conjuntos residenciais, ou livrarias dedicadas à pornografia em bairros residenciais ("livrarias adultas",[12] diz o eufemismo – como se houvesse algo de exclusivamente adulto, e não pateticamente juvenil, a respeito da pornografia.) James Q. Wilson e George L. Kelling denominaram isso de teoria criminal das "janelas quebradas".[13] Onde existem janelas quebradas existirá crime, pois as janelas quebradas geram uma atmosfera de ilegalidade que é conducente ao crime. Para levar a sério a promoção da sociedade civil, o governo deve levar a sério a contenção do crime. E, para fazê-lo, deve atuar com vigor tanto contra as pequenas quanto contra as grandes transgressões da lei.[14]

Na minha juventude costumava-se dizer que "deveria existir uma lei". E de fato deveria existir contra essas pequenas ofensas, porém incômodas, contra a sociedade. Na realidade, essas leis existem. O problema é que com demasiada frequência elas não são aplicadas, em parte devido à relutância da polícia em se dedicar ao exercício

---

[12] "*Adult bookstore*", no original. (N. T.)

[13] James Q. Wilson e George L. Kelling, "Broken Windows", *Atlantic Monthly*, mar. 1982 (republicado in: Wilson, *On Character*. Washington, D.C., AEI Press, 1991, p. 123-38).

[14] Fazendo eco à teoria das "janelas quebradas", John DiIulio propõe uma teoria das "garrafas quebradas". O álcool, mesmo quando não causa diretamente o crime, atua como um "multiplicador do crime", criando um ambiente no qual o crime, a violência e a desordem não têm limites. Citando a correlação entre os índices criminais e as lojas de bebidas alcoólicas (*liquor stores*, N. T.), DiIulio pede por restrições à publicidade e em decretos de zoneamento mais rigorosos limitando o número dessas lojas. (John J. DiIulio, Jr., "Broken Bottles: Alcohol, Disorder, and Crime", *Brookings Review*, primavera de 1996, p. 14-17.)

fútil de apreender criminosos que serão então libertados pelos tribunais, e em parte devido à atitude permissiva de alguns tribunais, que veem tais leis como violações das liberdades civis. (Um juiz defendeu a mendicância como "discurso informativo e persuasivo".)[15] A omissão na aplicação da lei pode ser ainda mais desmoralizante para a comunidade do que o próprio crime, pois ela traz um espírito de ilegalidade para dentro do cerne do sistema legal.

Inversamente, a aplicação da lei – a evidência visível, patente, de sua aplicação – é tão fortificante, moralmente, quanto a própria redução do crime, não só porque ela deixa os indivíduos mais seguros e as comunidades mais despreocupadas, mas também porque ela significa uma reafirmação da própria lei, uma relegitimação, por assim dizer, da lei. Por muitos anos, a ideologia "progressiva" dominante tinha tanta desconfiança contra as agências e mecanismos de aplicação da lei que ela depreciava ou menosprezava a própria ideia de encarceramento. Essa ideologia foi relativamente calada quando a ascensão rápida da criminalidade não podia mais ser minimizada com os argumentos costumeiros de que as estatísticas apenas refletiam novas formas de denúncia ou que eram fruto de preconceito racial (através do exagero de crimes cometidos por negros). Porém a antipatia contra a própria ideia do encarceramento ainda persiste na mídia, a tal ponto que um relatório oficial que demonstra um declínio significativo do crime aparece no *New York Times* sob a manchete "Enquanto o Crime Diminui, o Número de Presos Aumenta"[16] – como se o encarceramento de criminosos não tivesse nenhuma relação com o declínio do crime, como se,

---

[15] George Will, *The Woven Figure: Conservatism and America's Fabric, 1994-1997*. New York, 1997, p. 97.

[16] No original, "*Even as Crime Falls, Inmates Increase*" (N. T.); *New York Times*, 19 jan. 1998, p. A10. Outra manchete do *Times*, alguns meses depois (8 ago. 1998, p. A18), dizia: "População de Presos Aumentando Embora a Taxa de Criminalidade Tenha Caído" ("*Prison Population Growing Although Crime Rate Drops*", no original. [N. T.]).

na realidade, houvesse algo de paradoxal na relação inversa entre essas duas cifras.

Não há dúvida de que a redução dramática na incidência do crime na cidade de Nova York seja, ao menos parcialmente, resultado de um esforço intencional e conjunto para processar legalmente tanto infrações mais graves quanto infrações menos graves da lei – como as de jovens que pulam as catracas para não ter de pagar o bilhete do metrô, de limpadores de para-brisa que exercem sua forma peculiar de extorsão sobre os motoristas, de ciclistas que ignoram semáforos, ou até mesmo de pedestres que atravessam a rua fora das faixas. Esses processos legais não apenas tiveram um efeito salutar sobre a qualidade de vida na cidade como também deixaram uma mensagem sobre a importância da própria lei – que por sua vez é transmitida aos crimes mais graves. (Como um bônus adicional, esse esforço por vezes leva à descoberta e ao processo de crimes mais graves; por exemplo, as pessoas que pulam as catracas podem, eventualmente, portar armas ilegais ou estar fugindo da cena de um crime.)

A função mais óbvia da legislação é dissuadir e punir. Porém ela também tem um propósito adicional, que com muita frequência é menosprezado nos dias de hoje. Quando concebida e executada de maneira apropriada, a legislação também serve como uma reafirmação, uma validação do senso moral da sociedade, um desejo natural e legítimo de uma retribuição justa. Se os agentes da lei deixarem de cumprir essa função, se eles não punirem aqueles que violam a lei – e puni-los de maneira apropriada, proporcional a seus crimes –, convidarão a um desprezo e a um descaso à lei, que por sua vez são um convite ao "vigilantismo". Os cidadãos tomarão a lei nas próprias mãos se a própria lei negligenciar suas obrigações e responsabilidades. E o "vigilantismo" é uma forma de ilegalidade, de criminalidade; à guisa de proteger a sociedade, viola as leis, que são o alicerce da sociedade.

"Concebida e executada de maneira apropriada" – esse é o problema. Hoje em dia existe muito a respeito da legislação que é inapropriado – não apenas a omissão em sua aplicação, mas a sua invocação por motivos triviais e injustificados. O caráter litigioso de nossos tempos é uma consequência do declínio da civilidade e da concomitante proliferação de "direitos" – direitos legais no lugar dos costumes e da moralidade que antigamente arbitravam os desentendimentos e disputas. Neste sentido, a legislação não se tornou tanto uma auxiliadora e favorecedora dos costumes e da moral, mas sim as substituiu.

Maquiavel descreveu a relação dos costumes com a legislação: "Porque, assim como os bons costumes precisam de leis para manter-se, também as leis, para serem observadas, precisam de bons costumes".[17] Hobbes prosseguiu explicando que costumes significam algo mais do que "pequena moral" (o que atualmente chamamos de "etiqueta"): "Não entendo aqui por costumes a decência da conduta, por exemplo, a maneira como um homem deve saudar ao outro, ou como deve lavar a boca, ou limpar os dentes diante dos outros, e outros aspectos da *pequena moral*. Entendo aquelas qualidades humanas que dizem respeito a uma vida em comum, pacífica e harmoniosa".[18] Burke foi adiante, insistindo na relação entre costumes e moral não apenas no que se refere às leis como também no que se refere à liberdade.

> Os costumes têm mais importância que as leis. Deles, em grande parte, dependem as leis. A lei nos toca aqui e ali, e de vez em quando. Os costumes é que nos atormentam ou acalmam, corrompem ou purificam, exaltam ou aviltam, barbarizam ou refinam através de uma operação constante, firme, uniforme e insensível, como a do ar que

---

[17] Nicolau Maquiavel, *Discursos sobre a Primeira Década de Tito Lívio*. Trad.: MF. São Paulo, Martins Fontes, 2007, p. 72.

[18] Thomas Hobbes, *Leviatã*. Trad. João Paulo Monteiro e Maria Beatriz Nizza da Silva. São Paulo, Martins Fontes, 2003, p. 85.

respiramos. Eles dão toda sua forma e cor a nossa vida. De acordo com sua qualidade, eles auxiliam a moral, abastecem-na, ou a destroem por completo.[19] [...] Os homens estão preparados para a liberdade civil na proporção exata de sua disposição para controlar seus próprios apetites com cadeias morais. [...] A sociedade só pode existir se um poder de controle sobre a vontade e desejos for colocado em algum lugar; e quanto menos houver desse poder dentro de nós, tanto mais haverá fora de nós.[20]

Até muito recentemente, a sociedade dava como certo um contínuo dos costumes e da moral (grande e "pequena moral"), e de ambos com a lei. Entendia-se que a legislação não criava ou transcendia os costumes e a moral; pelo contrário, ela era derivada deles e os refletia. Na realidade, ela contava com eles para sua própria eficácia. Hoje, na ausência de qualquer senso firme de costumes e de moral, a lei tornou-se a única autoridade reconhecida. Assim como o Estado frequentemente age como um substituto para a família disfuncional, a lei também é um substituto para uma cultura e um etos disfuncionais. Esse caráter litigioso é agravado por outras circunstâncias, como o sistema regulador inchado que toma a liberdade de "microadministrar" o comportamento individual e corporativo, ou a paixão pela "correção política" que preocupa os órgãos administrativos das universidades. A todas as outras "doenças da democracia", podemos agora acrescentar a obsessão pelo litígio.[21]

---

[19] Edmund Burke, "Letters on a Regicide Peace" (1796), in: *The Works of Edmund Burke*. London, 1909-1912, vol. 208.

[20] Edmund Burke, "A Letter to a Member of the National Assembly". 19 jan. 1791. In: ibid., II, 555. Citado em português em José Osvaldo de Meira Penna, *O Dinossauro*. São Paulo, T. A. Queiroz, 1988, p. 318.

[21] Ver, por exemplo, Philip Howard, *The Death of Common Sense: How Law is Suffocating America*. New York, 1994; Mary Ann Glendon, *A Nation Under Lawyers: How the Crisis in the Legal Profession Is Transforming American Society*. New York, 1994.

À medida que a lei se tornou mais intrusa, o mesmo ocorreu com o poder judiciário. As extravagâncias de tantas decisões judiciais tomadas nos níveis inferiores foram mais do que igualadas pela imperiosidade de outras decisões tomadas nos níveis superiores – "oligarquia judicial", como o juiz Robert Bork descreveu a Suprema Corte americana.[22] Sob o título de "O Fim da Democracia?",[23] o jornal *First Things* apresentou a questão: "Teremos atingido ou estamos atingindo o ponto em que cidadãos conscienciosos não podem mais dar consentimento moral ao regime existente?". Assegurando a seus leitores que a questão não é "de maneira alguma hiperbólica", os editores insistem que a "usurpação judicial do poder" por parte dos tribunais estaduais e, de maneira ainda mais perigosa, pela Suprema Corte, resultou numa grave "crise de legitimidade".[24] A crise é exemplificada pelas decisões tomadas por esses tribunais a respeito de aborto e eutanásia, que violariam tanto a Constituição quanto as leis morais. Esses casos, no entanto, apenas dramatizam um ponto mais fundamental: o abandono, por parte da Suprema Corte, de um princípio estritamente constitucional de interpretação e a apropriação, por parte do Judiciário, de poderes que pertenciam adequadamente ao ramo legislativo do governo.

Alguns comentaristas (entre os quais me incluo) argumentaram que o *First Things* estava de fato sendo hiperbólico ao apresentar a questão da maneira que o fez. Porém o jornal atingiu um ponto sensível, como ficou evidente pela enorme controvérsia que ele provocou.[25]

---

[22] Robert H. Bork, "Our Judicial Oligarchy", *First Things*, novembro de 1996, p. 21-24. Ver também Bork, *The Tempting of America: The Political Seduction of the Law*. New York, 1990, e *Slouching Towards Gomorrah: Modern Liberalism and American Decline*. New York, 1996. Ver também Max Boot, *Out of Order: Arrogance, Corruption, and Incompetence on the Bench*. New York, 1998.

[23] "*The End of Democracy*", no original. (N. T.)

[24] *First Things*, nov. 1996, p. 18.

[25] Gertrude Himmelfarb, "On the Future of Conservatism", in: *The End of Democracy? The Judicial Usurpation of Politics*, Mitchell S. Muncy (ed.),

E a questão vai além da Suprema Corte, vai até uma profusão de casos menores decididos por tribunais inferiores, que frequentemente parecem excêntricos e arbitrários. Neste ponto, a Suprema Corte serve como um modelo duvidoso para esses tribunais inferiores, pois se os seus juízes podem ser tão negligentes com o documento fundador da República, os outros juízes podem sentir-se justificados ao ceder a seus próprios caprichos.

A lei, estamos descobrindo, é um assunto sério demais para ser deixado para advogados ou até mesmo para juízes. Estamos começando a entender como usar a lei para nos proteger de criminosos e depredadores. Temos ainda, no entanto, que aprender como nos proteger de alguns dos responsáveis pela própria lei. Ainda assim, a experiência inquietante dos últimos anos não é motivo para questionar-se a legitimidade tanto da lei quanto do "regime". Pelo contrário, ela é um motivo ainda maior para enfatizar a necessidade e a legitimidade, bem como a vulnerabilidade e a fragilidade de ambos. Assim como existe uma relação recíproca entre a sociedade civil e o Estado, cada um dependendo do outro para seu bom funcionamento, também há uma conexão integral entre a lei e o etos da sociedade. Nenhum dos dois pode sustentar-se sem o outro.

"Deveria existir uma lei" traz à mente outro adágio de minha juventude: "não faça disso um caso federal". Os dois claramente se complementam, pois nos lembram que, embora precisemos de leis, elas devem ser, sempre que possível, estaduais e locais, e não federais (isto é, nacionais). Os acadêmicos têm um nome extravagante para isso, "subsidiariedade": a autoridade central ou mais elevada deve ter uma função subsidiária ou secundária, exercendo apenas aquelas tarefas que não podem ser lidadas de maneira eficaz pelas autoridades locais ou inferiores. Esse princípio é afirmado implicitamente nos

---

Dallas, 1997, e outros ensaios no mesmo volume.

estudos que mostram que o nível de satisfação popular com o governo está numa proporção inversa ao próprio nível de governo. Apenas um terço das pessoas, de acordo com uma pesquisa, expressou "uma quantidade imensa" ou "muito grande" de confiança no governo federal, enquanto uma quantidade razoavelmente maior que esta declarou confiar no governo estadual, e mais da metade no governo local.[26]

Durante boa parte da história deste país, a maioria das leis eram locais, e não nacionais. A pornografia, por exemplo, costumava ser uma assunto inteiramente relegado às preocupações locais; a fórmula que governava sua regulamentação eram os "padrões da comunidade". Foi apenas depois da Primeira Guerra Mundial, quando o governo federal tentou controlar a distribuição da pornografia, que esta se tornou um assunto polêmico e, por fim, uma causa perdida, desesperadamente atolada em controvérsias constitucionais. Da mesma maneira, o aborto, até *Roe v. Wade*, estava circunscrito às jurisdições dos estados, onde causava alguma controvérsia, porém nada semelhante ao que ocorreu quando a Suprema Corte estabeleceu uma política nacional uniforme.

O decreto de reforma do estado de bem-estar social de 1996 é a asserção mais dramática da subsidiariedade – "devolução", como agora a chamamos.[27] Neste caso, a subsidiariedade tem uma função adicional, pois o que na superfície parece ser meramente uma mudança administrativa, a transferência do estado de bem-estar social

---

[26] *The State of Disunion: 1996 Survey of American Political Culture*. James Davison Hunter e Carl Bowman (ed.). Ivy, Virgínia, 1996, I, 21. Sobre a crescente insatisfação com o governo federal, ver Everett Carl Ladd e Karlyn Bowman, *What's Wrong: A Survey of Satisfaction and Complaint*. Washington, D.C., AEI Press, 1998, p. 96-97.

[27] "Devolução" ("*devolution*", no original [N. T.]) tornou-se parte do vocabulário político dos Estados Unidos apenas recentemente; "federalismo" é utilizado mais comumente para referir-se à transferência de poder aos estados. Na Inglaterra, "devolução", há muito tempo, é um termo familiar para designar uma administração local, mais particularmente em relação à Escócia.

para os estados traz consigo uma profunda mudança de princípio. Na realidade, a mudança administrativa em si pode ter uma importância apenas secundária.[28] O resultado mais significativo é o abandono do princípio do estado de bem-estar social como uma prerrogativa nacional, um "direito". Isto significa que o estado de bem-estar social não tem mais o *status* legal que tinha anteriormente, e, mais importante, que ele foi despojado do *status* moral que vem com o direito legal.

Antes da reforma recente, havia muita especulação sobre uma "crise do estado de bem-estar social", porém este era um termo errôneo. Não havia nenhuma crise do estado de bem-estar social. Havia, no entanto, uma crise moral. Os Estados Unidos são um país rico e compassivo. Pode se dar ao luxo de sustentar uma grande quantidade de pessoas no sistema de bem-estar social, e de fato o fez por décadas. O que o país não pode se dar ao luxo é ter uma grande quantidade de pessoas desmoralizadas que exibem todos os sintomas da patologia social associada com a dependência do estado de bem-estar social – famílias fragmentadas, crime, abandonos escolares. A dependência do estado de bem-estar social não é a causa primordial dessa patologia, porém é um importante fator dela.

O sistema de auxílio tinha menos de dois anos quando seu introdutor, o presidente Franklin Roosevelt, advertiu os americanos contra uma dependência excessiva dele: "uma dependência excessiva do auxílio induz a uma desintegração moral e espiritual fundamentalmente destrutiva do caráter nacional. Aquinhoar o auxílio dessa maneira é administrar um narcótico, um destruidor sutil do espírito humano".[29]

---

[28] A "verdadeira burocracia de Washington", já se disse, reside, desde sempre, não em Washington, mas nos estados que administram, em geral de maneira mais eficiente e responsável do que a própria Washington, os programas por ela financiados. (William J. Bennett e John J. Dilulio, Jr., "What Good is Government", *Commentary*, nov. 1997, p. 28-29.)

[29] Franklin D. Roosevelt, Mensagem Anual ao Congresso, 4 jan. 1935, in: *The Public Papers and Addresses of Franklin D. Roosevelt*. Samuel I. Rosenman

O programa de auxílio de Roosevelt era modesto, na realidade. Porém a "Grande Sociedade" e a "Guerra contra a Pobreza" do presidente Lyndon Johnson não foram. Foi necessário outro liberal, Robert F. Kennedy, para alertar que esse novo tipo de estado de bem-estar social aviltava, inadvertidamente, aqueles que ele visava ajudar. Em 1966 ele descobriu o que muitos liberais demorariam muito tempo para aprender.

> Os opositores do estado de bem-estar social sempre disseram que ele é algo degradante, tanto a quem o dá quanto a quem o recebe. Sempre disseram que ele destrói o autorrespeito, que ele diminui os incentivos, e que ele é contrário aos ideais americanos.
> A maior parte de nós censurou e desconsiderou essas críticas. As pessoas tinham necessidade; obviamente, sentimos que ajudar as pessoas com problemas era a coisa certa a ser feita.
> No entanto, em nossa ânsia de ajudar, também desconsideramos um fato elementar. Pois as críticas ao estado de bem-estar social têm de fato um cerne de verdade, e são confirmadas pelas evidências.
> Estudos recentes mostraram, por exemplo, que pagamentos maiores da previdência frequentemente encorajam os estudantes a abandonar a escola, famílias a se separarem, e que muitas vezes levam a uma dependência vitalícia.[30]

*

Desde a época do presidente Johnson, o sistema de bem-estar social foi ampliado enormemente, e com ele também foram ampliados os efeitos observados por Kennedy. Concebido originalmente como um recurso temporário num período de necessidade, o sistema

---

(ed.). New York, 1938, IV, 19-20.

[30] *RFK: Collected Speeches*. Edwin O. Guthman e C. Richard Allen (ed.). New York, 1993, p. 209-10 (7 fev. 1966). Tenho uma dívida com Michael Knox Beran, *The Last Patrician: Bobby Kennedy and the End of American Aristocracy* [New York, 1998], p. 106, por me levar a esta fonte.

de bem-estar social tornou-se, para parte da população, um meio de subsistência em longo prazo, um meio de vida, uma "cultura de dependência" transmitida de geração a geração. A própria palavra "dependência" é sugestiva. A antiga "ética de trabalho" fazia mais do que transformar o trabalho em uma virtude; ela também fazia da independência uma virtude, e isso por sua vez trazia outras virtudes: a responsabilidade, a prudência, a autodisciplina. A cultura da dependência é prejudicial a essas virtudes porque desmoraliza não apenas o indivíduo, mas também a família. À medida que o Estado se torna o principal provedor, o pai fica reduzido ao papel de procriador, o marido torna-se dispensável, e a família, muitas vezes, reduzida a um dos pais, fica empobrecida e instável.

Existe uma escola de pensamento que enfatiza os incentivos econômicos que levaram tantas pessoas às listas do sistema de bem-estar social – dinheiro, vale-alimentação, auxílio-moradia, planos de saúde e similares, e que muitas vezes acabam somando mais do que a renda de um trabalhador de baixa renda. Da mesma maneira, os desincentivos econômicos da reforma recente – a redução ou remoção de alguns desses benefícios – receberam o crédito por terem retirado várias pessoas dessas listas. Esses desincentivos sem dúvida são importantes, porém não menos importantes são os desincentivos morais implícitos na reforma. Medidas como emprego no lugar dos auxílios sociais, um limite de tempo para a obtenção desses benefícios, a exigência às mães solteiras de poder receber auxílio apenas aquelas que moram na casa dos pais ou em residências para mães na mesma situação, ou em um "teto familiar"[31] que negue benefícios adicionais aos novos filhos de mães que já estejam recebendo o auxílio passam a mensagem de que a dependência crônica não é mais vista como social ou moralmente aceitável. Elas reafirmam o que costumava ser ridicularizado (e, em alguns círculos, ainda é) como "ética puritana" ou "ética de trabalho".

---

[31] "*Family cap*", no original. (N. T.)

Pela primeira vez, desde a década de 1970, o número de pessoas que dependem do estado de bem-estar social ficou abaixo de 10 milhões. Em 1998 era de 8,3 milhões, um declínio de mais de um terço em cinco anos, e de mais de um quarto nos dois anos desde a aprovação da nova lei.[32] Se boa parte desse declínio (mais de 40%, de acordo com o Conselho de Assessores Econômicos do presidente) reflete a economia florescente, mais de 30%, estima-se, podem ser atribuídos à própria reforma – e à expectativa da reforma.[33] Também existem evidências impressionantes de que pelo menos parte desse declínio não se deve tanto ao resultado das medidas mais severas das leis estaduais, e sim à mudança na atmosfera moral. Jornais que notoriamente não eram favoráveis à reforma mostraram entrevistas com mulheres que estavam ou tinham estado inscritas nos programas de bem-estar social e que expressaram seu apoio ao sistema de *workfare* (benefícios dados sob a condição de um emprego, geralmente em projetos públicos). O *workfare*, segundo elas, lhes é mais satisfatório, pessoalmente, que o estado de bem-estar social, e a obtenção de um emprego independente mais ainda – e isto mesmo nos casos em que a renda líquida obtida através do trabalho é menos do que a que seria obtida com os benefícios. Ao falar do orgulho, do senso de independência e dignidade que obtêm ao trabalhar e sustentarem a si próprias, essas mulheres estão, na verdade, começando a internalizar as normas sociais implícitas na nova lei.

Os críticos da reforma, a princípio, foram rápidos em apontar que o declínio no estado de bem-estar social não havia sido acompanhado por uma redução no número de nascimentos fora do casamento, e que ele poderia ser responsável por um aumento no número de abortos. Na realidade, tanto o número de nascimentos fora do

---

[32] "Aid to Families with Dependent Children and Temporary Assistance", atualizado em ago. 1998, Administração de Crianças e Famílias, Departamento de Saúde e Serviços Humanos dos Estados Unidos.

[33] *New York Times*, 22 ago. 1996, p. B1.

casamento quanto o de abortos diminuiu, embora a relação casual com o estado de bem-estar social não tenha sido estabelecida estatisticamente. O que ficou claro, no entanto, é que as atitudes em relação aos nascimentos fora do casamento e ao sexo casual estão começando a mudar. De acordo com uma pesquisa em Nova Jersey, que tem uma política de teto familiar, dois terços das mulheres que dependem do estado de bem-estar social dizem que a política é justa, e quatro quintos a elogiam por promover a responsabilidade.[34] "Eles deveriam ter feito isso muito tempo atrás", afirma uma mulher cujo emprego obtido através do *workfare* era catar lixo no parque. "Se tivessem feito, não teríamos crianças com filhos tão precocemente. Talvez se elas soubessem que teriam de vir para o trabalho toda manhã, teriam se tornado mais ambiciosas."[35]

O sistema de bem-estar social em si, é importante lembrar, não foi abolido; na verdade, ele ainda goza de um apoio financeiro considerável dos governos federal e estaduais. Também não se espera que a dependência desse sistema seja eliminada algum dia; sempre existirão indivíduos ou famílias com necessidade de auxílio, temporário ou permanente. Tampouco o custo do bem-estar social diminuiu, como seria de esperar; em alguns casos, a queda do número de pessoas inscritas nas listas de benefícios foi atingida apenas ao custo de um aumento nos gastos necessários para facilitar a transição para o emprego. O sucesso da reforma, concorda a maioria de seus proponentes, não será medido em termos monetários, mas em termos morais, no princípio aprendido por Robert Kennedy trinta anos antes: "Aquilo que é dado ou concedido pode ser retirado, aquilo que é pedido como esmola pode ser recusado; mas aquilo que é ganho, aquilo que é feito pela própria pessoa,

---

[34] *Washington Times*, 12 set. 1997, p. A22 (citando o Departamento de Serviços Humanos de New Jersey e um estudo da Universidade Rutgers).

[35] *New York Times*, 22 ago. 1996, p. B1.

é inalienável, aquilo que vocês fazem para si mesmos e para seus filhos jamais poderá ser tirado de vocês".[36]

*

O declínio do número de pessoas dependentes do bem-estar social bem como o da incidência de crimes nos lembra novamente que não existem ações governamentais ou políticas sociais "axiologicamente isentas", que tais políticas e ações estão quase sempre imbuídas, para o bem ou para o mal, com algum conteúdo moral, e que hoje em dia, mais do que nunca, à medida que os problemas sociais se tornam mais prementes, não podemos nos dar ao luxo de sermos apolíticos, de nos privar dos recursos apropriados do governo e da lei. A própria sociedade civil depende do uso criterioso da lei e do governo, nem que apenas para preservar e fortalecer suas partes constituintes. Dessa forma, uma política tributária sensata pode encorajar famílias com ambos os pais, da mesma forma que ela atualmente encoraja a casa própria. As leis de divórcio podem ser planejadas visando impedir a fragmentação da família, em vez de tornar mais fácil esta fragmentação, como ocorre atualmente. Os tribunais podem apoiar novamente, como fizeram por boa parte de nossa história, os direitos das comunidades de aplicarem leis contra a pornografia e a obscenidade. O governo pode promover a filantropia privada através de incentivos fiscais e de outras naturezas, podendo assim dedicar mais recursos aos necessitados, complementando dessa forma a "rede de segurança" pública com aqueles serviços que apenas as instituições privadas de caridade podem fornecer.[37]

---

[36] *RFK: Collected Speeches*, p. 188 (10 dez. 1966).

[37] Os críticos da filantropia privada apontam que esta conquistou sua boa reputação (e, talvez, sua isenção fiscal) quando objetivava principalmente auxiliar os pobres. Hoje em dia, a maioria absoluta de seus recursos é destinada a instituições religiosas, bem como à educação, às artes e a causas ambientais.

Um analista corajoso das políticas e problemas sociais ressuscitou o termo "paternalismo", anteriormente usado de maneira pejorativa para descrever o que tanto as agências públicas quanto as privadas fazem, e o que elas deveriam tentar fazer de maneira mais eficaz. Esse paternalismo, explica Lawrence Mead, fica evidente nas disposições relativas ao trabalho da reforma do bem-estar social, nas regras estabelecidas pelos abrigos para os sem-teto, nos padrões educacionais das escolas públicas, nos testes administrados a viciados em drogas nos programas de reabilitação, ou no monitoramento de criminosos em liberdade condicional. Em cada um desses casos, o propósito é encorajar e impor tipos desejáveis de comportamento. Tanto conservadores quanto liberais, por motivos diferentes, aponta Mead, têm sido ambivalentes em relação a esse tipo de paternalismo. Os conservadores apoiam a ideia de que os receptores do auxílio devem ser obrigados a ajudar a si próprios, porém deploram o papel do governo no fornecimento desse auxílio; e os liberais veem positivamente a ampliação do papel do governo na reabilitação, porém veem com suspeitas o subtom dessa política que "põe a culpa na vítima". No devido tempo, conclui Mead, as sanções sociais poderão assumir o papel das governamentais, porém atualmente algumas formas de paternalismo são o único meio de lidar com os distúrbios comportamentais de uma população dependente e disfuncional.[38]

O que fica evidente ao repensar a situação dos problemas e políticas sociais nos últimos anos é a falência das teorias e práticas que prevaleceram durante a última metade do século (ou mais). Assim como os reformistas do século XIX procuravam conscientemente moldar as políticas sociais de acordo com os objetivos morais, seus sucessores tentaram, de maneira igualmente consciente, divorciar as políticas sociais de qualquer suspeita de moralidade. Em parte, isso reflete a suposição de

---

[38] Lawrence M. Mead, "Telling the Poor What To Do", *Public Interest*, verão de 1998, p. 97-112.

que a sociedade é responsável por todos os problemas sociais e, portanto, tem a incumbência de resolvê-los; e, de outra parte, reflete o espírito dominante do relativismo, que considera ofensivo fazer julgamentos morais sobre os outros e, ainda mais ofensivo, impor-lhes condições morais. Após décadas cultivando essa filosofia "acrítica", estamos começando a descobrir que todas as políticas, para o bem ou para o mal, têm consequências morais, e que somente planejando políticas que estejam de acordo com os fins desejáveis é que o bem pode superar o mal.

Também estamos descobrindo que as políticas mais bem-intencionadas estão sujeitas à implacável lei das questões sociais: a lei das consequências involuntárias. Charles Murray submeteu ao escrutínio dessa lei uma dessas propostas, o projeto de lei que propunha dar créditos fiscais a mães que ficassem em casa cuidando de seus filhos. Esse projeto de lei tinha a meta louvável de fortalecer a família encorajando a criação dos filhos no próprio lar, contrabalançando assim os subsídios para creches, que por vezes acabam tendo o efeito contrário. Porém, devido ao fato de o crédito fiscal ser relativamente pequeno, aponta Murray, ele favoreceria as famílias mais ricas, para quem o crédito seria um bônus bem-vindo, sem, no entanto, servir como um incentivo financeiro sério às mães mais pobres para que ficassem em casa. Ele também acabaria por minar a medida do *workfare*, pois, se as mães casadas forem encorajadas a ficar em casa, as solteiras também deveriam ser. No entanto, o defeito mais grave do projeto de lei, sustenta Murray, seria a criação de mais uma prerrogativa que, como todas as anteriores, formaria uma bola de neve e faria o projeto ir além de seu próprio escopo, tornando o governo um coparceiro da família, anulando assim o propósito do projeto de lei ao erodir o senso de responsabilidade parental.[39]

---

[39] Charles Murray, "The Perils of GOP Activism", *Wall Street Journal*, 20 fev. 1998, p. A18.

Se aplicada com rigor, a lei das consequências involuntárias teria um efeito paralisante sobre qualquer tentativa do governo de remediar qualquer distúrbio da sociedade. Para um libertário, esta é de fato uma lição a ser tirada dessa lei. No entanto, o distúrbio existe e pode ser sério o bastante para colocar em risco quaisquer consequências involuntárias que possam surgir. Além do mais, a própria reforma pode ter um resultado imediato positivo que anularia seus efeitos involuntários futuros. O crédito fiscal, por exemplo, passaria uma mensagem ao público de que cuidar dos filhos no lar, se possível, é preferível a mandá-los a uma creche, e que a sociedade aprecia e respeita as mães que optam por ficar em casa. Numa cultura que tende a dar mais valor à carreira profissional das mulheres que à sua domesticidade, o crédito fiscal poderia ajudar a restaurar o *status* moral tanto da maternidade em tempo integral quanto da família com ambos os pais.

Outras políticas sociais, planejadas com a melhor das intenções, podem, de maneira semelhante, ser culpadas por suas consequências involuntárias. O *covenant marriage*,[40] na Louisiana, que permite aos casais assinarem voluntariamente um contrato mais vinculante que o casamento oficial, é uma tentativa de corrigir os excessos da lei do divórcio *no-fault*. A própria existência dessa alternativa, porém, pode ter o efeito involuntário de enfraquecer ainda mais o casamento ao fazer os ritos matrimoniais tradicionais se parecerem mais com um convite aberto ao divórcio. E mesmo para aqueles que adotarem essa forma de matrimônio, a exigência de aconselhamento pré-matrimonial pode provocar um senso prematuro de dúvida e incerteza, uma influência perniciosa sobre o que deveria ser um compromisso seguro, romântico e inequívoco. Seus defensores, no entanto, podem argumentar plausivelmente que esses subprodutos infelizes do *covenant marriage* são compensados por seus méritos consideráveis. Numa

---

[40] "Casamento pactuado" ou "casamento-aliança", em tradução livre. (N. T.)

época em que o divórcio se tornou tão comum, a reafirmação de uma forma mais antiga e austera de casamento é um feito relevante.[41]

Quase todo tipo de ação governamental pode estar sujeito aos mesmos tipos de efeitos equivocados. O mesmo, no entanto, se dá com as não ações governamentais. Se fazemos bem em nos lembrar das consequências involuntárias das leis mais bem-intencionadas, também devemos ter em mente as consequências involuntárias das leis que não foram aprovadas e das reformas que não foram feitas.

Os argumentos contra o "governo grande"[42] são convincentes, porém eles não devem ser traduzidos em argumentos contra a lei ou contra o governo em si – o exercício prudente da legislação, da administração e do julgamento. Quando os conservadores se opõem ao uso do governo para propósitos sociais ou morais, quase sempre é um tipo específico de governo que eles têm em mente – mais especificamente, o estado de bem-estar social. E quando fazem objeções ao estado de bem-estar social, é em razão de que ele representa o governo grande. Uma objeção não menos importante, porém, é a de que ele representa o mau governo. Os ingleses, que têm mais experiência com isso do que nós, chamam-no de *nanny state* ("Estado-babá"), um Estado que não trata os indivíduos como adultos, mas como crianças desobedientes e imprudentes que precisam ser constantemente supervisionadas e protegidas por seus guardiões. Ainda mais recentemente ele recebeu a

---

[41] Outra proposta para desencorajar o divórcio oferece menos para ser dito em sua defesa. É o *marriage commitment fund* ("fundo de compromisso matrimonial"), de acordo com o qual uma porcentagem fixa da renda do casal seria poupada todo ano para servir como anuidade da velhice, se o casal permanecesse casado, ou ser distribuída aos filhos, caso o casal se divorcie. (Carl E. Schneider, "The Law and the Stability of Marriage: The Family as a Social Institution", in: *Promises to Keep: Decline and Renewal of Marriage in America*. David Popenoe, Jean Bethke Elshtain e David Blankenhorn [ed]. Lanham, Maryland, 1996, p. 201-02.)

[42] "*Big government*", no original. (N. T.)

alcunha de "Estado terapêutico", cuidando (ou satisfazendo) das supostas necessidades emocionais e psíquicas dos cidadãos.[43]

A ineficiência e os altos custos de um Estado assim, e sua tendência ilimitada a se expandir, são os seus menores defeitos. Uma objeção mais séria ao Estado-babá é a de que ele avilta e desmoraliza aqueles que recebem o seu abraço pouco terno. Como reação a esse tipo de Estado, a sociedade civil muitas vezes é invocada, na esperança de que nela, nas relações íntimas e pessoais da vida cotidiana, os indivíduos possam funcionar como seres humanos morais, livres e responsáveis. Livres da tutela do governo, seguros nas instituições naturais da sociedade civil, as pessoas cuidam de si mesmas e dos outros, satisfazem suas necessidades e confortos e gozam de todos os direitos e deveres de adultos maduros.

Em sua ânsia para se livrar do Estado-babá, no entanto, alguns conservadores correm o risco de diminuir a importância, e até mesmo de deslegitimar o próprio Estado. É necessário um ato delicado de equilíbrio: reconstruir ou diminuir o estado de bem-estar social ao mesmo tempo que se mantém um respeito saudável pelo próprio Estado e pelas suas instituições ancilares. (Os críticos das administrações dos presidentes Nixon e Clinton tiveram um problema semelhante: expor as infrações dos presidentes sem prejudicar a dignidade e a legitimidade da presidência em si.) Uma das consequências infelizes do estado de bem-estar social é que ela exacerbou o impulso anárquico da sociedade americana. Os zelotes burocráticos da esquerda dão uma aparência de plausibilidade aos fanáticos armados da direita. Hoje, mais do que nunca, quando existem tantas queixas legítimas contra o governo, os americanos não podem se dar ao luxo de deslegitimar um governo legítimo.

Ao denegrir o Estado, também corremos o risco de enfraquecer a ideia de cidadania. Os integrantes da sociedade civil são exatamente

---

[43] James L. Nolan, Jr., *The Therapeutic State: Justifying Government at Century's End*. New York, 1998.

isso – pessoas de famílias e comunidades, de igrejas e associações voluntárias, de locais de trabalho e mercados. A cidadania, assim, está em pé de igualdade com a civilidade e a sociabilidade. Bons cidadãos são bons vizinhos. Frequentam reuniões de pais e mestres, doam sangue, põem coleiras em seus cães, são corteses e atenciosos. Estas são virtudes significativas. Em nosso tempo, são virtudes muito significativas. Não são, porém, as únicas nem as mais importantes virtudes associadas à cidadania.

Cidadania, no sentido clássico, é um conceito político. O cidadão (*civis*) era um membro da *civitas*, que significava mais uma unidade política primária do que um local de residência. Até muito recentemente, o termo conservava um significado essencialmente político e implicava uma participação ativa no processo político – votar, ocupar cargos, tomar decisões coletivas – bem como a função mais passiva de obedecer às leis, pagar os impostos, cumprir todas as obrigações do indivíduo com o Estado. A cidadania, nesse sentido, tem um significado especial nos Estados Unidos, onde serviu para assimilar ondas de imigrantes vindos de cenários étnicos e sociais totalmente diferentes, dando-lhes um papel comum, um *status* comum, e um quinhão comum do país. Pense no que significou para imigrantes judeus da Rússia czarista (tenho em mente meus próprios pais) obter a cidadania americana, tornarem-se membros completamente reconhecidos de uma comunidade política – e, não obstante, uma comunidade democrática.

Ou pense no que significou para as classes trabalhadoras dos países ocidentais quando, finalmente, conquistaram o direito daquilo que por muito tempo haviam sido privados. Quando os cartistas, radicais da classe operária inglesa nas décadas de 1830 e 1840, exigiram o voto, não o fizeram visando melhorar suas condições econômicas ou materiais. Se esse fosse seu propósito, eles teriam formado sindicatos ou partidos socialistas, ou ao menos lutado por salários mínimos e reformas nas fábricas. No lugar disso, todos os Seis Pontos da Carta eram políticos: o sufrágio, eleições anuais, o voto secreto, etc. As suas exigências eram políticas porque a igualdade política – e não a econômica ou social, pois eles não esperavam nem aspiravam a isso – era vista como o requisito essencial da igualdade cívica e moral, o reconhecimento de seu *status* como membros inteiramente responsáveis da sociedade. Foi por este motivo, por terem dado valor tão alto à cidadania no sentido político, que eles se incumbiram de tornar-se moral e intelectualmente dignos dela. Assim, os *Temperance Chartists*[44] fizeram o voto de abstinência, enquanto os *Education Chartists*[45] organizaram grupos de leitura e estudo – já que temperança e educação eram virtudes que eles julgavam ser as qualificações essenciais para a cidadania. Ao procurarem ser admitidos como membros plenos e iguais da comunidade política, eles estavam dando um testemunho de seu desejo de serem vistos como humanos em sua plenitude.

Aristóteles nos lembra de que "o homem é por natureza um animal político". Não um "animal social", como o trecho frequentemente é mal traduzido.[46] Não é na família nem na cidade, afirma Aristóteles, mas é apenas na pólis que o homem é realmente humano, decididamente diferente da "abelha ou outro animal gregário".[47] As abelhas e os animais, afinal, também vivem em famílias e cidades (sociedade civil, diríamos agora). Fornecem abrigo e sustento para eles próprios e suas crias; têm até mesmo relações e estruturas sociais. O que eles não têm é uma comunidade política, um governo de leis e instituições. Apenas os homens são políticos porque somente eles são racionais. E apenas

---

[44] "Cartistas da Temperança" (N. T.)

[45] "Cartistas da Educação" (N. T.)

[46] Esta é uma corruptela antiga, e não moderna. Hannah Arendt explica que foi Sêneca quem traduziu erroneamente o "animal político" de Aristóteles para "animal social", e que São Tomás de Aquino perpetuou o erro em seu célebre dito: "O homem é, por natureza, político, isto é, social". (Hannah Arendt, *A Condição Humana*. 10. ed. Trad. Roberto Raposo. Rio de Janeiro, Forense Universitária, 2007, p. 31.)

[47] Aristóteles, *Política*. Trad. Mário da Gama Kury. Universidade de Brasília, 1985, livro I, capítulo I, p. 16.

na comunidade política eles podem tentar, racional e conscientemente, estabelecer um regime justo e procurar uma vida melhor.

*

Reduzir a cidadania à ideia moderna de civilidade, à ideia do bom vizinho, é depreciar não só o papel político do cidadão como também as virtudes que se esperam de um cidadão – as "virtudes cívicas", como eram conhecidas na Antiguidade e no pensamento do início da era republicana. Eram essas virtudes que Aristóteles tinha em mente quando escreveu que o bom cidadão "deve ter os conhecimentos e a capacidade indispensáveis tanto para ser governado quanto para governar, e o mérito de um bom cidadão está em conhecer o governo de homens livres sob os dois aspectos".[48] Ou Montesquieu, quando fez da "virtude" o princípio distintivo do governo republicano: "Não é a virtude moral, nem a virtude cristã, é a virtude política; e este é o motor que move o governo republicano, como a honra é o motor que move a monarquia. Logo, chamei de virtude política o amor à pátria e à igualdade".[49] Até mesmo os Pais Fundadores, procurando criar uma Constituição que dependesse de uma pluralidade de interesses e não do simples exercício da virtude, acreditavam que a virtude cívica – o autocontrole e a autodisciplina necessários para o autogoverno – era um atributo essencial tanto para aqueles que governam a república quanto para aqueles que são governados.

A troca de "virtude cívica" por "civilidade" foi acompanhada da substituição das chamadas de virtudes "vigorosas" pelas virtudes "afetuosas". As virtudes vigorosas incluem a coragem, a ambição, a ousadia, a audácia, a criatividade; as virtudes afetuosas estão ligadas

---

[48] Ibid., livro III, cap. III, p. 85.
[49] Charles Louis de Secondat, barão de Montesquieu, *O Espírito das Leis*. 2. ed. Trad. Cristina Murachco. São Paulo, Martins Fontes, 2000, p. XXXI.

ao respeito, à probidade, à compaixão, à justiça e à decência.[50] Esses dois tipos de virtude não são mutuamente excludentes, pois dizem respeito a aspectos diferentes da vida. As virtudes afetuosas produzem boas famílias e amigos, vizinhos e sócios; elas tornam suportável e agradável a vida cotidiana, a vida na sociedade civil. Especialmente na atual condição da sociedade, são atributos realmente admiráveis. Mas esses atributos não excluem outros que merecem o nosso respeito – aquelas virtudes vigorosas, enormes e heroicas, que transcendem a família e a comunidade e podem até, por vezes, transgredir as convenções de civilidade. São essas as virtudes que caracterizam os grandes líderes, embora não necessariamente bons amigos.

Se a cidadania é aviltada pelo hábito de se "pensar pequeno", de se focar inteiramente nos bens e necessidades da vida cotidiana, o mesmo ocorre com a liderança. Os candidatos presidenciais do ano 2000 se definiam por meio de uma sucessão de *slogans* de campanha e questões mais apropriadas, como já se discutiu, a um prefeito de cidade pequena do que a aspirantes à presidência dos Estados Unidos. Assim, o vice-presidente Gore dedicou sua atenção, com alguma demora, a temas como os congestionamentos de tráfego, a poluição de rios por esterco bovino, rótulos de medicamentos sem receita, computadores nas classes, e uma "Declaração de Direitos do Passageiro das Linhas Aéreas" para compensar os passageiros, entre outras coisas, por bagagens perdidas; enquanto outra candidata, Elizabeth Dole, ex-secretária dos transportes, orgulhava-se de sua proposta para instalar luzes de segurança nos corredores dos aviões.

Outro candidato, o ex-senador Bill Bradley, instava-nos a reconstruir a sociedade civil em vez de procurar por heróis nacionais para resolver nossos problemas. Ele citou um personagem da peça *A Vida de Galileu*, de Bertolt Brecht: "Infeliz a nação que não tem heróis!",

---

[50] Shirley Robin Letwin, *The Anatomy of Thatcherism*. London, 1992, p. 35-36 e passim; David Brooks, "'Civil Society' and its Discontents", *The Weekly Standard*, 5 fev. 1996, p. 18-21.

ao que Galileu responde: "Infeliz a nação que precisa deles".⁵¹ O senador evidentemente partilha dos sentimentos de Galileu (ou de Brecht, o que não é exatamente a mesma coisa). Assim como um número considerável de pessoas, aparentemente, diante dos recentes escândalos em Washington. Os presidentes costumavam figurar com proeminência entre os heróis da nação; já não é o caso. Professores relatam que costumam "reduzir" o conceito de herói nas discussões com seus alunos. Uma professora, ao explicar que ela própria viu seus heróis fracassarem nos últimos anos, diz que quando pede aos alunos que identifiquem heróis, costuma indicar a eles "heróis comuns, gente que faz boas obras na comunidade".⁵²

Essa domesticação ou redução do herói é um comentário triste a respeito da vida contemporânea. É uma negação da própria ideia de heroico, da pessoa que, por definição, é mais que "comum", alguém que realiza grandes feitos em vez de "boas obras". É também uma afronta às pessoas comuns que não aspiram à grandeza e ao heroísmo, mas foram empobrecidas por uma cultura que vê com suspeita essas qualidades. Hegel, que é mais conhecido por ter louvado os "indivíduos histórico-mundiais", reconhecia a necessidade dos cidadãos comuns de ter um espírito que os elevasse acima de sua vida comum. Na sociedade civil, ele disse, os indivíduos começam a superar suas "particularidades" ao se reconhecerem como mais do que indivíduos isolados. Mas é nesse estado que eles de fato atingem sua plenitude, pois é nele que transcendem sua particularidade ao se identificar com algo maior que eles próprios, com o "Espírito" ou a "Ideia" manifestos no estado.⁵³

---

⁵¹ Bill Bradley, "America's Challenge: Revitalizing Our National Community", in: *Community Works: The Revival of Civil Society in America*, ed. E. J. Dionne Jr., Washington, D.C., Brookings Institution Press, 1998, p. 114.

⁵² *Wall Street Journal*, 21 abr. 1998, p. A24.

⁵³ Georg Wilhelm Friedrich Hegel, *Philosophy of Right*. Ed. e trad. para o inglês: T. M. Knox. Oxford, 1952, p. 267 (adendo 116 ao parágrafo 182).

Os americanos nunca se sentiram confortáveis com termos como "Espírito" ou "Ideia", especialmente quando aplicados ao Estado. Porém compreendemos e respeitamos as ideias de patriotismo e heroísmo. E nossos estadistas mais sábios compreenderam que inspirar essas ideias é uma parte importante de sua missão. Como George Will expressou, de maneira memorável: *statecraft* (a arte de governar) é uma forma de *soulcraft* (arte da alma); ajuda a formar o caráter e, por consequência, a alma de um povo.[54] De um povo, e não apenas de indivíduos. E não apenas o caráter de um povo como também a própria identidade, seu senso de nacionalidade e um propósito elevado, responsáveis por engendrar um patriotismo digno.

É isso, enfim, que estamos correndo o risco de perder hoje em dia. É natural e louvável que os indivíduos procurem satisfação na família e nas comunidades, que façam delas o centro de seus laços emocionais e compromissos morais. Se, porém, sentirem-se completamente satisfeitos com esses papéis e inteiramente identificados com eles é perder aquela aspiração e identidade maiores que não vêm da sociedade civil, mas da comunidade política. Nos dias de hoje, em que a política vem sendo tão manchada pelo cinismo e pelo escândalo, o recuo para a vida privada e comunitária é mais do que compreensível. No entanto, seria extremamente lamentável se o Estado fosse privado, em tempos de paz e, com ainda mais urgência, em tempos de guerra, do serviço entusiástico e da lealdade de seus cidadãos. Por que alguém se preocuparia com afazeres públicos, com assuntos distantes dos seus interesses imediatos, se os compromissos dessa pessoa são inteiramente familiais e locais? Por que competir por um cargo nacional em Washington se todos os valores e aspirações dessa pessoa estão centrados em sua família e em sua comunidade? Por que, numa época de emergência nacional, pegar em armas e talvez dar a própria

---

[54] George F. Will, *Statecraft as Soulcraft: What Government Does*. New York, 1983.

vida se essa pessoa tem uma relação tão tênue com seu país como um todo – se há tão pouco senso de identidade nacional que exija o sacrifício derradeiro?

O "pequeno núcleo"[55] de Edmund Burke é uma máxima invocada com frequência nas discussões a respeito da sociedade civil. Entretanto, o contexto da frase raramente é citado.

> É o amor à classe, ao pequeno núcleo ao qual pertencemos na sociedade, que é o primeiro princípio – o germe por assim dizer – de nossas afeições públicas. Este é o primeiro elo da corrente que nos liga a nossa pátria e à humanidade.[56]

E, novamente:

> É no seio de nossa família que nascem as afeições públicas. [...] Da nossa família, passamos então à vizinhança e às pessoas da nossa província, com quem temos relacionamento habitual. São, para nossos sentimentos, como pensões e hotéis. [...] [T]alvez se encontre aí um aprendizado elementar desses sentimentos mais elevados e mais abrangentes que podem levar o homem a considerar como sendo de seu próprio interesse pessoal a prosperidade de um reino tão extenso.[57]

A sociedade civil, Burke nos ensina, é uma rua de duas mãos. Ela nos leva de volta às nossas raízes, àqueles que nos são mais próximos e queridos. Mas ela também nos deve levar adiante, à nossa nação e país. Isso nos leva de volta ao "amor pelo próprio país" que Montesquieu via como a virtude característica da república – virtude que nos eleva, que imbui nossa vida cotidiana, e a própria sociedade civil, de um sentido maior, que dignifica o indivíduo ao mesmo tempo que humaniza a política.

---

[55] No original, "*little platoon*", literalmente "pequeno pelotão". (N. T.)

[56] Edmund Burke, *Reflexões sobre a Revolução em França*, 2. ed. Trad. Renato de Assumpção Faria, Denis Fontes de Souza Pinto e Carmen Lídia Richter Ribeiro Moura. Universidade de Brasília, p. 79.

[57] Ibid., p. 186.

Capítulo 5 | Religião: "A Primeira das Instituições Políticas"

Assim como a sociedade civil, a comunidade política e a lei são necessárias, porém não são remédios que bastam para os distúrbios da sociedade. Ao mesmo tempo que os Pais Fundadores imaginaram sua "nova ciência política" com base no princípio da divisão de poderes e interesses, eles compreendiam que a "ciência" sozinha não consegue sustentar um governo republicano adequado. Governo republicano significa autogoverno – autodisciplina, autodomínio, autocontrole, autossuficiência –, "virtude republicana", em suma. Na ausência dessa virtude, os melhores arranjos políticos de nada valem. "Eu perfilho este grande princípio republicano", disse James Madison, "de que o povo terá virtude e inteligência para conseguir escolher homens com princípios e bom senso. [...] Supor que um governo, seja ele qual for, possa garantir liberdade e felicidade sem que exista virtude no povo é uma ideia quimérica."[1]

O que os Pais Fundadores também entenderam é que numa república essa virtude está intimamente ligada à religião. Por mais céticos ou deístas que eles fossem em suas próprias crenças, por mais determinados que estivessem para evitar qualquer coisa semelhante a uma igreja oficial, eles não tinham dúvida de que a religião é parte

---

[1] Jonathan Elliot (ed.), *The Debates in the Several State Conventions, on the Adoption of the Federal Constitution*. Philadelphia, 1907, III, 536-37. Citado em português in: Samuel P. Huntington, *A Invenção Democrática*. João Carlos Espada (ed.), Lisboa, Instituto de Ciências Sociais, 2000, p. 124.

essencial da ordem social porque é parte vital da ordem moral. "Se os homens são tão maus, como temos visto atualmente, com a religião", disse Benjamin Franklin, "como seriam sem ela?"[2] John Adams colocou com maior tato: "Nossa Constituição foi feita somente para um povo moral e religioso. É totalmente inadequada para governar qualquer outro povo".[3] E George Washington, em seu Discurso de Despedida, alertou seus compatriotas para que não "tolerassem a suposição de que a moralidade possa ser mantida sem a religião": "De todas as disposições e hábitos que levam à prosperidade política, a religião e a moralidade são apoios indispensáveis". E então, como que os alertando de que o Iluminismo não era um substituto para a religião, acrescentou: "O que quer que possa ser atribuído à influência da educação refinada nas mentes de estrutura peculiar, tanto a razão quanto a experiência nos proíbem de esperar que a moralidade nacional possa prevalecer com a exclusão do princípio religioso".[4]

Até mesmo Thomas Jefferson, que, suspeita-se, não tinha nenhuma crença, acreditava no cristianismo como a fé nacional. Um relato histórico escrito à mão, descoberto recentemente em uma paróquia em Washington, relata sua discussão com um amigo que o encontrou a caminho da igreja numa manhã de domingo carregando seu grande livro vermelho de orações.

"Indo à igreja, senhor J.? Você não acredita numa palavra dela."

"Senhor", disse Jefferson, "nenhuma nação já existiu ou foi governada sem religião. Nem poderá ser. A religião cristã é a melhor que já foi

---

[2] William Cabell Bruce, *Ben Franklin Self-Revealed*. New York, 1917, p. 90.

[3] *The Works of John Adams*. Boston, 1854, IX, 229 (Carta a Oficiais do Primeiro Regimento, 11 out. 1798). Citado em português in: Dinesh D'Souza, *A Verdade Sobre o Cristianismo*. Trad. Valéria Lamim Delgado Fernandes. Rio de Janeiro, Thomas Nelson Brasil, 2008, p. 74.

[4] *The Writings of George Washington, 1744-1799*. John C. Fitzpatrick (ed.). Washington, D.C., Escritório de Impressão do Governo dos Estados Unidos, 1940, XXXV, 229.

dada ao homem, e eu, como principal magistrado desta nação, sou obrigado a dá-la à sanção de meu exemplo. Bom dia, senhor."[5]

Tocqueville, visitando os Estados Unidos algumas décadas depois, descobriu que uma democracia, mais ainda que uma república, precisa de algo mais que uma comunidade política saudável para compensar suas deficiências gêmeas: um igualitarismo que corrói a liberdade e um individualismo que esgota a "fonte das virtudes públicas".[6] O remédio que geralmente lhe é atribuído são as associações voluntárias identificadas com a sociedade civil. Outras associações, no entanto, não tinham menos importância para ele: as associações políticas, que impulsionam o governo democrático, e as associações religiosas e as igrejas, que mantêm vivo o mesmo senso de virtude pública.

"Ao chegar aos Estados Unidos", escreveu Tocqueville, "o aspecto religioso do país foi a primeira coisa a me chamar a atenção." Ao contrário da França, onde o Iluminismo havia feito com que a religião e a liberdade caminhassem "quase sempre em sentido contrário", nos Estados Unidos ambos estavam "intimamente unidos um ao outro" e "reinavam juntos sobre o mesmo território".[7] A religião, a serviço da virtude, havia tornado possível a liberdade. E a religião americana conseguiu fazer isso de maneira única porque não era uma religião oficial, do Estado. Os americanos apreciavam tanto a ideia de liberdade religiosa, de separação entre Igreja e Estado, quanto apreciavam sua igreja ou seita particular. A religião era "a primeira de suas instituições políticas" exatamente porque ela não era, a rigor, uma instituição política.[8]

---

[5] Nicholas Von Hoffman, "God Was Present at the Founding", *Civilization*, abr./maio 1998, p. 39. (Introduzi as aspas e os parágrafos.)

[6] Alexis de Tocqueville, *A Democracia na América*. 2. ed. Trad. Eduardo Brandão, São Paulo, Martins Fontes, 2005, livro II, p. 119.

[7] Ibid., livro I, p. 347.

[8] Ibid., livro I, p. 344.

Por muitas vezes Tocqueville refletiu sobre a relação entre religião e moralidade, e de ambas com a liberdade e a democracia:

> Assim, pois, ao mesmo tempo que a lei permite ao povo americano fazer tudo, a religião impede-o de conceber tudo e proíbe-lhe tudo ousar.[9]

> A liberdade vê na religião a companheira de suas lutas e de seus triunfos, o berço da sua infância, a fonte divina de seus direitos. Ela considera a religião como a salvaguarda dos costumes; os costumes como a garantia das leis e penhor de sua própria duração.[10]

> O despotismo é que pode prescindir da fé, não a liberdade. A religião é muito mais necessária na república [...] do que na monarquia [...], e mais nas repúblicas democráticas do que em todas as outras. Como a sociedade poderia deixar de perecer se, enquanto o vínculo político fosse afrouxando-se, o vínculo moral não se estreitasse? E que fazer de um povo senhor de si mesmo, se não é submetido a Deus?[11]

Tocqueville antecipou a objeção ouvida com frequência nos dias de hoje, de que essa visão da religião é aviltante, e até mesmo irreligiosa, pois se preocupa mais com a utilidade da religião do que com sua espiritualidade. "Não sei", ele admitiu, "se todos os americanos têm fé em sua religião, pois quem pode ler no fundo dos corações? Mas tenho certeza de que a creem necessária à manutenção das instituições republicanas."[12] Cada religião, ele observou, tem duas dimensões: uma que eleva a alma acima do mundo material e sensorial, e outra que impõe sobre todos os homens uma obrigação para com a humanidade. Essas são funções

---

[9] Ibid.
[10] Ibid., livro I, p. 52.
[11] Ibid., livro I, p. 346.
[12] Ibid., livro I, p. 344-45.

complementares, e ambas são essenciais para o autogoverno que se encontra no cerne da liberdade e da democracia.[13]

A religião era integral para a democracia americana, porque os Estados Unidos não derivaram seu Iluminismo da França, que, como Tocqueville sugeriu, era antirreligioso e anticlerical (em grande parte porque a religião e a Igreja eram aliadas tão íntimas de uma monarquia repressiva), mas da Inglaterra, onde até mesmo os deístas toleravam a Igreja oficial. (David Hume, cético em assuntos relacionados à fé e temente das paixões religiosas, era defensor ferrenho da Igreja da Inglaterra, ao menos porque via o anglicanismo como capaz de corrigir o fanatismo.) Além do mais, na Inglaterra, como nos Estados Unidos, a religião era uma força democratizante, além de liberalizante. "Os pobres são os cristãos", proclamou John Wesley, assumindo para si a missão especial de levar a eles o Evangelho. Quando as igrejas anglicanas lhe foram fechadas, ele fez da necessidade uma virtude, pregando nos campos abertos para aqueles que não se sentiam bem-vindos à Igreja oficial. O próprio Wesley não era democrata, nem em suas visões políticas nem em relação à sua própria igreja. No entanto, a estrutura da igreja wesleyana – com "famílias" lideradas por "pais" e seus membros chamando-se uns aos outros de "irmãos" e "irmãs" – promovia um senso de fraternidade e comunidade que a tornava hospitaleira para os pobres.[14]

Quando o companheiro de Wesley, George Whitefield, fez suas excursões sensacionais pelos Estados Unidos na década de 1740, ele se viu num território apropriado, no qual o espírito democrático do

---

[13] Ibid., livro II, p. 25 ss.

[14] Sobre esse aspecto do metodismo, ver Robert F. Wearmouth, *Methodism and the Common People of the Eighteenth Century*. London, 1945; Bernard Semmel, *The Methodist Revolution*. New York, 1973; Gertrude Himmelfarb, *The Idea of Poverty: England in the Early Industrial Age*. New York, 1983, p. 31-35.

metodismo estava em harmonia perfeita com as outras seitas geradas pelo Grande Despertar. Esse espírito derivava de uma teologia que declarava que todos os homens eram pecadores capazes de atingir a salvação através da conversão espiritual pessoal, e de uma estrutura organizacional que encorajava a participação leiga, a pregação itinerante e um senso de igualdade e comunidade. Assim, as seitas revivalistas eram atraentes para os pobres e para os não tão pobres, para os negros e para os brancos, para pessoas de todas as vocações e aspirações.

Os historiadores têm debatido a natureza exata da relação entre o Grande Despertar e a Revolução Americana, porém poucos têm dúvida de que ambos estavam intimamente relacionados.[15] Martin Marty fala de duas revoluções simultâneas, a primeira, interna e espiritual, que tornou evangélica a religião americana,[16] e a segunda, externa e política, que transformou em republicana a sociedade americana. Inspirando ambas as revoluções, e ligando ambas, estava um novo tipo de milenarismo gradual e otimista, e não cataclísmico e apocalíptico, e que procurava nos Estados Unidos, a "cidade sobre o monte", pela redenção que daria início à "glória dos últimos dias". Nesse ponto, observa Marty, "as ideias piedosas e iluministas podem encontrar-se, de modo que as duas escolas de pensamento possam empregar um tipo de imaginário futurista, ao mesmo tempo que procuram metas distintas: um Estados Unidos cristão ou um Estados Unidos republicano. Ambos fazem parte de uma "busca pela felicidade" comum.[17]

A este primeiro Grande Despertar seguiram-se outros que foram dignificados com o mesmo título. O Segundo Grande

---

[15] Ver o ensaio introdutório de *The Evangelical Tradition in America*, Leonard I. Sweet (ed.). Macon, Georgia, 1984, para um estudo bibliográfico desta literatura.

[16] A religião americana era teologicamente "evangélica" (com "e" minúsculo), e não "Evangélica" no sentido inglês, o que lhe conferia identidade institucional.

[17] Martin E. Marty, *Religion, Awakening and Revolution*. Wilmington, North Carolina, 1977, p. 130.

Despertar, que teve início na virada do século e atingiu seu clímax durante a Guerra Civil, rejeitou os ensinamentos calvinistas mais rigorosos da renovação anterior, e tinha compromissos sociais diferentes: o abolicionismo, a temperança e a educação. Nele, porém, também a fé religiosa estava integralmente associada a seu caráter populista e ético – e, como Gordon Wood mostrou, a seu etos capitalista, que fazia da autodisciplina um corolário do autointeresse.[18] O mesmo ocorreu com o Terceiro Grande Despertar, no fim do século XIX; diferentemente de seus antecessores, ele era modernista em sua teologia e radical em suas visões sociais, pregando um evangelho social que criticava a grande indústria e apoiava os sindicatos de trabalhadores, reformas sociais e causas progressistas. Em cada caso, a renovação gerava uma série de seitas que ultrapassavam em número as igrejas mais antigas, tanto em número de clérigos como de fiéis; mesmo algumas das menores denominações eram consideravelmente maiores que as igrejas episcopais ou presbiterianas. E as próprias renovações estavam sendo constantemente revigoradas por novos pregadores e ministros que infundiam seu zelo religioso com um espírito populista e empreendedor. Pode-se dizer que estavam fazendo comércio no mercado livre da religião. O historiador Nathan Hatch vê esse espírito perdurando até os dias de hoje: "O populismo religioso tem sido um agente residual de mudança nos Estados Unidos ao longo dos últimos dois séculos, um inibidor da *genteel tradition*[19] e uma fonte recorrente de novos movimentos religiosos".[20]

---

[18] Gordon Wood, *The Radicalism of the American Revolution*. New York, 1992, p. 331; Wood, "America's Unending Revolution", *Wilson Quarterly*, primavera de 1999, p. 46.

[19] "Tradição gentil", "tradição afetada", expressão que se refere a uma América idealista e religiosa, contraposta ao capitalismo mercantil dos grandes centros urbanos. (N. T.)

[20] Nathan O. Hatch, *The Democratization of American Christianity*. New Haven, 1989, p. 4-5.

A renovação atual, que tem sido chamada de Quarto Grande Despertar, teve sua origem na década de 1960 e continua até os dias de hoje. A designação nos lembra que este não é um fenômeno novo (para muitos, assustadoramente novo) que estamos testemunhando, mas sim um fenômeno familiar. Ainda assim, ele é mais diversificado, teológica e socialmente, do que os anteriores. O movimento como um todo – cerca de 60 milhões de pessoas em 1988, estima o historiador Robert Fogel, ou cerca de um terço da população adulta – é dominado pelas denominações protestantes fundamentalistas, pentecostais e carismáticas (geralmente agrupadas sob o rótulo de "evangélicas"); porém também inclui até 20 milhões de membros das igrejas protestantes tradicionais, 6 milhões de católicos "renascidos" (*born again*), e quase 5 milhões de mórmons.[21] Essas estimativas variam bastante, dependendo das definições dos termos. Numa pesquisa realizada em 1996, descobriu-se que os evangélicos constituíam de um quarto a um quinto da população;[22] em outras, baseadas em critérios teológicos mais rigorosos, de um sexto a um décimo.[23] Talvez ainda mais

---

[21] Robert W. Fogel, *The Fourth Great Awakening and the Future of Egalitarianism*. Chicago, 2000, apêndice 1.1. Ver também Fogel, "The Fourth Great Awakening", *Wall Street Journal*, 9 jan. 1996, p. A14. Fogel tem uma visão um tanto mais esquemática dos Despertares do que a maior parte dos historiadores, fazendo uma ligação mais estreita entre o aspecto teológico de cada renovação e suas ramificações políticas e sociais.

[22] *The State of Disunion: 1996 Survey of American Political Culture*. James Davison Hunter e Carl Bowman (ed.). Ivy, Virgínia, 1996, I, 52. (Para a definição de "evangélico" utilizada neste estudo, ver p. 98, n. 13.)

[23] Uma pesquisa concluiu que 17% do público descrevia-se como "ou um cristão evangélico ou fundamentalista". (Pesquisa *Wall Street Journal*/NBC News, fev./mar. 1998). Seis meses antes, uma pesquisa semelhante apresentava 16% nessa categoria (Pesquisa *Wall Street Journal*/NBC News, set. 1997). Um estudo mais elaborado, que utilizava uma definição muito mais exigente do evangelismo, concluiu que 20 milhões de americanos identificavam-se como tal. (Christian Smith, *American Evangelicalism: Embattled and Thriving*. Chicago, 1998, p. 1. Para esta definição de evangelismo, ver p. 21-22). Uma definição ainda mais rigorosa (com base em nove critérios teológicos)

significativo seja o número de pessoas que se descrevem como "renascidos" ou "evangélicos" – quase metade dos participantes de uma pesquisa em 1998.[24]

Como quer que seja definido, o evangelismo não deve ser confundido com a "direita religiosa", como tem sido chamada – o movimento ativista conservador que apareceu com tanta proeminência na arena política.[25] Em uma pesquisa, apenas um terço dos evangélicos identificou-se com a direita religiosa;[26] em outra, apenas um quinto o fez.[27] Os evangélicos são mais diversificados não apenas em relação à teologia e à denominação, mas também no âmbito político, do que a imagem popular tenta aparentar. Nem todos são fundamentalistas ou têm o mesmo grau de fundamentalismo. E nem todos são conservadores, ou têm o mesmo grau de conservadorismo. Enquanto a maior parte dos adeptos da direita religiosa é de republicanos, quase metade dos evangélicos que não fazem parte da direita religiosa é

---

concluiu que 12 milhões de adultos, ou cerca de 6% da população, encaixavam-se nessa categoria de evangélicos. A mesma pesquisa, no entanto, descobriu que até 43% de adultos, e 34% de adolescentes, eram cristãos "renascidos" (*born again*). (Barna Research Group, jan. 1998.)

[24] Pesquisa CNN/*USA Today*/Gallup, jan. 1998.

[25] Ralph Reed, ex-diretor da Coalizão Cristã (*Christian Coalition*), rejeita o termo "direita religiosa" como sendo pouco preciso historicamente (o termo seria mais adequado, segundo ele, para referir-se apenas ao movimento que surgiu com a nova direita no fim da década de 1970), e como pejorativo, implicando uma agenda política extremista. Ninguém, segundo ele, se refere ao Conselho Nacional de Igrejas como "esquerda religiosa". (Ralph E. Reed, Jr., "What Do Religious Conservatives Really Want?", in: *Disciples and Democracy: Religious Conservatives and the Future of American Politics*. Michael Cromartie (ed.), Grand Rapids, Michigan, 1994, p. 2. Ver também Reed, *Politically Incorrect: The Emerging Faith Factor in American Politics*, Dallas, 1994.

[26] George H. Gallup, Jr., *Religion in America 1996*. Princeton, 1996, p. 46.

[27] *State of Disunion*, I, 52. Ainda em outra pesquisa, metade dos participantes (não apenas evangélicos) descreveu-se como "teologicamente conservadoras", porém apenas metade desses identificou-se com a direita religiosa. (Barna Research Group, jan. 1998.)

democrata.²⁸ (Na eleição de 1998, relatou-se que 40% dos "conservadores religiosos" haviam votado no Partido Democrata.)²⁹

Além do mais, nem evangélicos nem a direita religiosa se enquadram nos estereótipos sociais familiares. Não são filisteus retrógrados, caipiras, que vivem em áreas rurais, temendo mudanças e a modernidade, ansiosos por seu emprego e seu futuro. Os evangélicos têm, na realidade, um nível de educação mais elevado que aqueles que se descrevem como liberais ou secularistas, e têm uma probabilidade apenas um pouco menor de ter uma educação formal como os protestantes tradicionais. Em outros quesitos – emprego, renda, residência urbana – eles se encaixam no padrão do resto da população em geral.³⁰ A direita religiosa difere ainda mais do estereótipo. Ela consiste em mais mulheres que homens; quase metade se encontra entre a faixa de 35 e 49 anos; quase metade vive no sul dos Estados Unidos; e, em renda, educação e *status* social eles superam tanto evangélicos quanto a população em geral.³¹

Todos, no entanto – evangélicos e a direita religiosa –, sentem-se alienados de uma cultura que eles veem como hostil a seus valores culturais e religiosos. Stephen Carter conta a história de duas mulheres negras, evangélicas, que passaram de grupos políticos liberais para conservadores pelo simples motivo de que sentiam que os liberais não respeitavam sua religiosidade. "Elas prefeririam um lugar", comenta Carter, "que respeitava sua fé e desdenhava sua posição política a um lugar que respeitava sua posição política e desenhava sua fé."³²

---

²⁸ *State of Disunion*, I, 53.

²⁹ *Wall Street Journal*, 5 nov. 1998, p. A22; *Washington Post*, 5 nov. 1998, p. A34.

³⁰ Smith, p. 75-84.

³¹ Gallup, p. 52-53.

³² Stephen L. Carter, *The Dissent of the Governed: A Meditation on Law, Religion, and Loyalty*. Cambridge, Massachusetts, 1998, p. 9.

As questões sociais centrais a este último Grande Despertar – aborto, orações nas escolas, promiscuidade sexual – também são muito diferentes daquelas que inspiraram as anteriores, porém geram o mesmo tipo de sentimento. Também utilizam muitos dos mesmos métodos de pregação e admoestação. Os encontros evangélicos realizados no rádio e na televisão nos dias de hoje – existem atualmente mais de 250 estações religiosas de televisão, comparados com as nove que existiam 25 anos atrás[33] – podem ser vistos como uma versão atualizada tecnologicamente das excursões de pregação de Whitefield, que também eram muito divulgadas e organizadas, e atraíam grandes congregações. (Whitefield foi chamado de o "pai do evangelismo em massa".)[34]

Como Tocqueville, os visitantes europeus aos Estados Unidos, hoje em dia, podem ficar impressionados com a "atmosfera religiosa do país", que contrasta enormemente com a situação do país do visitante.[35] Nos Estados Unidos, que não teve que superar um *ancien*

---

[33] Russell Shorto, "Belief by the Numbers", *New York Times Magazine*, 7 dez. 1997, p. 61 (citando o Relatório Roper).

[34] Marshall W. Fishwick, *Great Awakenings: Popular Religion and Popular Culture*. New York, 1995, p. 13.

[35] O fato não surpreende, no entanto, alguns visitantes não europeus. Numa demonstração surpreendente de ecumenismo, o presidente do Irã, recentemente, citou Tocqueville ("que, tenho certeza, a maior parte dos americanos leu") ao louvar os Estados Unidos como uma civilização em que "a liberdade descobriu na religião um berço para seu crescimento, e a religião encontrou a proteção da liberdade como seu chamado divino". ("Tocqueville and the Mullah", *The New Republic*, 2 fev. 1998, p. 7.) Tampouco ele é surpreendente para visitantes da América Latina ou de partes do Leste e Sudeste da Ásia, que passaram por renovações evangélicas semelhantes. No Chile e no Brasil, entre 15 e 20% da população atualmente professam o protestantismo, e, desses, a maioria absoluta é de pentecostais. (David Martin, *Tongues of Fire: The Explosion of Protestantism in Latin America*. Oxford, 1990, p. 50-52.)
Um sociólogo mexicano explicou por que o evangelismo é especialmente atraente aos pobres: "Os evangélicos praticam uma nova ética, uma outra

régime nem uma tradição de anticlericalismo, a religião, desde o início, foi uma aliada, e não uma inimiga da liberdade. Uma gama de seitas e denominações, algumas das quais são pouco mais que "associações voluntárias" das quais se pode entrar e sair livremente, é obviamente mais adequada a uma cultura individualista do que as igrejas europeias firmemente estruturadas, hierárquicas, quase sempre estabelecidas pelo Estado. Por qualquer que seja o motivo, não há dúvida de que os americanos tendem a ser mais religiosos que seus equivalentes europeus. Em uma pesquisa (de 1993), 43% dos entrevistados nos Estados Unidos afirmaram que frequentavam a igreja ao menos uma vez por semana; na Grã-Bretanha, 14%; na França, 12%; na Suécia, 4%. Nos Estados Unidos, 49% afirmaram que a religião é muito importante na vida deles (atualmente esta cifra é de 58%); na Grã-Bretanha, 17%, na França 10%, e na Suécia 8%.[36] A imprensa francesa ficou estarrecida, em 1997, com o número de 1 milhão ou mais de jovens que invadiram Paris para ouvir o papa celebrar a missa. O fato, no entanto, é que hoje em dia apenas metade dos jovens franceses se descreve como católico (em comparação com 90% que o faziam três décadas atrás), e menos de metade deles realmente pratica a fé.[37]

Pouco tempo depois da visita papal à França, Václav Havel, presidente da República Tcheca, discursou numa conferência internacional em Praga. Seis anos antes ele havia lamentado a condição moral de seu país após a libertação do comunismo. Desta vez ele aproveitou

---

maneira de viver. Normalmente, as mulheres são as primeiras a ser convertidas. Elas veem na nova religião uma maneira de dar à família uma vida melhor. Os evangélicos não bebem, um fato que faz uma diferença imediata na vida deles, já que em boa parte das famílias pobres o álcool tem um impacto sobre sua situação financeira. (*Washington Post*, 24 jan. 1999, p. A19.)

[36] George H. Gallup, Jr., *Religion in America 1992-93*. Princeton, 1993, p. 70. A pesquisa CNN/*USA Today*/Gallup, jan. 1998, apontou que 58% dos americanos afirmam que a religião é muito importante na vida deles.

[37] *New York Times*, 6 set. 1997, p. A14.

a ocasião para lamentar o fato de que a primeira civilização global também era "a primeira civilização ateia na história da humanidade" – uma queixa surpreendente de alguém que costumava ser associado a uma elite literária e intelectual que não era caracterizada por sua religiosidade.

> Não poderia a natureza completa da civilização atual, com sua miopia, sua ênfase orgulhosa sobre o indivíduo como a coroação de toda a criação – e seu mestre – e com sua confiança sem limites na capacidade da humanidade de abraçar o universo através do conhecimento racional ser apenas a manifestação natural de um fenômeno que, em termos simples, equivale à perda de Deus? Ou, mais especificamente: a perda de respeito pela ordem da existência, da qual não somos criadores, porém meros componentes. Não poderia esta questão ser apenas uma crise de respeito pela ordem moral que nos foi concedida de cima, ou simplesmente uma crise de respeito por qualquer tipo de autoridade superior ao nosso ser terreno, com seus interesses materiais e completamente terrenos?[38]

Os Estados Unidos parecem estar excepcionalmente isentos do "ateísmo global" que tanto incomoda Havel. Sociólogos americanos falam da "igrejificação dos Estados Unidos" como um dos aspectos mais conspícuos do "excepcionalismo" americano.[39] Uma quantidade assombrosa de 93% dos americanos professa acreditar em Deus ou em um "espírito universal", e 90% acreditam no céu. (No típico feitio americano, apenas 65% acreditam no diabo, e 73%, no inferno.) Identificam-se como membros de alguma igreja, 67%; 60% deles

---

[38] Václav Havel, "Faith in the World", *Civilization*, abr./maio de 1998, p. 53.

[39] Roger Finke e Rodney Stark, *The Churching of America, 1776-1990*. New Brunswick, New Jersey, 1994. Alguns comentaristas do "excepcionalismo americano" conseguem debater o assunto sem fazer nenhuma referência à religião (por exemplo, Ian Tyrrell, "American Exceptionalism in an Age of International History", *American Historical Review*, out. 1991; Michael Kammen, "The Problem of American Exceptionalism: A Reconsideration", *American Quarterly*, mar. 1993).

dizem frequentar a igreja pelo menos uma vez por mês; 90% afirmam rezar pelo menos uma vez por semana; e 75% rezam diariamente.[40] Com apenas pequenas variações, esses dados mantêm-se tanto entre indivíduos com bons níveis educacionais quanto entre os de piores níveis, e entre ricos e pobres. (Aqueles que ganham mais de 75 mil dólares por ano têm uma tendência maior a frequentar serviços religiosos na semana precedente do que os que ganham menos de 15 mil.)[41] Seguramente pode ser que as pessoas afirmem acreditar que deveriam estar fazendo, e não que realmente façam.[42] Porém isso também é significativo, pois reflete valores nos quais as pessoas acreditam, por mais que não os observem na prática.[43]

Outras estatísticas demonstram os benefícios pessoais e sociais associados à observância e afiliação religiosa. A prática da religião tem uma correlação alta com estabilidade familiar, atividades comunitárias e contribuições caridosas; e uma correlação baixa com suicídio, depressão, dependência de drogas, alcoolismo e crime. Protestantes negros e católicos brancos que compareçam à igreja com a mesma frequência têm taxas de divórcio semelhantes. Aqueles que raramente ou nunca frequentam a igreja têm uma taxa de coabitação

---

[40] Gallup, *Religion in America 1996*, p. 4-5, 22, 37. Atualizei alguns desses números de acordo com a pesquisa CNN/*USA Today*/Gallup, jan. 1998, e a pesquisa *Washington Post*/Kaiser Family Foundation/Universidade Harvard, jul./ago. 1998.

[41] Shorto, p. 61.

[42] Para uma crítica das pesquisas sobre esse assunto, ver C. Kirk Hadaway, Penny Long Marler e Mark Chaves, "What the Polls Don't Show: A Closer Look at U.S. Church Attendance", *American Sociological Review*, 1993; Guenter Lewy, *Why America Needs Religion: Secular Modernity and Its Discontents*. Grand Rapids, Michigan, 1996, p. 68.

[43] De acordo com uma pesquisa de 1998, 58% acreditam que a Bíblia esteja "totalmente correta em tudo que ensina"; 38% dizem ler a Bíblia em uma semana especial (fora da igreja); 22% alegam ter lido toda a Bíblia; e 12% dizem que o nome da mulher de Noé era Joana d'Arc! (Barna Research Group, jan. 1998).

sete vezes maior que aqueles que o fazem. (Isso passa para as gerações seguintes: filhos de mães que frequentam assiduamente os serviços religiosos têm uma probabilidade 50% menor de coabitar do que adultos cuja mãe não frequentava a igreja.) Não é o "sexo seguro", mas sim a prática regular da religião que é um dos fatores mais importantes na prevenção do nascimento de filhos fora do casamento. A religião mostrou-se até mesmo conducente ao bem-estar físico. A frequência regular aos serviços religiosos está associada a um sistema imunológico mais forte e a taxas de mortalidade mais baixas relacionadas a doenças do coração, fígado e pulmão.[44]

Essas estatísticas confortantes a respeito de religião parecem estar em desacordo com aquelas estatísticas incômodas sobre nossa condição moral e social. Se a religião é tão importante nos Estados Unidos e se ela parece ter efeitos tão positivos, por que tantas pessoas acreditam que o país esteja num estado de declínio moral? Por que os americanos, da mesma maneira que os europeus, estão passando pela "crise de respeito à ordem moral" que Havel atribui à "perda de Deus"?

A anomalia pode ser, em parte, explicada historicamente. Embora os Estados Unidos sejam um país muito mais religiosos que a maioria dos países europeus, ele também é um país muito menos religioso do que já foi. Aqui, como em tantos outros aspectos, as mudanças decisivas ocorreram na década de 1960. Exatamente no período em que as taxas de divórcio, bastardia, crime e dependência de drogas estavam

---

[44] Essas descobertas foram amplamente documentadas. Ver a bibliografia extensa citada em "Testimony concerning the Effects of Stress, Relaxation, and Belief on Health and Healthcare Costs", de Harold G. Koenig, para o Subcomitê de Verbas do Senado dos Estados Unidos sobre Trabalho/ Saúde e Serviços Humanos e Educação, 22 set. 1998, p. 7-9. Ver também *Why Religion Matters: The Impact of Religious Practice on Social Stability*, Heritage Foundation, jan. 1996, e publicações do Centro Para o Estudo de Religião/Espiritualidade e Saúde do Centro Médico da Universidade Duke.

aumentando; e as taxas de filiação a igrejas, frequência, orações e observâncias religiosas estavam diminuindo – ao menos nas igrejas tradicionais. (Foi em reação tanto às igrejas tradicionais quanto à contracultura secular que a renovação evangélica teve seu início nesse mesmo período.) É surpreendente, especialmente em comparação com outros países, que 58% dos americanos, hoje em dia, dizem que a religião é muito importante na vida deles, porém menos surpreendente comparado com os 75% que a julgavam muito importante em 1952; ou que 66% digam, atualmente, que "a religião pode responder a todos ou à maioria dos problemas dos dias de hoje", comparados com os 82% que diziam o mesmo em 1957.[45]

O caráter variado e inconstante das igrejas é mais significativo, de modo que a frequência e filiação religiosa ou até mesmo expressões de religiosidade não são mais indicadores confiáveis de disposições culturais e morais. Tocqueville, que vivia numa época menos secular e menos diversificada, podia presumir que "cada seita adora Deus à sua maneira, mas todas as seitas pregam a mesma moral em nome de Deus".[46] Este não é mais o caso. As igrejas não pregam a mesma moralidade. Certamente, muitas delas não pregam nenhuma coisa semelhante à moralidade que Tocqueville esperava delas.

Muito tem se falado sobre o renascimento da religião nos *campi* universitários. Muito dessa religião ("espiritualidade", como é mais conhecida popularmente), no entanto, é eclético e sincrético – seitas *New Age* têm tão pouco a ver com a moralidade tradicional quanto com a religião tradicional. Um pesquisador perguntou a uma graduada universitária qual era sua preferência religiosa. "Metodista, taoista, indígena americana, quacre, ortodoxa russa e judia", ela respondeu. Isso significava, explicou ela, que "trabalhava pela paz mundial, praticava ioga e meditação, frequentava uma igreja metodista,

---

[45] Pesquisa CNN/*USA Today*/Gallup, abr./mai. 1999.
[46] Alexis de Tocqueville, *A Democracia na América*. 2. ed., Trad. Eduardo Brandão, São Paulo, Martins Fontes, 2005, livro I, p. 342.

participava regularmente de cerimônias indígenas americanas e dividia uma residência com outras pessoas que combinavam diversas práticas espirituais". Os acadêmicos tradicionais descrevem isso como uma espiritualidade "estilo refeitório" ou "de supermercado". Outros, que a veem com melhores olhos, preferem o termo mais imponente "transreligiosidade". (Alguns dos que praticam de fato esse tipo de ecumenismo são menos reverentes. Judeus que praticam a meditação budista referem-se a si próprios como *Jewboos*.)[47] E não é apenas nos *campi* que floresce esse gênero de espiritualidade. Livrarias dão destaque a *best-sellers* como *A Profecia Celestina*; *A Jornada Extática: O Poder Transformador da Experiência Mística*; *Kything: A Arte da Presença Espiritual*; e, em nível mais mundano, *Canja de Galinha para a Alma Adolescente*.[48]

Além da fé *New Age*, as religiões não ocidentais têm conquistado maior proeminência. Existem atualmente nos Estados Unidos quase tantos muçulmanos quanto presbiterianos. E os próprios muçulmanos formam um grupo heterogêneo; menos de um terço deles vem da Ásia meridional, um quarto é afro-americano, e um quinto, árabe. (Ao contrário da impressão geral, apenas um terço dos americanos de origem árabe é muçulmano; o resto é formado por cristãos.)[49] Essa diversidade religiosa, tanto em sua variante nativa quanto imigrante, tem como seu corolário um grau considerável de diversidade moral e cultural.

---

[47] Diane Winston, "Campuses Are a Bellwether for Society's Religious Revival", *Chronicle of Higher Education*, 16 jan. 1998, p. A60. Sobre tendências sincréticas semelhantes fora do campus, ver *Wall Street Journal*, 10 fev. 1999, p. B1-2.

[48] No original, *The Celestine Prophecy*; *The Ecstatic Journey: The Transforming Power of Mystical Experience*; *Kything: The Art of Spiritual Presence*; *Chicken Soup for the Teenage Soul*. Em casos que o livro foi publicado em português, utilizei o título lançado no Brasil; nos outros, fiz uma tradução livre do título. (N. T.)

[49] Shorto, p. 60.

Se as religiões *New Age* não são modelos exemplares da moralidade tradicional, tampouco o são as igrejas tradicionais. George Gallup, que fez pesquisas extensas sobre o assunto, fala de um "abismo ético" entre "o modo como pensamos sobre nós mesmos e o modo como realmente somos", e, na essência, entre a fé religiosa e as práticas morais.[50] O sociólogo James Davison Hunter data esse abismo ao fim da década de 1950 e início da década de 1960, quando a teologia liberal protestante estava sendo redefinida em "termos seculares e humanísticos", acomodando-se à "visão de mundo e aos 'estilos de vida' da modernidade".[51] Esse processo de acomodação desde essa época aumentou o passo, de tal modo que hoje em dia muitas das igrejas tradicionais oferecem pouca ou nenhuma resistência à cultura dominante. Pelo contrário, algumas chegam a fazer parte dela, orgulhando-se por serem cosmopolitas e sofisticadas, não dogmáticas e acríticas. Assim, elas evitam cuidadosamente, em seus sermões e declarações públicas, a antiga linguagem da moralidade – "pecado", "vergonha", "mal" –, preferindo a nova linguagem da sociabilidade – "inapropriado", "inadequado", "impróprio".

O "abismo ético" ou "grande divisão", como a chamou um acadêmico, passa por todas as religiões e denominações.[52] Os batistas do norte e do sul dos Estados Unidos têm diferenças profundas não só em temas como a ordenação de mulheres e homossexuais mas também

---

[50] Gallup, *Religion in America 1996*, p. 9.

[51] James Davison Hunter, "The Evangelical Worldview Since 1890", in: *Piety and Politics: Evangelicals and Fundamentalists Confront the World*. Richard John Neuhaus e Michael Cromartie (ed.). Centro de Éticas e Políticas Públicas, Washington, D.C., 1987, p. 45.

[52] Robert Wuthnow, *The Restructuring of American Religion: Society and Faith Since World War II*. Princeton, 1988, p. 132 ss. Ver também James Davison Hunter, *Culture Wars: The Struggle to Define America*. New York, 1991; Nancy T. Ammerman, *Baptist Battles: Social Change and Religious Conflict in the Southern Baptist Convention*. New Brunswick, New Jersey, 1990.

em valores culturais e morais em geral; e entre os próprios batistas do Sul existem discórdias sérias o bastante por quase terem provocado um cisma na década de 1980.[53] Em 1998, a Igreja Metodista Unida (a segunda maior igreja protestante depois dos Batistas Sulistas) contemplou a perspectiva de secessão a respeito de assuntos como moralidade sexual e autoridade religiosa. Todas as igrejas (incluindo o judaísmo) sofreram rupturas por causa de questões relacionadas a casamentos homossexuais, pois alguns ministros (ou rabinos) realizaram tais casamentos de maneira privada e discreta, apesar de suas instituições os terem banido oficialmente.

Alguns judeus reformistas veem o casamento com judeu ortodoxo quase como uma espécie de casamento misto, e preferem que seus filhos se casem com um gentio que partilhe de seus valores a um casamento com judeu ortodoxo que não o faça. Os protestantes que se aliaram ao Conselho Nacional de Igrejas não têm muito mais em comum com aqueles que fazem parte da Coalizão Cristã do que com os não crentes; na realidade, eles podem até ser mais favoráveis a estes últimos, pois eles não contaminam a fonte da religião. Até mesmo os evangélicos dividem-se entre aqueles que praticam uma espiritualidade "clássica", derivada das antigas tradições protestantes e puritanas, e aqueles que são favoráveis a uma espiritualidade

---

[53] A declaração de que a esposa deveria "submeter-se" a seu marido (de acordo com a Epístola de São Paulo), aprovada pela Convenção Batista Sulista em junho de 1998, foi recebida com revolta não só pela imprensa secular como também por aqueles batistas do Sul que haviam evoluído muito desde essa leitura literal dos evangelhos. O público teve de ser lembrado de que os batistas sulistas incluíam não apenas alguns dos políticos conservadores mais proeminentes (o ex-presidente da Câmara dos Deputados Newt Gingrich, Trent Lott, líder da maioria no Senado, e o senador Strom Thurmond), mas também alguns dos mais liberais (o presidente Clinton, o vice-presidente Gore, o ex-presidente Carter e o líder da minoria na Câmara, Richard Gephardt). Este último grupo pode confortar-se com o fato de que esta emenda ao credo "Fé e Mensagem" dos batistas sulistas não é obrigatória para seus membros – não mais do que o próprio credo o é.

"pós-moderna" ou "existencial", terapêutica e individualista.[54] Os católicos também são mais diferentes entre si do que se imaginaria. Os "católicos de refeitório", como são chamados pejorativamente, observam apenas aqueles ensinamentos da Igreja que lhes são simpáticos. Quatro quintos de todos os católicos acreditam que o controle da natalidade "depende totalmente do indivíduo", e dois terços, que "é possível ser um bom católico sem frequentar a missa". Entre aqueles que se descrevem como "modernistas", pouco mais de um terço se opõe ao aborto.[55]

Se existem divisões turbulentas dentro das igrejas, também existem relações fraternais entre elas. Em sua importante obra *Culture Wars: The Struggle to Define America*, James Davison Hunter analisa as "alianças pragmáticas que estão sendo formadas entre tradições de fé", nas quais conservadores culturais de todas as denominações se aliaram contra os progressistas.[56] Outros acadêmicos falam de uma transição de coalizões "etnoculturais" para "ideológicas", o que resultou em "alianças entre diferentes tradições" de liberais contra conservadores.[57] Os evangélicos, aponta um historiador, foram especialmente bem-sucedidos ao criar uma "comunidade transdenominacional" por meio do uso hábil do rádio, da televisão, de livros, jornais e escolas.[58]

---

[54] David F. Wells, *Losing Our Virtue: Why the Church Must Recover Its Moral Vision*. Grand Rapids, Michigan, 1998. Ver também Hunter, sobre as diferenças entre os evangélicos em *Partisan Review*, primavera de 1997, p. 187-96.

[55] Shorto, p. 61.

[56] Hunter, *Culture Wars*, p. 47.

[57] John C. Green, Lyman A. Kellstedt, Cowin E. Smidt e James L. Guth, "Who Elected Clinton: A Collision of Values", *First Things*, ago./set. 1997, p. 35; e os mesmos autores em "The Political Relevance of Religion", in: *Religion and the Culture Wars: Dispatches from the Front*, ed. pelos autores citados acima. Lanham, Maryland, 1996, p. 323. Ver também Fred Barnes, "The Orthodox Alliance", *American Enterprise*, nov./dez. 1995, p. 70.

[58] George Marsden, "The Evangelical Denomination", in: *Piety and Politics*, p. 55.

Essas alianças interconfessionais formaram aliados estranhos. Os judeus ortodoxos por vezes descobrem que têm muito mais em comum com fundamentalistas protestantes e tradicionalistas católicos em temas como cupons escolares, casamentos homossexuais ou educação sexual nas escolas do que com seus irmãos das denominações reformistas ou até mesmo conservadoras. Um decreto que visava colocar grupos religiosos em pé de igualdade com não religiosos no que diz respeito ao destino do auxílio governamental dedicado aos mais necessitados teve o apoio entusiástico tanto de protestantes evangélicos quanto de judeus ortodoxos, e recebeu uma oposição igualmente ruidosa de protestantes liberais e judeus reformistas. A Coalizão Cristã deu origem a uma Aliança Católica, comprometida com os mesmos valores sociais e morais. E, apesar do preconceito tradicional contra os católicos existente entre os evangélicos, os líderes de ambos os grupos publicaram um manifesto, "Evangélicos e Católicos Juntos", declarando sua missão comum.[59] Não é incomum encontrar, numa conferência religiosa, um rabino ortodoxo, um padre católico e um pregador batista negro dividindo a mesa principal com evangélicos.

O renascimento religioso, portanto, não é apenas um renascimento religioso. É também um renascimento moral e cultural – e comunal, também; assim como o movimento wesleyano, ele dá um senso de comunidade a uma sociedade que muitas vezes parece ser anônima ou impessoal. Isso não deve servir para denegrir ou menosprezar o impulso religioso do movimento, apenas para valorizar seu caráter ético e social. O cristianismo, escreveu um historiador evangélico, sempre considerou "fé e moral como dois lados da mesma moeda".[60]

---

[59] "Evangelicals and Catholics Together: The Christian Mission in the Third Millenium", *First Things*, mai. 1994, p. 15-22. Esse senso de fraternidade foi um tanto abalado quando o papa, em sua visita ao México, em janeiro de 1999, se referiu às igrejas não católicas como "seitas".

[60] Sherwood Eliot Wirt, *The Social Conscience of the Evangelical*. New York, 1968, p. 92.

Isso é especialmente verdadeiro em períodos de inquietação social, o que talvez explique por que a renovação recente ignorou as igrejas tradicionais. Enquanto o número de episcopalistas, por exemplo, diminuiu em um quarto desde 1960, o número de filiados às igrejas pentecostais aumentou cinco vezes.[61]

Se o renascimento religioso desconcertaria um visitante europeu, ele não é menos desconcertante para aqueles americanos que não têm fortes convicções religiosas e que temem a intrusão, em seu ponto de vista, da religião na vida pública. Para algumas pessoas, a própria palavra "religião" evoca a imagem terrível da direita religiosa. Em sua obra, apropriadamente intitulada *The Culture of Disbelief*, (A Cultura da Descrença), Stephen Carter explica que, na nossa cultura secular atual, os cidadãos ouvem, efetivamente, que "é correto ser religioso na vida privada, porém há algo estranho quando essas crenças privadas se tornam base para ações públicas".[62] Esse argumento, já se apontou, não era ouvido quando o reverendo Martin Luther King liderou o movimento pelas liberdades civis, quando ministros protestantes denunciaram a Guerra do Vietnã, quando bispos católicos pediram por um desarmamento nuclear, ou quando os evangélicos saíram às ruas para apoiar o "renascido" Jimmy Carter. Se os conservadores religiosos são acusados agora de se intrometer de maneira inapropriada nos assuntos políticos, seus defensores alegam que não é tanto por serem religiosos, mas por serem conservadores – porque não se enquadram nas posições liberais convencionais sobre os assuntos sociais e culturais.

---

[61] Everett Carll Ladd, *The Ladd Report*. New York, 1999, p. 47 (citando *Yearbook of American and Canadian Churches*, 1962 e 1997).

[62] Stephen L. Carter, *The Culture of Disbelief: How American Law and Politics Trivialize Religious Devotion*. New York, 1993, p. 8. Ver também Jean Bethke Elshtain, "The Bright Line: Liberalism and Religion", *New Criterion*, mar. 1999.

A desconfiança do movimento religioso é especialmente conspícua entre os jornalistas, que geralmente são liberais em suas posições políticas, e seculares em suas crenças. Em 1993, uma história publicada na primeira página do *Washington Post* descreveu o "lobby evangélico" como "pobre, inculto e fácil de ser comandado".[63] Protestos dos leitores obrigaram o *Post* a se retratar por aquela declaração. Boa parte da mídia, porém, continuou a noticiar os eventos religiosos *de haut en bas*, como que descrevendo os costumes extravagantes de alguma tribo bárbara. Apenas quatro anos mais tarde, com o encontro em massa dos Promise Keepers,[64] em Washington – meio milhão de homens que se encontraram para um dia de oração e expiação, comprometendo-se à observância cristã, à fidelidade marital e à responsabilidade familiar –, é que alguns jornalistas começaram a reconhecer que essas não eram as almas empobrecidas e obscuras que se acreditava que eles fossem. (Pesquisas entre os Promise Keepers mostraram que eram predominantemente pessoas da classe média, com um número desproporcional de profissionais bem pagos e bem-educados.)[65]

A renovação também é desconcertante para aqueles acadêmicos que partilham da visão do Iluminismo francês de que a religião é pré-moderna e, portanto, obsoleta. Peter Berger e outros sociólogos há muito recusaram a ideia de que modernização implica,

---

[63] Michael Weisskopf, "Energized by Pulpit or Passion", *Washington Post*, 1º fev. 1993, p. A1.

[64] "Mantenedores de Promessas", em tradução literal. (N. T.)

[65] Sobre os Promise Keepers, ver *The Public Perspective*, dez./jan. 1998, p. 14. Sobre a direita cristã, ver *State of Disunion*, I, 53-55.
Essa hostilidade por parte da mídia não é partilhada pela maioria dos americanos. Cerca de três quartos do público afirmam que consideram os religiosos como pessoas de caráter e convicção, bem-intencionadas e patrióticas, e preocupadas com a família e a moralidade. E a grande maioria rejeita tais caracterizações, considerando-os "retrógrados", "de baixa instrução", "alienados" ou "mesquinhos". Quando questionados acerca da impressão geral evocada pelo termo "direito cristão", 58% dos inquiridos indicaram sentimentos positivos, 23% neutros, e apenas 19% sentimentos negativos.

necessariamente, secularização.⁶⁶ No entanto, hábitos intelectuais não morrem com facilidade na academia, e aquela teoria vem persistindo, talvez porque seja apropriada à disposição secular da maior parte dos professores. É interessante que a trindade raça/classe/gênero, tão proeminente nas universidades, omita conspicuamente a religião. Tampouco a religião tem algum papel de relevância em outro tema atualmente em voga, o multiculturalismo, embora ele obviamente tenha um papel crucial na formação de culturas étnicas.

Até mesmo nas discussões sobre a sociedade civil, a religião frequentemente é mencionada apenas de passagem, com as igrejas fazendo uma aparição simbólica como uma das muitas "associações voluntárias" da sociedade civil. Num determinado livro, a religião não consta da "infraestrutura" da moralidade que, segundo se afirma, seria a base da comunidade.⁶⁷ Noutros, ela é descartada pelo motivo de que "não é mais a fonte de autoridade moral que um dia foi",⁶⁸ ou que ela "dificilmente nos amparará na moralidade exigida pelo progresso".⁶⁹ Em ainda outro, ela aparece apenas no contexto da "liberdade religiosa", e em comentários depreciativos sobre a direita religiosa.⁷⁰ Em mais uma publicação, a única referência à religião no índice é: "Religião: como terapia".⁷¹

---

⁶⁶ Peter Berger, *A Far Glory: Safe in an Age of Credulity*. New York, 1991; Berger, "Secularism in Retreat", *National Interest*, inverno de 1996/1997.

⁶⁷ Amitai Etzioni, *The Spirit of Community: Rights, Responsibilities, and the Communitarian Agenda*. New York, 1993, p. 53.

⁶⁸ Alan Wolfe, *Whose Keeper? Social Science and Moral Obligation*. Berkeley, 1989, p. 3. Para apoiar esta afirmação, Wolfe cita as discórdias entre as igrejas tradicionais, porém não menciona as igrejas evangélicas, os mórmons, ou a renovação religiosa em geral.

⁶⁹ Richard T. Gill, *Posterity Lost: Progress, Ideology, and the Decline of the American Family*. Lanham, Maryland, 1997, p. 302.

⁷⁰ Michael Sandel, *Democracy's Discontent: America in Search of a Public Philosophy*. Cambridge, Massachusetts, 1996, p. 55 ss, 309, 328. Não há referência no índice a igrejas, evangelicalismo, a renovação religiosa ou a qualquer denominação religiosa específica.

⁷¹ Christopher Lasch, *Haven in a Heartless World*. New York, 1977, p. 228.

A indiferença ou hostilidade em relação à religião por parte de muitos intelectuais e acadêmicos motivou dois historiadores, ambos admitidamente seculares e liberais, a protestar que tal atitude não faz justiça nem à realidade da vida americana nem à sua própria causa. Escrevendo na publicação de esquerda *Nation*, Michael Kazin recorda uma citação no *New York Times*, de Katha Pollitt, uma destacada feminista e colunista do *Nation*, que descreve a religião como "uma miscelânea de nonsense autoritário, misoginia e humilhação, a inimiga eterna da liberdade e da felicidade humana". Essa antipatia à religião, diz Kazin, é "míope e contraproducente", pois ela nega o forte senso de espiritualidade e moralidade característico tanto da direita quanto da esquerda cristã, que pode ser canalizado a serviço de causas progressistas como a saúde pública, moradias para os pobres, meio ambiente, e assim por diante.[72]

De maneira semelhante, Alan Brinkley, em *Liberalism and Its Discontents*, repreende seus colegas intelectuais liberais e seculares por não conseguirem reconhecer que nem todos os americanos partilham de seus ideais progressistas e racionalistas. A direita fundamentalista, ele sugere, não é a "'facção lunática' irracional e desarraigada, assolada por desajustes culturais e psicológicos" da maneira como é retratada. Na realidade, "fundamentalistas podem ser pessoas racionais, estáveis e inteligentes com uma visão de mundo radicalmente diferente das suas [dos liberais] próprias". É o dever dos historiadores e liberais, lembra-lhes Brinkley, compreender essas visões de mundo conflitantes e os "abismos culturais" que elas criaram entre os americanos.[73]

Há algumas décadas, o conceito de "religião civil" exercia uma grande atração entre os acadêmicos que queriam acreditar na ideia de

---

[72] Michael Kazin, "The Politics of Devotion", *The Nation*, 6 abr. 1998, p. 16-19.

[73] Alan Brinkley, *Liberalism and Its Discontents*. Cambridge, Massachusetts, 1998, p. 295-96.

religião de maneira abstrata, sem se comprometer com qualquer religião em particular. Assim como "sociedade civil", o termo "religião civil" tem uma longa herança, porém estava em desuso, até reaparecer subitamente no fim da década de 1960 e na década seguinte. (A "religião civil" antecipou a moda da sociedade civil em uma década, e seu declínio coincidiu com o aumento do interesse pela sociedade civil na década de 1980.) Popularizada pelo sociólogo Robert Bellah, em 1975, em *The Broken Covenant*,[74] a religião civil era definida como a "realidade transcendente" que fornecia o suporte moral da república americana, o "pacto" que ratificava os princípios de liberdade, igualdade e justiça que eram os princípios básicos da "fé" americana. Esse pacto original, Bellah relatou com pesar, havia sido rompido nos últimos anos por um sistema econômico que propagava "cada um dos vícios clássicos da humanidade": materialismo, comercialismo, corrupção e vulgaridade.[75] Numa edição revisada de *The Broken Covenant*, de 1992, Bellah recuou um pouco dessa posição. Ao descrever o livro como uma "jeremiada", ele declarou estar insatisfeito com o conceito de religião civil – não, segundo ele, porque era impreciso, mas porque ele estava tão atolado em controvérsias acerca de sua definição que a questão essencial havia se perdido.[76]

---

[74] *O Pacto Quebrado*, em tradução literal. (N. T.)

[75] Robert N. Bellah, 2. ed. (1. ed., 1975), *The Broken Covenant: American Civil Religion in Time of Trial*. Chicago, 1992, p. 135. Ver também Bellah, "Civil Religion in America", *Daedalus*, inverno de 1967, e "Religion and the Legitimation of the American Republic", in: *Varieties of Civil Religion*. Philip E. Hammond e Robert Bellah (ed.), New York, 1980.

[76] Bellah, 2. ed., *Broken Covenant*, p. x. Em seu livro mais popular, *Habits of the Heart* (Berkeley, 1985), o termo não aparece. Mais recentemente, Bellah insistiu num maior respeito pela religião tradicional, repreendendo os secularistas que gostariam de "se livrar de uma vez por todas da religião". O perigo, segundo ele, viria menos da direita religiosa do que de "uma cultura com limites frágeis que, se conseguisse ser inteiramente bem-sucedida, destruiria tanto as normas morais que nos fornecem os termos para nosso diálogo democrático quanto as comunidades que carregam essas

Se, como argumentaram os críticos, essa ideia de religião civil não descreve nem a fundação nem a condição atual dos Estados Unidos, ela também é uma distorção do que Rousseau tinha em mente quando cunhou o termo. (Ele o introduziu, tardiamente, num capítulo anexado ao *Contrato Social,* depois que o primeiro rascunho havia sido concluído.) Ao contrário de Bellah, que fez a religião civil coexistir com o cristianismo, Rousseau pretendia que este fosse alternativa àquela religião "tirânica". Enquanto o cristianismo, segundo ele, "prega unicamente servidão e dependência", a religião civil celebra as virtudes de uma república. Seus dogmas são aqueles "sentimentos de sociabilidade, sem os quais é impossível ser bom cidadão ou súdito fiel": a crença na tolerância, no contrato social, numa divindade benevolente e numa vida após a morte, que trará felicidade para os justos e punição para os maus. A religião civil, portanto, dá uma sanção divina à lei e ao serviço público, fornecendo a um país "os deuses, os padroeiros próprios e tutelares: [...] seus dogmas, seus ritos, seu culto exterior prescrito por leis".[77]

Foi exatamente um "culto" como esse que Robespierre (que louvou Rousseau como "precursor" da Revolução Francesa e "preceptor da raça humana"[78]) adotou como religião oficial da "República da Virtude". O Culto do Ser Supremo, inaugurado em 8 de junho de 1794, num elaborado festival presidido por Robespierre, decretou a natureza como seu "sacerdote" e o universo como seu "templo", prescreveu festivais comemorando os eventos gloriosos da Revolução e criou um calendário revolucionário que consistia de meses renomeados de igual duração e "semanas" de dez dias, a cada qual era designada uma

---

normas morais e preocupações éticas, incluindo as comunidades religiosas". ("Conclusion: Competing Visions of the Role of Religion in American Society", in: *Uncivil Religion: Interreligious Hostility in America.* Robert N. Bellah e Frederick E. Greenshpahn [ed.], New York, 1987, p. 220, 231.)

[77] Jean-Jacques Rousseau, *O Contrato Social.* Trad. Antônio de Pádua Danesi. São Paulo, Martins Fontes, 1999, cap. VIII, p. 161, 165.

[78] Carol Blum, *Rousseau and the Republic of Virtue: The Language of Politics in the French Revolution.* Ithaca, 1986, p. 235-36.

"virtude" ou "bênção" específica – patriotismo, amizade, amor, fidelidade conjugal, piedade filial, o ódio a tiranos e traidores. Dois dias após essa cerimônia magnífica, a Convenção Nacional aprovou outra medida, também introduzida por Robespierre, conhecida (de acordo com o novo calendário revolucionário) como Lei de 22 do Prairial. Foi esse ato que instaurou, oficialmente, o Terror.

O Culto do Ser Supremo seguramente não era o que os entusiastas modernos da religião civil tinham em mente quando retomaram essa ideia.[79] Nem tampouco a maioria deles teria aprovado a renovação religiosa que estava começando a tomar forma nos Estados Unidos, exatamente no momento em que estavam redescobrindo a religião civil. Uma matéria de capa da revista *Newsweek*, em 1976, declarou que aquele ano, o bicentenário da Revolução Americana, era o "Ano do Evangélico".[80] Esse evangelismo, teologicamente ortodoxo e por vezes fundamentalista, não apresentava nenhuma semelhança com qualquer coisa parecida com religião civil. A *Newsweek* citou uma pesquisa Gallup na qual um terço dos americanos se descrevia como "renascidos" (*born again*) e quase metade de todos os protestantes afirmava que a Bíblia deveria ser interpretada literalmente. Se a religião civil é a religião para os não religiosos, como disse um crítico,[81] a renovação evangélica é decididamente religião para os religiosos.

---

[79] Outras fontes citadas para a ideia moderna de religião civil (embora não para o termo em si) são Tocqueville, que, de acordo com uma interpretação, fundiu o caráter americano com o cristianismo americano para produzir algo semelhante a uma religião civil (Sanford Kessler, *Tocqueville's Civil Religion: American Christianity and the Prospects for Freedom*. Albany, 1994.); ou Émile Durkheim, que identificou todas as religiões (não apenas o cristianismo) com "os sentimentos coletivos e as ideias coletivas que fazem sua [da sociedade] unidade e sua personalidade". "A ideia de sociedade", decretou Durkheim, "é a alma da religião." (Émile Durkheim, *As Formas Elementares da Vida Religiosa*. Trad. Paulo Neves. São Paulo, Martins Fontes, 2000, conclusão, I, p. 457-72.)

[80] *Newsweek*, 25 out. 1976, p. 68.

[81] Richard John Neuhaus, "From Civil Religion to Public Philosophy", in: *Civil Religion and Political Theology*. Leroy S. Roumer (ed.), Notre Dame, 1986, p. 99.

Recentemente, a renovação assumiu uma nova tarefa – não apenas a revitalização religiosa e espiritual da sociedade como também a reabilitação moral e social da "classe inferior". Assim como a sociedade civil e a comunidade política, a religião esteve envolvida na iniciativa de procurar "remédios democráticos para os males das sociedades democráticas" – neste caso, remédios "baseados na fé".

Membros de igrejas e grupos religiosos sempre foram desproporcionalmente ativos em iniciativas voluntárias e caridosas. Foi apenas por volta da última década, no entanto, que começou a haver esforços sofisticados e contínuos, de ministros e igrejas locais, para complementar ou até mesmo substituir programas sociais seculares por programas privados e religiosos. E, pela primeira vez, esses programas estão recebendo a atenção respeitosa dos cientistas sociais, que descobriram que eles frequentemente obtêm sucesso ao fazer, ainda que em menor escala, o que os programas governamentais fracassaram notoriamente em fazer. É um sinal dos tempos que, em 1999, a revista *Brookings Review* tenha dedicado uma edição inteira a esse assunto sob o título "O Que Deus Tem a Ver com o Experimento Americano?".[82]

O criminologista John Dilulio, que esteve envolvido pessoalmente com esses esforços e montou uma organização de pesquisa para esse propósito, descreveu com eloquência o trabalho de ministros de regiões pobres das cidades que trabalharam, muitas vezes de maneira anônima e enfrentando grandes dificuldades, para recuperar os jovens de comunidades assoladas pelo crime e infestadas pelas drogas. Ele cita uma conversa entre o reverendo Eugene F. Rivers, ministro pentecostal da Igreja Comunitária Cristã Azusa, de Boston – ele próprio um ex-membro de uma gangue –, e o traficante de drogas local.

> "Cara [pergunta o ministro ao traficante], por que perdemos você? Por que estamos perdendo os outros meninos agora?" Ele nos olha

---

[82] "*What's God to Do with the American Experiment?*", no original. (N. T.)

nos olhos e diz: "Eu estou lá, você não. Quando os meninos vão para a escola, eu estou lá, você não. Quando o menino sai para pegar uma fatia de pão ou quer um par de tênis, ou apenas alguém mais velho com quem conversar, ou se sentir seguro e forte ao redor. Eu estou lá, você não. Eu estou lá, você não; eu ganho, você perde".[83]

Com a cooperação de outros líderes religiosos e voluntários laicos, Rivers tenta se assegurar de que eles estão "lá", policiando as gangues locais, monitorando os infratores menores de idade em liberdade condicional, e estando sempre disponível, diária e pessoalmente, para jovens em perigo. O resultado foi uma redução impressionante dos crimes cometidos por menores em Boston. Num único ano, 1995-1996, a taxa de assassinatos na cidade diminuiu em quase 40%; desde essa data houve exatamente um único assassinato de um menor em Boston, comparado com setenta em Washington, D.C., e quase o mesmo número em Baltimore.[84] Encorajado por esses resultados, um grupo de clérigos criou uma organização nacional com a meta de mobilizar mil igrejas de zonas urbanas pobres em quarenta das áreas mais deterioradas das maiores cidades do país.

Outro programa de base religiosa é o movimento Justiça Restauradora,[85] dirigido a criminosos não violentos que, em vez de serem presos, confrontam suas vítimas pessoalmente e assumem o compromisso de compensação e de prestar serviços comunitários. Ao contrário do método antigo de reabilitação, que tenta reformar criminosos por meio de terapia psicológica e treinamento vocacional, esse método exige um reconhecimento da parte do infrator de

---

[83] John J. DiIulio, Jr., "The World's Work: The Church and the 'Civil Society Sector'", *Brookings Review*, outono de 1997, p. 28. Ver também Joe Klein, "Can Faith-Based Groups Save Us", *The Responsive Community*, inverno de 1997/1998.

[84] Eugene F. Rivers III, "High Octane Faith and Civil Society", in: *Community Works: The Revival of Civil Society in America*. Washington, D.C., Brookings Institution Press, 1998, p. 61; *Washington Post*, 23 out. 1997, p. A3.

[85] *Restorative Justice*, no original. (N. T.)

que ele violou uma lei moral e deve fazer uma expiação moral, além da material. Um desses experimentos no oeste do estado de Nova York (ironicamente, a dez milhas de distância da prisão de Attica) teve como resultado o pagamento de quantias substanciais às vítimas, centenas de milhares de horas de serviço comunitário e, o que talvez seja ainda mais significativo, uma taxa de reincidência de menos da metade daquela que ocorre entre criminosos condenados à prisão ou em liberdade condicional.[86]

Outro programa, o Prison Fellowship,[87] iniciado por Charles Colson (réu do caso Watergate e um convertido evangélico), opera dentro das prisões para "criar um ambiente onde o renascimento moral e espiritual possa ocorrer, onde os detentos possam restaurar e desenvolver sua relação com Deus, com as famílias e suas comunidades".[88] Após serem soltos da prisão, a Fellowship mantém o vínculo com os presos, tentando consertar a vida familiar deles e colocá-los em contato com as igrejas de suas vizinhanças. "Baseado na Bíblia e centrado em Cristo", o programa é explicitamente faccioso; não cristãos podem frequentar os encontros, porém a meta é a conversão ao cristianismo. O programa não tem a expectativa de redimir todos que estiverem sob sua influência, mas ele pode ser responsável pela reabilitação de um número significativo. De acordo com uma pesquisa, 14% daqueles que participaram regularmente do Prison Fellowship foram presos novamente um ano após terem sido libertados, em comparação com 41% entre aqueles que não frequentaram o programa.[89]

---

[86] Joe Loconte, "Making Criminals Pay: A New York County's Bold Experiment in Biblical Justice", *Policy Review*, jan./fev. 1998, p. 26-31.

[87] Confraria da Prisão, em tradução livre. (N. T.)

[88] Joe Loconte, "Jailhouse Rock of Ages", *Policy Review*, jul./ago. 1997, p. 12-14.

[89] Tucker Carlson, "Deliver Us From Evil: Prison Fellowship's Saving Grace", in: *Making America Safer*. Edwin Meese III e Robert E. Moffitt (ed.), Washington, D.C., Heritage Foundation, 1997, p. 200. (Publicado originalmente

Existe atualmente uma imensidão de programas baseados na fé religiosa patrocinados por igrejas e grupos religiosos locais, trabalhando em grande parte ou inteiramente com voluntários, cuidando de alcoólatras e dependentes de drogas, crianças abandonadas e abusadas, pessoas que largaram os estudos, doentes e incapacitados, imigrantes, sem-teto, adolescentes grávidas, órfãos de áreas urbanas pobres e mães solteiras. Entre os programas mais ambiciosos estão aqueles adotados após o decreto de reforma do bem-estar social. Uma cláusula do decreto, aprovada com o apoio bipartidário, dá às comunidades locais a "escolha caridosa" de designar os serviços do bem--estar social público a agências de base religiosa. Como resultado, alguns estados e cidades agora "terceirizam" famílias que dependiam do auxílio social para igrejas e grupos religiosos, que fornecem não só assistência material e financeira como também assistência sociopsicológica e orientação espiritual e moral.

O que esses programas de base têm em comum, além de sua ênfase religiosa e moral, é a relação pessoal existente entre quem dá e quem recebe o seu auxílio. Robert Woodson, que esteve na dianteira desse movimento, insiste no "teste do código postal"; aqueles que servem aos pobres devem residir na mesma vizinhança daqueles a que eles estão servindo.[90] Observadores são testemunhas do fato de que esses programas têm obtido sucesso, e o obtêm onde as agências seculares e públicas frequentemente fracassam, apenas com a condição de que eles mantenham seu caráter distinto. Eles também reconhecem, no entanto, as grandes dificuldades com as quais se deparam. Dilulio conclui que "nem mesmo um exército de igrejas com boas lideranças

---

na *Policy Review*, outono de 1992, o ensaio foi atualizado por Kim Robbins em março de 1997.)

[90] Stuart M. Butler, "Practical Principles", in: *To Empower People: From State to Civil Society*. Peter L. Berger e Richard John Neuhaus (ed.), Michael Novak (2. ed.), Washington, D.C., AEI Press, 1996, p. 19. Ver também o ensaio de Woodson no mesmo volume, "Success Stories", p. 105-15.

e suporte e programas baseados na fé religiosa podem salvar as crianças que estão num estado de maior risco no país, revitalizar as regiões mais degradadas e ressuscitar a sociedade civil das áreas urbanas mais pobres dos Estados Unidos sem o apoio ativo humano e financeiro de igrejas suburbanas, instituições seculares civis, corporações com fins lucrativos e, por último, mas não menos importante, o governo, em todos os seus níveis".[91]

Este "último, mas não menos importante", é o problema. Quase todos os envolvidos nesses empreendimentos (incluindo DiIulio) concordam que o financiamento governamental apresenta riscos, e muitas vezes enfraquece os princípios espirituais e éticos que tornam eficazes esses projetos. Na realidade, até mesmo programas que não são financiados pelo governo são atrapalhados pelas regulamentações oficiais a respeito de condições sanitárias e de segurança, salários e credenciais profissionais, e exigências legais e burocráticas que são impraticáveis e proibitivas economicamente.[92] O financiamento do governo exacerba esses problemas, pois leva, invariavelmente, a uma diluição ou eliminação tanto do caráter moral quanto religioso dos programas. Esse financiamento também torna difícil a imposição de condições sobre aqueles que estão sendo ajudados – as exigências confortantes, porém rigorosas, de trabalho, a frequência regular em classes ou serviços religiosos, a abstenção de álcool e drogas. Assim,

---

[91] DiIulio, *Brookings Review*, outono de 1997, p. 29.

[92] Woodson dá um exemplo típico: a Victory Fellowship ("Confraria da Vitória", N. T.), um programa bem-sucedido que combate o abuso de substâncias ilícitas, que não recebe fundos do governo, tem entre seus funcionários mais eficientes ex-viciados em drogas. O governo ameaça fechá-lo porque seus funcionários não têm os diplomas acadêmicos necessários para a obtenção do certificado. A Fellowship também está proibida de acolher jovens que vivem nas ruas para oferecer-lhes abrigo – porque são menores de idade. (Robert L. Woodson, Sr., "Can Faith-Based Groups Save Us?", *The Responsive Community*, inverno de 1997/1998, p. 48.

ele acaba por subverter o próprio propósito desses programas, que é o desenvolvimento de um senso de responsabilidade individual e moral. O diretor de um abrigo para sem-teto descreveu os defeitos fatais dos subsídios governamentais: "uma ênfase exagerada em 'prerrogativas' e 'direitos', uma mentalidade de que o que serve para um serve para o outro, uma secularização alienante que exclui qualquer motivação e sabedoria religiosa, e uma escala desesperadamente gigantesca que impede qualquer crescimento da ligação e confiança humanas entre quem fornece o auxílio e quem o recebe."[93]

Aqueles que concluíram, ainda que de maneira relutante, que programas com base religiosa precisam de algum tipo de apoio governamental têm primeiro de superar a objeção legal de que isso violaria a separação entre igreja e Estado – um argumento questionado por acadêmicos constitucionais como Stephen Carter[94] – e pensar então em maneiras de minimizar a intromissão do governo. O prefeito de Indianápolis propôs que se adotasse como regra primeira para esses empreendimentos privados/públicos uma variação do Juramento de Hipócrates: "O governo não deverá prejudicar essas organizações construtoras da comunidade".[95]

Essas "organizações formadoras de valor" (como o programa de Indianápolis as define) foram louvadas como a maneira mais promissora de lidar com a "profundeza da decadência moral e psíquica"

---

[93] Louis M. Nanni, *American Enterprise*, jan./fev. 1995, p. 60. Ver também Marvin Olasky, "The Corruption of Religious Charities", in: *To Empower People*, p. 94-104; Glenn C. Loury e Linda Datcher Loury, "Not By Bread Alone: The Role of African-American Church in Inner-City Development", *Brookings Review*, inverno de 1997, p. 10-13; Amy Sherman, *Restorers of Hope*. Wheaton, Illinois, 1997.

[94] Carter, *The Culture of Disbelief*. Ver também Joe Loconte, "The Bully and the Pulpit: A New Model for Church-State Partnerships", *Policy Review*, nov./dez. 1998, p. 28-37.

[95] Declaração divulgada pelo gabinete do prefeito no programa da cidade, a "Front Porch Alliance" ("Aliança da Varanda Frontal", em tradução literal. [N. T.]).

nas áreas pobres urbanas, descritas de modo tão vívido por Rivers.[96] Se isso soa como a linguagem da direita religiosa, deve-se dizer que Rivers, como muitos de seus parceiros, são bastante esquerdistas. De fato, a distinção entre direita e esquerda torna-se irrelevante nesse contexto; o que é relevante é a distinção entre iniciativas privadas religiosas e morais desse gênero e as agências seculares do governo. A questão crucial é: se as primeiras podem tomar o lugar ou complementar de maneira significativa as últimas – se organizações de base religiosa podem lidar não apenas com a "profundeza da decadência moral e psíquica", mas também com a extensão dessa decadência. Aqueles que não acreditam que os recursos privados são suficientes têm a obrigação de estabelecer uma relação de trabalho viável entre o privado e o público, o religioso e o secular, determinando os parâmetros, funções e responsabilidades de cada um.

Dois séculos e meio depois do célebre pronunciamento de Diderot, "estrangulemos o último rei com as tripas do último padre", a religião continua firme e forte, e não apenas no Oriente Médio fundamentalista como também nos países ocidentais mais modernos. É isso que incomoda muitos liberais e secularistas americanos, que tendem a ser tolerantes com igrejas tradicionais progressistas e com a espiritualidade sincrética *New Age*, mas se sentem ameaçados pelas religiões ortodoxas e fundamentalistas que veem não apenas como doutrinárias em sua fé, mas também como presunçosas ao imaginar que a fé tenha qualquer relação com a moralidade, que dirá uma pretensão exclusiva à autoridade moral. Eles têm aversão ao farisaísmo, ao autoengrandecimento e ao autoenriquecimento de alguns pregadores, ainda mais sob a luz dos recentes escândalos, sórdidos e bem divulgados, sexuais e financeiros. Muitos também se ofendem com o

---

[96] Herbert H. Toler, Jr., "Fisher of Men: A Baltimore Minister Promotes Black Christian Manhood", *Policy Review*, primavera de 1995, p. 70.

que acreditam ser uma intolerância para com aqueles que têm outra fé (ou pouca fé), e uma severidade excessiva com aqueles que têm outros "estilos de vida" – em especial, os homossexuais.

Também suspeitam que por trás da agenda religiosa do evangelismo está uma agenda política e partidária, e que ele seria uma ferramenta do Partido Republicano e da facção social-conservadora dentro do partido. "A direita religiosa", dizia a manchete de um artigo, "consiste em Política, e não Fé."[97] Seus medos não são atenuados pelas repetidas demonstrações do fato de que o processo político tende a resistir a quaisquer intenções que a direita religiosa possa ter sobre ele, e de que o Partido Republicano ainda é dominado por uma comunidade empresarial amplamente secular, e por políticos pragmáticos e não ideológicos.

Mais execrável ainda, para liberais e secularistas, é aquilo que eles consideram ser as aspirações teocráticas dos evangélicos, uma tentativa de romper o muro que separa a Igreja do Estado e impor crenças e práticas sectárias sobre todo o país; a imagem é a de uma ortodoxia semelhante à islâmica, imposta por uma igreja estatal monolítica. O modo de se expressar de alguns evangélicos dá credibilidade a essas suspeitas; eles têm uma tendência a referir-se casualmente à "América cristã". E existem, sem dúvida, alguns entre eles que cultivam esperanças ambiciosas de "cristianizar" o país. Esse tipo de fanatismo (intolerância, alguns diriam), no entanto, é repudiado pela maior parte dos líderes da direita religiosa hoje em dia (incluindo alguns que já utilizaram essas expressões no passado) e não é característica do movimento evangélico como um todo.

O argumento pela separação entre igreja e Estado é uma via de duas mãos. Se por um lado os secularistas estão preocupados com a intromissão inadequada da religião nos assuntos do Estado, por outro lado, os evangélicos estão preocupados com o fato de o próprio

---

[97] *Wall Street Journal*, 20 ago. 1998, p. A15.

secularismo estar sendo transformado na crença oficial da nação, a nova religião civil. No lugar da antiga doutrina de separação entre igreja e *Estado*, os evangélicos veem a ascensão de uma nova doutrina de separação entre igreja e *sociedade*, que secularizaria tanto a sociedade quanto o Estado. São os secularistas, segundo os evangélicos, que estão transgredindo a autonomia da religião ao protestar contra crenças e atitudes que envolvem unicamente as próprias igrejas – a decisão, por exemplo, de algumas igrejas de não admitir mulheres ao clero, ou a declaração dos Batistas Sulistas defendendo a submissão da esposa ao marido –, como se essas atitudes fossem uma ameaça à mulher americana em geral, uma tentativa de relegá-las, todas, a um *status* inferior. Stephen Carter, um episcopaliano que não nutre simpatias pelo fundamentalismo religioso, explica o motivo de essas objeções secularistas serem equivocadas.

> Críticas desse tipo não conseguem enxergar as religiões como fontes alternativas de pensamento para seus seguidores: a verdade é que aqueles que estão de fora não têm um ponto de vista do qual podem julgar qual deve ser considerada uma posição "superior" ou "inferior", ou, se tais termos têm realmente qualquer significado dentro da comunidade religiosa. É isso que significa tratar as religiões como comunidades autônomas de resistência e fontes independentes de pensamento.[98]

De fato, é exatamente a autonomia e a pluralidade dessas religiões que deveriam tranquilizar os liberais e secularistas. "Evangelismo", "fundamentalismo", "o renascimento religioso" e "a direita religiosa" são intimidantes enquanto substantivos singulares. A realidade, porém, é pluralista. Cada um desses termos coletivos engloba uma multiplicidade de grupos, cada qual com sua própria identidade organizacional, seus próprios líderes, seu próprio credo e sua própria agenda – sua própria "subcultura", nas palavras de um historiador.[99]

---

[98] Carter, *Culture of Disbelief*, p. 40.
[99] Smith, p. 117 e *passim*.

"O fundamentalismo", afirmou o padre Richard Neuhaus, "é magnificamente fissíparo."¹⁰⁰*

O que esses grupos religiosos têm em comum não é uma crença teológica específica, muito menos uma agenda teocrática, mas uma mesma sensibilidade religiosa e preocupação moral. Longe de procurar criar um governo "grande irmão" à sua própria imagem, muito menos uma igreja estatal, eles querem um governo menos intrusivo, um governo que não se intrometa no domínio da família ou da igreja. Eles se sentem mais confortáveis lidando com os governos locais que com o governo federal (republicanos religiosos se opõem três vezes mais aos gastos de Washington que os republicanos seculares, porém apoiam duas vezes mais os gastos locais¹⁰¹), e ainda mais confortáveis com a sociedade civil sendo o grande agente da reforma moral e social.

Liberais e secularistas também podem encontrar consolo no fato de que o mais ativista entre os grupos gerados pela renovação religiosa tende a ser também aquele com o tempo de existência mais curto. Seguindo o espírito empresarial característico de tantos empreendimentos americanos, organizações religiosas crescem e florescem por algum tempo para, então, perder importância e serem substituídas por outras organizações. Foi esse o destino da Maioria Moral após apenas uma década de existência, e já existem sinais de que tanto a

---

¹⁰⁰ Richard John Neuhaus, "What the Fundamentalists Want", in: *Piety and Politics: Evangelicals and Fundamentalists Confront the World*. Neuhaus e Michael Cromartie (ed.), Washington, D.C., Ethics and Public Center, 1987, p. 14. Ao relatar a história recente dos distúrbios na Convenção Batista Sulista, um teólogo batista comentou: "Os batistas sempre foram um povo refratário e fissíparo". (Timothy George, "Southern Baptist Ghosts", *First Things*, mai. 1999, p. 24.) Nesse mesmo espírito refratário, Bob Jones (fundador da Universidade Bob Jones, fundamentalista) denunciou Jerry Falwell (da Maioria Moral [*Moral Majority*, N. T.]) como "o homem mais perigoso dos Estados Unidos no que diz respeito ao cristianismo bíblico". (A. James Reichley, "The Evangelical and Fundamentalist Revolt", in: *Piety and Politics*, p. 89.)

¹⁰¹ Peter Beinart, "The Big Debate", *New Republic*, 16 mar. 1998, p. 22.

Coalizão Cristã quanto os Promise Keepers estão passando por dificuldades financeiras. Recentemente, Paul Weyrich, o decano da direita religiosa, criou um cisma no movimento ao sugerir que ele deveria se retirar da arena política e ir atrás de uma estratégia separatista.

Enquanto os secularistas reclamam de um movimento religioso cada vez mais articulado e ativo, os grupos religiosos sentem-se acossados por uma Suprema Corte que abandonou costumes e tradições de longa data. Entre os eventos cruciais que desencadearam o renascimento religioso estão as decisões que baniram orações em escolas públicas, legalizaram o aborto e proibiram a exposição dos Dez Mandamentos nas paredes das escolas. Em cada um desses casos, a Suprema Corte alterou acordos que estavam em vigor havia um século ou mais, por vezes até mesmo desde a fundação da República. E em cada um desses casos não foi o partido religioso que procurou uma posição nova e mais privilegiada para si; foi o partido secular que foi o inovador. O sociólogo Nathan Glazer descreve o movimento religioso como se estivesse numa posição "defensiva ofensiva". O aborto, ele aponta, não se tornou uma questão relevante porque o partido pró-vida[102] queria endurecer as restrições ou proibições, mas porque o partido pró-escolha[103] o aboliu (e aboliu, também, a tradicional jurisdição dos estados). Da mesma forma, as orações nas escolas tornaram-se uma *cause célèbre* não porque os religiosos queriam orações novas e mais sectárias, mas porque eles queriam manter as antigas, não denominacionais.[104]

The Dissent of the Governed[105] é o título que Stephen Carter deu a seu relato sobre os conservadores religiosos que sentem (com justiça, em sua opinião) que seus valores morais e suas tradições religiosas

---

[102] *Pro-life*, no original. (N. T.)

[103] *Pro-choice*, no original. (N. T.)

[104] Nathan Glazer, "Fundamentalists: A Defensive Offensive", in: *Piety and Politics*, p. 245-58.

[105] "A Dissensão dos Governados", numa tradução literal. (N. T.)

estão sendo ignorados ou violados por uma sociedade cada vez mais secular.[106] Ele poderia ter citado Edmund Burke a respeito da natureza dessa dissensão. Em seu discurso a respeito da "Conciliação com as Colônias", Burke explicou que, embora os americanos tivessem herdado de sua pátria original seu amor pela liberdade, ele foi ampliado pela natureza especial de sua religião, uma religião que não concordava em nada além da "comunhão do espírito da liberdade".

> O povo é protestante, e da espécie que é a mais contrária a qualquer submissão implícita do espírito e opinião. Esse credo não é somente favorável à liberdade, mas fundado nela. [...] O protestantismo, mesmo o mais frio e impassível, é uma espécie de dissidente; porém a religião principalmente dominante em suas colônias setentrionais é um refinamento do princípio de resistência, é a dissidência do dissidente e o protestantismo da religião protestante.[107]

É essa "dissidência do dissidente", evidente na pluralidade das seitas, que tanto impressionou Tocqueville quando ele visitou os Estados Unidos. E foi o que inspirou seu célebre comentário de que a religião era a garantia de liberdade para os americanos, "a primeira de suas instituições políticas".

---

[106] Stephen Carter, *The Dissent of the Governed: A Meditation on Law, Religion, and Loyalty*. Cambridge, Massachusetts, 1998.

[107] *The Works of the Right Honourable Edmund Burke*. Oxford (World's Classics ed.), 1930, p. 187-88. Citado em português em Joseph Story, *Commentarios á Constituição dos Estados Unidos* (1891). Trad. Theophilo Ribeiro. Ouro Preto, Typographia Particular do Traductor, 1894, p. 185-86. (Adaptei a grafia arcaica para o português corrente. [N. T.])
Em *Cultura e Anarquia*, Matthew Arnold, defendendo o princípio de um sistema governante religioso, citou, com grande desprezo, o *slogan* de um jornal não conformista: "A Dissidência do Dissidente e o Protestantismo da Religião Protestante". (Matthew Arnold, *Culture and Anarchy*. J. Dover Wilson [ed.], Cambridge, England, 1957, p. 56.) É de perguntar se Arnold, grande admirador de Burke, sabia a origem daquela frase.

Capítulo 6 | As Duas Culturas: "Um Abismo Ético"

A divisão moral que Adam Smith via em sua sociedade e, na realidade, em "toda sociedade civilizada", era uma divisão de classes; ela separava os ricos dos pobres, as "pessoas de distinção" das "pessoas comuns". A divisão com a qual nos deparamos hoje atravessa as fronteiras de classe, bem como o faz com as fronteiras religiosas, raciais, étnicas, políticas e sexuais.

Jean Jaurès, socialista francês e membro da Câmara dos Deputados no início deste século, teria afirmado: "Há mais coisas em comum entre dois parlamentares dos quais um é um socialista, do que entre dois socialistas dos quais um é parlamentar". Da mesma maneira, um americano atual poderia dizer que há mais coisas em comum entre duas famílias que frequentam a igreja das quais uma pertence à classe operária, do que entre duas famílias da classe operária das quais uma frequenta a igreja; ou entre duas famílias com ambos os pais, das quais uma é composta de negros, do que entre duas famílias de negros das quais apenas uma tem ambos os pais. É por sua identidade ser definida primordialmente pelos valores culturais e morais que muitos pais negros de regiões urbanas pobres mandam seus filhos para escolas católicas, e não porque eles próprios sejam católicos (muitas vezes não o são), porque querem que seus filhos tenham uma educação mais rigorosa, num ambiente mais disciplinado do que aquele que encontram nas escolas públicas. Pelo mesmo motivo, alguns judeus não praticantes mandam seus filhos para externatos judaicos, em vez de escolas públicas ou até mesmo escolas privadas seculares.

As "alianças pragmáticas" entre diferentes fronteiras religiosas, com conservadores (ou "tradicionalistas") culturais de todas as fés que descobrem causas comuns contra os liberais (ou "progressistas"), encontra um paralelo nas alianças pragmáticas entre diferentes fronteiras políticas. Foi a cultura, e não a economia, que fez com que muitos democratas da classe operária abandonassem suas fidelidades vitalícias e votassem em Reagan em 1980. E são as diferenças culturais que se refletem nas políticas regionais. Um pesquisador fala do "liberalismo bicostal" que uniu a Nova Inglaterra e os estados da costa do Pacífico em seus pontos de vista a respeito de aborto, homossexualismo e fé religiosa, em contraste com o resto do país.[1] A segregação racial também tem cedido sob pressão de preocupações morais e religiosas comuns. Tradicionalmente, as igrejas Batistas Sulistas frequentadas por brancos têm aberto suas portas para negros, e os evangélicos estão apoiando e até mesmo adotando de maneira agressiva uma política de "reconciliação racial".[2]

Essa divisão cultural ajuda a explicar a natureza peculiar, quase esquizoide, de nossa condição atual: por um lado, a evidência do desarranjo moral, e por outro um renascimento religioso e moral. Essa disjunção fica aparente em tópicos grandes e pequenos – e no fato, por exemplo, de que tanto o *gangsta rap* quanto o *rock gospel* estão entre as formas de música que mais têm se popularizado; ou que embora *talk shows* obscenos sejam comuns na televisão, os moralistas são comuns no rádio; ou que embora uma grande quantidade de pessoas tenha visto com tolerância as infidelidades sexuais do presidente Clinton, muitas outras compraram um número suficiente de cópias do livro *Death of Outrage*, de William Bennett (a maior parte

---

[1] *Public Perspective* (Roper Center), jun./jul. 1998, p. 23-27.

[2] Ralph Reed, *Active Faith: How Christians Are Changing the Soul of American Politics*. New York, 1996, p. 220-24.

das quais presumivelmente partilhava de sua revolta) para mantê-lo na lista de *best-sellers* por meses.

A polarização fica ainda mais conspícua em questões debatidas calorosamente, como o aborto, o casamento *gay*, cupons escolares e orações em escolas públicas. Isso, no entanto, tem ramificações mais amplas, afetando crenças, atitudes, valores e práticas numa série de temas que variam da moralidade privada à política pública, da cultura popular à alta cultura, do crime à educação, ao bem-estar social e à família. Em alguns pontos, ela é até mesmo mais divisional do que a polarização de classes que Karl Marx via como o fator crucial da vida sob o capitalismo.

Uma vez poupados da revolução de classes prevista por Marx, sucumbimos à revolução cultural. O que era, apenas algumas décadas atrás, uma subcultura na sociedade americana, foi assimilado à cultura dominante. Por algum tempo, os conservadores resistiram a reconhecer isso, convencidos de que "o povo", diferentemente das "elites", ainda estava "saudável", ainda estava dedicado aos valores tradicionais que haviam sido (ou, com maior frequência, seus filhos) seduzidos apenas de maneira superficial e intermitente às lisonjas da contracultura. A confiança foi corroída, bem como o foram, seguramente, os próprios valores. O antigo etos "burguês" nunca foi tão "austero" como alguns podem imaginar, porém o era consideravelmente mais do que o etos dominante dos dias de hoje. Uma "cultura adversária", que costumava ficar restrita a artistas e artistas frustrados – os "boêmios", como eram chamados –, foi democratizada e popularizada. (Não utilizamos mais o rótulo de "boêmio" porque não existe mais nenhum grupo distinto que pode reclamá-lo para si.) "Estilos de vida alternativos", que eram vistos com desdém pela sociedade culta pouco tempo atrás, atualmente não apenas são tolerados como recebem um *status* igual ao dos estilos de vida tradicionais. Os costumes e a moral, que eram considerados normais, agora são ridicularizados como puritanos e hipócritas.

Na realidade, a própria linguagem da moralidade foi transformada, a tal ponto que palavras que eram honoríficas agora são pejorativas. Fazer julgamentos morais é ser "farisaico" e "moralista"; tecer um discurso moral é "pregar" e "moralizar"; pronunciar-se a respeito de questões morais é dar início a uma "cruzada moral" ou, pior, uma "cruzada religiosa". A depreciação do vocabulário moral traz consigo uma trivialização da própria moralidade. Não é com base em motivos morais que os conselheiros escolares alertam contra a promiscuidade, mas com base em motivos de saúde; "sexo seguro" significa promiscuidade protegida. E quando a castidade é recomendada, não o é por ser uma virtude moral, mas por ser a forma mais segura de sexo seguro, a única salvaguarda realmente confiável contra a aids. "O cerne do código sexual moderno", afirmou Charles Krauthammer, "é a prevenção de doenças."[3] No mesmo espírito, o fumo substituiu a fornicação como o principal vício social, e não utilizar cinto de segurança é passível de punição, enquanto a obscenidade não o é.

Como todas as culturas, a cultura dominante nos dias de hoje apresenta um amplo espectro de crenças e práticas. Numa de suas extremidades está isto a que os sociólogos se referem como "cultura de elite". Estatísticas confirmam o que todos sabemos, que a mídia e a academia são consistentemente mais permissivas e progressistas do que o povo em geral. Assim, apenas um quarto do público, porém 90% da mídia, apoia o direito de aborto sem nenhum requisito.[4] Mais de três quartos do público, porém menos de metade da mídia, acreditam que o adultério é errado em todos os casos.[5]

---

[3] *Washington Post*, 26 set. 1997, p. A25.

[4] *Public Perspective*, dez./jan. 1998, p. 32 (citando uma pesquisa Gallup, ago. 1997); *What's Happening to Abortion Rates? Sexuality and American Social Policy*, Kaiser Foundation, 1996, p. 54; Robert Lerner, Althea K. Nagai e Stanley Rothman, *American Elites*. New Haven, 1996, p. 91.

[5] Stephen Powers, David J. Rothman e Stanley Rothman, *Hollywood's America: Social and Political Themes in Motion Pictures*. Boulder, Colorado,

Ou bem menos da metade do público, porém apenas 5% dos principais cineastas frequentam a igreja pelo menos uma vez por mês.[6] A história do professor que afirmou que não conseguia entender como o presidente Reagan havia sido eleito, já que ele não conhecia ninguém que havia votado nele, não é de maneira alguma apócrifa; eu mesmo já ouvi isso, praticamente nessas mesmas exatas palavras, por diversas ocasiões.[7]

A elite é apenas uma parte pequena, embora visível e influente, dessa cultura. Sua parte principal consiste em pessoas que geralmente são passivas e aquiescentes. A maioria leva vida que, em todos os aspectos e, na maior parte do tempo, se conforma às ideias tradicionais de moralidade e decoro. Porém o fazem sem nenhuma confiança firme nos princípios que estão sob a superfície de seu comportamento. Desse modo, ficam vulneráveis às fraquezas e estresses de sua própria vida, e acabam sendo enfraquecidos pelo exemplo de seus pares menos convencionais, ou pelo daqueles que julgam ser seus superiores. Mais importante, acreditam ser difícil transmitir seus próprios princípios e práticas a seus filhos. Até mesmo quando reclamam do "declínio moral" do país (o que continuam a fazer, em grandes números), oferecem pouca resistência às manifestações desse declínio. Acreditam em Deus, porém acreditam ainda mais na autonomia do indivíduo. Confessam que acham difícil julgar o que é moral ou imoral até mesmo para si mesmos, e mais ainda para os outros. Assim, costumam refugiar-se costumeiramente em evasivas como "quem sou

---

1996, p. 74; Lerner et al., *American Elites*, p. 91; Pesquisa Gallup, 10 jun. 1997; Pesquisa *Time*/CNN, jun./jul. 1998.

[6] George H. Gallup, Jr., *Religion in America 1996*. Princeton, 1996, p. 30; Powers et al., *Hollywood's America*, p. 54.

[7] Professores da área de educação são igualmente mais permissivos que pais e professores; apenas 37% deles acreditam que seja importante manter a disciplina nas classes; 19%, enfatizar a ortografia, a gramática e a pontuação; e 12% esperam que os estudantes sejam pontuais e educados. (*Chronicle of Higher Education*, 7 nov. 1997, p. A14.).

eu para dizer o que é certo ou errado?" ou "pessoalmente, não aprovo a pornografia [ou promiscuidade, ou o que quer que seja], mas essa é apenas a minha opinião".

Os americanos frequentemente são acusados pelos europeus de ser "moralistas". Na realidade, o modelo prevalecente nos Estados Unidos hoje em dia é exatamente o oposto: uma relutância, até mesmo uma recusa, em fazer julgamentos morais – ser, como se diz, "farisaico". Os europeus costumavam reclamar da americanização (a "coca-colarização") da cultura europeia; eles podem estar se vingando ao testemunhar a europeização (ou desmoralização) da cultura americana.

Quase todos os americanos afirmam acreditar em "valores familiares", porém aquilo em que acreditam não é necessariamente a família tradicional. Não é surpreendente descobrir sociólogos redefinindo a família e rebatizando-a de "família pós-moderna", incluindo nela quase qualquer combinação ou permutação de membros; alguns desprezam a própria ideia de "família" (colocada entre aspas) como desprovida de sentido objetivo.[8] É surpreendente, no entanto, descobrir que quase três quartos do povo atualmente rejeitam o conceito tradicional (e, até recentemente, legal) de família como pessoas vinculadas por laços de sangue, casamento ou adoção, substituindo-o pela noção expansiva de "um grupo de pessoas que se amam e cuidam de si mesmas".[9]

---

[8] Mary Ann Lamanna e Agnes Riedmann, 6, ed., *Marriages and Families: Making Choices in a Diverse Society*. Belmont, California, 1997, p. 4-5.

[9] Richard T. Gill, Posterity *Lost: Progress, Ideology, and the Decline of the American Family*. Lanham, Maryland, 1997, p. 257. A edição de 1992 do *American Heritage Dictionary* descartou as palavras "sangue, casamento ou adoção" de sua definição de família e substituiu-as por "duas ou mais pessoas que partilham metas e valores, têm compromisso de longo prazo uns com os outros e geralmente habitam a mesma residência". (Citado por Barbara Dafoe Whitehead, in: "For As Long as We Both Shall Like", *New Republic*, jul./ago. 1997.)

A maior parte das pessoas tem algumas apreensões acerca de adolescentes "ativos sexualmente", mas tende a ser tolerante com estudantes universitários e adultos ativos sexualmente. Entre 55 e 60% do povo acredita que relações sexuais antes do casamento são "aceitáveis" e "não erradas", e um número semelhante acredita que filhos nascidos fora do casamento são aceitáveis.[10] E, embora mais de 75% acredite que o adultério seja "moralmente errado", quase 70% afirma conhecer pessoalmente homens que tiveram esse tipo de relacionamento, e 35% não "os vê com maus olhos" por esse motivo. (Os dois pesos e duas medidas tradicionais parecem ter sido invertidos; 60% conhece mulheres que tiveram casos extraconjugais, e 40% não as vê com maus olhos por isso.)[11]

Entre as figuras públicas, a moralidade, assim como os desvios comportamentais, tem uma definição cada vez mais abrangente. Em 1988, Gary Hart foi afastado da campanha presidencial por uma denúncia de infidelidade sexual – não abuso sexual, mas uma única relação consensual extraconjugal. (A evidência mais incriminadora contra ele era a fotografia de uma "modelo" sentada animadamente em seu colo.) Uma década mais tarde, após muitas denúncias de fatos mais sérios e obscenos, o presidente Clinton gozava das taxas de aprovação mais altas de sua carreira. Embora seu caráter fosse considerado singularmente mau, não era visto como fator que o

---

[10] Pesquisa *Wall Street Journal*/NBC News, mar. 1998; pesquisa *Washington Post*/Kaiser Foundation/Universidade Harvard, jul./ago. 1998.

[11] Pesquisa Time/CNN, jun.jul. 1998. Relatos daqueles que "conhecem pessoalmente" outras pessoas que cometeram adultério divergem enormemente daqueles que admitem terem eles mesmos cometido adultério. De acordo com uma pesquisa de 1994, realizada pelo Centro Nacional de Pesquisa de Opinião (National Opinion Research Center) da Universidade de Chicago, apenas 21% dos homens e 11% das mulheres afirmam ter cometido adultério em algum momento de seu casamento – em comparação com 70% dos homens e 60% das mulheres que "se sabe" que cometeram. É muito provável que as pessoas subestimem os próprios relacionamentos adúlteros e superestimem os dos outros.

desqualificasse para ocupar um alto cargo público. Essa dicotomia, dizem os comentaristas, é o resultado de uma economia florescente. Mas ela também reflete uma maior latitude moral concedida às figuras públicas. Enquanto se costumava exigir desses indivíduos um padrão moral mais elevado do que das pessoas comuns – eram, na realidade, vistos como "exemplos a serem seguidos" –, agora deles se exige um padrão mais baixo. O poder, ouvimos, é um afrodisíaco; os políticos exalam uma sexualidade que não conseguem controlar e à qual os outros não conseguem resistir.

À medida que a moralidade tem uma definição mais abrangente em relação às figuras públicas, o mesmo ocorre com o grande público em geral. O que o presidente está sendo acusado de fazer, segundo muitas pessoas, é o que a maior parte dos homens costuma fazer comumente; isto não é tanto uma má conduta, mas apenas uma conduta masculina normal. Da mesma maneira, todas as "relações sexuais consensuais" são vistas como assuntos pessoais e privados, isentos de julgamento moral. Na versão moderna dos Dez Mandamentos, "não deverás cometer adultério" foi substituído por "não deverás fazer um julgamento".

*

A relutância em fazer julgamentos morais penetra todos os aspectos da vida. Na universidade, ela assume a forma do pós-modernismo. Nos jornais e livros acadêmicos, "verdade", "objetividade", "conhecimento" e até "realidade" aparecem comumente acomodados entre aspas, testemunhando a conotação irônica de palavras tão singulares. Se esses conceitos são dúbios, julgamentos morais são ainda mais. A linguagem do "certo" e "errado", "virtude" e "vício" parece ter sido transformada para afigurar-se tão arcaica quanto a linguagem da "verdade" e "objetividade", "conhecimento" e "realidade".

Até recentemente, mesmo os pós-modernistas mais engajados hesitavam em "desconstruir" uma realidade tão terrível quanto a do

Holocausto, ou de não exprimir nenhum julgamento sobre ela. O que alguns professores estão descobrindo atualmente é que o modo relativista de pensamento foi transmitido de maneira tão bem-sucedida aos estudantes que eles estão preparados a fazer o que suas gerações anteriores haviam prudentemente evitado fazer. Na revista *Chronicle of Higher Education (Crônica da Educação Superior)*, Robert Simon, professor de filosofia, informa que, embora nenhum de seus alunos negue a realidade do Holocausto, um número cada vez maior deles faz pior: eles reconhecem o fato, e até mesmo o deploram, mas não conseguem condená-lo moralmente, "pois quem deve dizer o que é moralmente errado?" Eles fazem comentários semelhantes sobre o *apartheid*, a escravidão e as limpezas étnicas. Fazer julgamentos, eles temem, é ser um "absolutista" moral, e tendo sido ensinados que não existem absolutos, eles agora veem qualquer tipo de julgamento como arbitrário, intolerante e autoritário.[12]

Outro artigo na mesma edição da *Chronicle* relata uma experiência semelhante de uma professora de redação criativa. Por mais de vinte anos Kay Haugaard leu com suas turmas a célebre história *The Lottery* (A Loteria), de Shirley Jackson, sobre uma pequena cidade na qual uma mulher é apedrejada até a morte por uma multidão, que inclui seu marido e seus dois filhos, como parte de um ritual anual de sacrifício para garantir o crescimento das plantações. Até recentemente, a história trazia à tona expressões de choque, horror e uma inequívoca indignação moral de seus alunos. Ultimamente, a história tem provocado reações bem diferentes. Uma aluna disse-lhe que a

---

[12] Robert L. Simon, "The Paralysis of 'Absolutophobia'", *Chronicle of Higher Education*, 27 jun. 1997, p. B5.
Os alunos de Simon não são um caso único. James Q. Wilson relata que alguns de seus alunos, em Harvard, ficavam igualmente relutantes em julgar os perpetradores do Holocausto. "Tudo depende de sua perspectiva", disse um deles. Já segundo outro: "Eu precisaria ter visto esses acontecimentos pelos olhos das pessoas afetadas". (James Q. Wilson, *The Moral Sense*. New York, 1993, p. 8.)

história era "legal" e que ela tinha "gostado dela"; outra, que ela era "razoável", porém não "tão boa". Outra, ainda, explicou que o apedrejamento parece ser uma espécie de ritual religioso e por esse motivo ela não podia fazer nenhum julgamento a respeito ou até mesmo decidir se o autor o aprovava ou desaprovava – isto, observa Haugaard, vindo de uma aluna que desaprova apaixonadamente a caça às baleias e o desmatamento de florestas tropicais. Outro se lembra de uma teoria que havia lido certa vez sobre culturas que exigem eventuais derramamentos de sangue; "parece ser quase uma necessidade", ele observou com frieza. Uma aluna mais velha, enfermeira, explicou que dá aulas de compreensão multicultural no hospital em que trabalha. "Se faz parte da cultura de uma pessoa, somos ensinados a não julgar, e se deu certo para eles...". Nenhum aluno, numa classe de vinte, manifestou alguma oposição à crueldade e obtusidade moral retratadas nesse conto horripilante.[13]

Outros professores relatam que alguns alunos reagem de maneira compreensiva aos sacrifícios humanos praticados pelos astecas ou ao ritual de escalpelar os inimigos praticado pelos índios americanos, ao mesmo tempo que protestam contra a circuncisão feminina entre tribos africanas ou contra experimentos realizados em ratos para fins medicinais. Na cultura da academia restam poucos absolutos, como os direitos das mulheres e dos animais; existem até mesmo alguns poucos vícios, como o tabagismo e o assédio sexual. Com essas exceções, no entanto, a academia exibe, de maneira mais acentuada, o relativismo característico da cultura dominante – um relativismo que se aproxima do que o professor Simon chama de "absolutofobia".

*

---

[13] Kay Haugaard, "Students Who Won't Decry Evil – A Case of Too Much Tolerance", *Chronicle of Higher Education*, 27 jun. 1997, p. B4.

Existe, no entanto, outra cultura (ou um conjunto de subculturas fragilmente agrupadas) que coexiste de maneira um tanto desconfortável com a cultura dominante. Ela pode ser chamada de "cultura dissidente" – a cultura não daqueles três quartos da população que redefiniram o conceito de família para incluir os "outros significativos", mas daquele um quarto que segue a definição tradicional; não daqueles 55-60% que acreditam que o sexo antes do casamento é aceitável, mas daqueles 40-45% que acreditam que não.[14] Se a cultura dominante é herdeira da contracultura, a cultura dissidente representa uma anticontracultura, uma reação contra um sistema de valores cada vez mais prevalecente e cada vez mais "lasso". O historiador Nathan Hatch descreve o ressurgimento do fundamentalismo nas últimas décadas como uma "cruzada populista, uma revolta de pessoas que sentem que vêm sendo privadas das instituições centrais da cultura americana".[15] No entanto, não são apenas os fundamentalistas que se sentem privados; o mesmo ocorre com um setor muito maior e mais diversificado da população, incluindo muitas pessoas que não são particularmente religiosas, mas que têm fortes preocupações morais.

Assim como a cultura dominante, a cultura dissidente apresenta um amplo espectro de crenças e comportamentos que vão de uma adesão rígida aos valores tradicionais, violados apenas ocasionalmente na prática, até um conjunto mais leniente de valores violados com frequência maior. Entretanto, até mesmo os representantes mais lassos da cultura dissidente tendem a aprovar um código moral mais "austero", e o fazem mais conscientemente que seus equivalentes da cultura dominante. Eles não acreditam que a moralidade sexual seja um "assunto pessoal" que possa ser "separado", como se afirma hoje em dia, do resto da vida. Também não acreditam que a religião seja um "assunto pessoal" que não deve invadir a "praça pública".

---

[14] Ver notas 9 e 10.
[15] Nathan O. Hatch, *The Democratization of American Christianity*. New Haven, 1989, p. 218-19.

Tampouco estão dispostos a se dedicar a solilóquios como "quem sou eu para dizer...?" ou "pessoalmente... mas...".

Em uma das extremidades do espectro da cultura dissidente, paralela às "elites" da cultura dominante, está a direita religiosa, uma facção unida de ativistas determinados e articulados. Embora esse grupo receba a maior parte da atenção do público, ele forma apenas uma parte pequena dessa cultura, pois além dele está um grupo muito maior e mais variado de evangélicos, bem como tradicionalistas de outras igrejas – protestantes tradicionais, católicos conservadores, mórmons e judeus ortodoxos. Também existe um número crescente de pessoas que não têm nenhuma afiliação ou disposição religiosa em particular – podem ter até mesmo inclinação decididamente secular –, mas têm convicções morais que as colocam em posição de desacordo com a cultura dominante.

Embora a cultura dissidente seja uma presença importante e muitas vezes ruidosa tanto na sociedade quanto na comunidade política (nenhum partido pode ignorá-la impunemente), ela representa uma minoria da população. Talvez a estimativa quantitativa mais confiável venha de um estudo coordenado por dois sociólogos da Universidade da Virgínia, James Davison Hunter e Carl Bowman, publicado em três volumes sob o título apropriado de *The State of Disunion* (O Estado da Desunião). Com base em mais de 2 mil entrevistas cara a cara, cada uma com uma hora ou mais de duração, realizadas pela organização Gallup, em 1996, a obra examina a "cultura política", um conceito que engloba atitudes morais e culturais, além de políticas. O estudo descobriu que a nação se divide em seis grupos: dois "tradicionais" ("tradicionalistas" e "neotradicionalistas") que, juntos, constituem 27% da população; dois "moderados" ("convencionalistas" e "pragmatistas"), 29%; e dois "liberais" ("comunitaristas" e "permissivistas"), 46%.[16]

---

[16] *The State of Disunion: 1996 Survey of American Political Culture.* James Davison Hunter e Carl Bowman (ed.). 3 vols. Ivy, Virgínia, 1996, I, p. 86-89.

Como uma minoria, a cultura tradicionalista trabalha com a desvantagem de estar permanentemente na defensiva. Sua elite – pregadores evangélicos, apresentadores de *talk shows* de rádio, alguns colunistas proeminentes e líderes organizacionais – não podem sequer chegar perto de se igualar, em número ou influência, àqueles que ocupam as altas posições que comandam a cultura dominante: professores que dirigem a multidão de jovens que frequentam suas palestras, leem seus livros e que têm de ser aprovados em seus exames; jornalistas que determinam que informação e que "interpretação" a respeito da informação serão passadas ao público; produtores de televisão e cinema que fornecem as imagens e valores que moldam a cultura popular; empreendedores culturais que utilizam seu engenho para criar e comercializar produtos cada vez mais sensacionais e provocantes. Boicotes ocasionais feitos por conservadores religiosos (como o que foi feito com as empresas Disney, por exemplo) dificilmente conseguem neutralizar o efeito cumulativo e penetrante da cultura dominante.

As "duas culturas", é desnecessário dizer, não são nem monolíticas nem estáticas. Nem são totalmente separadas e distintas. Não são entidades fixas, reificadas, mas sim categorias ou conceitos desconexos, que representam um complexo de valores e crenças que são compartilhados, não totalmente, mas em grande parte, por pessoas "de mesma opinião". No entanto, até mesmo pessoas que têm as mesmas opiniões podem e pensam de maneira diferente. Alguns indivíduos são mais permissivos em relação ao sexo antes do casamento, por exemplo, do que ao adultério, ou têm posições mais contundentes quanto à dependência do bem-estar social do que à promiscuidade sexual; ou sentem-se mais incomodados com a violência e o crime do que com a obscenidade e a vulgaridade. Em geral, no entanto, existe um modo de pensar comum, uma confluência de valores e crenças que categoriza a maior parte das pessoas, na maior parte do tempo, para a maioria dos propósitos, dentro de uma ou outra cultura.

Também é importante lembrar que os valores e crenças dos indivíduos nem sempre correspondem à sua conduta. Há uma defasagem cultural que permite aos indivíduos suportar as convenções sociais ao mesmo tempo que apoiam um conjunto de crenças que aprovam, ou até mesmo encorajam, um tipo bastante diferente de comportamento por parte dos outros (ou de si próprios, sob certas condições). É essa existência de atributos comportamentais comuns que permite às pessoas de valores diferentes viver juntas de maneira civil e amigável. Em entanto, valores se impõem – em questões públicas, ainda que não na vida privada, e em épocas de crise (como o *impeachment* de um presidente), ou mesmo em épocas de tranquilidade. É em situações como essas que as duas culturas ganham destaque, causando dissensão na sociedade civil e até mesmo no domínio político.

A dinâmica entre as culturas é complicada e imprevisível. À medida que as elites dominantes se tornam mais audaciosas em "ultrapassar os limites do aceitável", elas provocam uma reação por parte de muitos que, de outra maneira, aceitariam tacitamente os valores da cultura dominante. Até mesmo uma pessoa marcadamente tolerante pode ficar consternada com o novo jogo infantil da internet que vem sendo promovido como o mais sangrento já produzido (criado, como que para aumentar a ofensa, pelos criadores da *Vila Sésamo*);[17] pelos jogos de videogame e filmes que anteciparam de maneira tão sinistra o massacre da Escola de Littleton;[18] pela peça de um premiado dramaturgo que apresenta uma caracterização homossexual de Cristo tendo relações sexuais com seus apóstolos;[19] pela distinta professora de inglês e literatura comparada que ostenta suas relações (hétero e homossexuais) com seus estudantes como uma forma mais elevada de

---

[17] *Wall Street Journal*, 16 out. 1997, p. A1. (O jogo se chama "postal".)

[18] Por exemplo, o jogo de videogame "Doom" e o filme *The Basketball Diaries* (lançado no Brasil como *O Diário de um Adolescente*).

[19] *Corpus Christi*, de Terrence McNally.

escolaridade e pedagogia;²⁰ ou pelas tantas outras maneiras com as quais a alta cultura e a cultura popular conspiram em conjunto para ridicularizar e violar as convenções, valores e crenças tradicionais.

Por outro lado, "ultrapassar os limites do aceitável" também pode ter o efeito contrário, de habituar as pessoas a esses excessos a tal ponto que elas passem a aceitar como normal e tolerável o que até então era chocante e repulsivo. A televisão apresenta um estudo de caso interessante do fenômeno de "rebaixamento" da definição do que é um desvio comportamental. O *New York Times*, que dificilmente pode ser descrito como um veículo da direita religiosa, vem fazendo reportagens sobre a tendência dos programas televisivos em tornar-se cada mais provocantes, enquanto o público se torna cada vez mais complacente. Em julho de 1997, o jornal descreveu uma série de televisão altamente bem-sucedida como "ampliando os limites das redes de televisão" e "estendendo o que é aceitável" – isto é, estabelecendo novos padrões de violência, uso de palavrões e conteúdo lascivo.²¹ No mês seguinte, o jornal comentou sobre a aparência frequente e vívida do adultério e da promiscuidade na televisão, com representações favoráveis de sexo casual superando as desfavoráveis na proporção de vinte para um.²² Em abril de 1998, o jornal concluiu que a televisão estaria ampliando ainda mais os "limites do discernimento": "Como mostrar uma criança que age de maneira revoltantemente malcriada para ver até quando ela pode testar os limites de seus pais, a televisão aberta está, nessa temporada, ostentando o comportamento, a linguagem e o sexo mais vulgares e explícitos que ela já mandou

---

[20] Jane Gallop, da Universidade de Wisconsin. (Ver Gertrude Himmelfarb, "Professor Narcissus", *Weekly Standard*, 2 jun. 1997.)

[21] *New York Times*, 16 jul. 1997, p. C18. Ver também *Times*, 16 nov. 1997, seção Arts, p. 41.

[22] Caryn James, "Straying into Temptation in Prime Time", *New York Times*, 10 ago. 1997, seção Arts, p. 1, 32. Ver também *Sex and Hollywood: Should There Be a Government Role? Sexuality and American Social Policy*, Kaiser Foundation, 1996, p. xiii.

para dentro dos lares americanos". O *Times* estava estarrecido com a ausência de um clamor por parte do público, com o fato de que as audiências continuavam elevadas, que os anunciantes não estavam intimidados, e que os pais aparentemente estavam resignados com esses programas.[23] Duas semanas depois, o jornal fez uma reportagem sobre uma nova pesquisa que demonstrava que dois terços de todos os programas exibidos no horário nobre tinham cenas de violência, e quase três quartos dessas cenas não vinham acompanhados por nenhum "remorso, crítica ou punição".[24] Alguns meses mais tarde o jornal citou os executivos de uma minirrede de televisão que instava os produtores a "fazer algo escandaloso", criando logo na sequência uma sitcom na qual o presidente Lincoln se insinuava de maneira homossexual para um assistente negro, e a sra. Lincoln, ao reclamar da insatisfação de sua vida amorosa, cortejava de maneira heterossexual o mesmo assessor. Ainda assim (de acordo com outra pesquisa que não foi relatada no *Times*), apenas uma minoria dos pais teve vontade ou o desejo de impedir que seus filhos vissem televisão; mais de três quartos permitiam que seus filhos assistissem quanto quisessem.[25]

À medida que as pessoas perdem a sensibilidade a formas repetidas e cada vez mais intensas de vulgaridade, violência e promiscuidade, sua capacidade de sentir-se ultrajadas fica embotada. Ainda assim,

---

[23] *New York Times*, 6 abr. 1998, p. A1.

[24] *New York Times*, 17 abr. 1998, p. A16.

[25] *New York Times*, 2 ago. 1998, seção Week in Review, p. 2; *Public Perspective*, fev./mar. 1998, p. 21.
Essa tendência não está restrita à televisão. Em março de 1999, sob o título "The Mainstream Flirts With Pornography Chic" ("O *Mainstream* Flerta com a Pornografia Chique"), o *Times* relatou os últimos lançamentos na arte, fotografia de moda e filmes de grandes produções. Uma semana mais tarde, na crítica de um festival de cinema realizado no Museu de Arte Moderna, uma das manchetes dizia: "Yesterday's Erotica, Today's Quaint" ("O Erotismo de Ontem, O Pitoresco de Hoje"). (*New York Times*, 21 mar. 1999, seção "Style", p. 1; ibid., 27 mar. 1999, p. A22.)

existem indícios do início de uma reação. O fato de o *Times*, arquétipo da mídia liberal, fazer reportagens sobre a televisão da maneira como tem feito é por si só sintoma de um crescente senso de desalento. Do mesmo modo, as universidades, outros bastiões da cultura dominante, têm exibido sinais de inquietação, ao menos por parte dos estudantes. Os professores reclamam da crescente falta de interesse em causas politicamente corretas como feminismo e ações afirmativas. E os estudantes estão se tornando menos permissivos em suas atitudes sexuais. Em 1990, 51% dos calouros universitários aprovavam o sexo casual; em 1998, 40% o faziam. Em 1990, 62% acreditavam que o aborto deveria ser legalizado; em 1998 (talvez como resultado da controvérsia a respeito de abortos de nascimentos parciais), 50% acreditavam.[26] Os estudantes também estão se tornando mais religiosos. A *Chronicle of Higher Education* apresenta uma reportagem sobre uma onda de atividades religiosas nos *campi* universitários, boa parte deles relacionadas à espiritualidade *New Age*, porém alguns deles relacionados a religiões tradicionais.[27]

Essas tendências não estão relacionadas aos estudantes universitários. Entre os adolescentes, 94% afirmam acreditar em Deus, dos quais metade frequenta a igreja de maneira mais ou menos regular; um número cada vez maior deles o faz por iniciativa própria, e não por pressão dos pais.[28] Os jovens também estão ficando um tanto desiludidos com sua liberação sexual. Mais de metade das garotas (embora menos da metade dos rapazes) afirma que o sexo antes do casamento é errado, e mais de quatro quintos de calouros e veteranos do ensino superior, em áreas urbanas de baixa renda, quando interrogados sobre a idade ideal para o início da atividade sexual,

---

[26] Conselho Americano de Educação, UCLA, 1998.

[27] *Chronicle of Higher Education*, 30 nov. 1994, p. A30; 19 set. 1997, p. B4-5; 16 jan. 1998, p. A60.

[28] Pesquisa *New York Times*/CBS News, 30 abr. 1998; "Gallup Youth Report", nov. 1996, p. 3.

responderam uma idade superior àquela na qual eles mesmos haviam começado.²⁹

Seus pais também estão reconsiderando a permissividade de sua própria juventude. Mais da metade daqueles que acreditam hoje em dia que sexo antes do casamento é sempre errado teve relações sexuais antes de casar; e um quarto daqueles que afirmam que sexo entre adolescentes é sempre errado teve relações sexuais nesse período de sua vida.³⁰ Há vinte e cinco anos, apenas um sétimo daqueles que estavam na faixa dos 20 anos de idade afirmava que sexo antes do casamento era sempre errado; hoje em dia, um quarto dessa geração (que agora está na faixa dos 40 anos) partilha da mesma opinião. Naquela época, um terço das pessoas na faixa dos 20 anos acreditavam que o divórcio deveria ser mais difícil de ser obtido; hoje em dia, quase metade daqueles que estão na faixa dos 40 anos mantém esse ponto de vista (e quase dois terços da população em geral, em comparação com quase metade que o fazia por volta de 1996).³¹

O etos dominante, portanto, ainda é, em sua maior parte, dominante. Entretanto, há uma crescente reação contra ele – entre os jovens que formarão a cultura do futuro e entre aqueles da geração mais velha que experimentaram pessoalmente os efeitos de uma revolução que prometia a liberação e trouxe, com demasiada frequência, a dor.

*

---

²⁹ *New York Times*, 30 abr. 1998, p. A1; Frederica Matthewes-Green, "Now for Some Good News", *First Things*, ago./set. 1997, p. 21.

³⁰ Edward O. Laumann, John H. Cagnon, Robert T. Michael e Stuart Michaels, *The Social Organization of Sexuality: Sexual Practices in the United States*. Chicago, 1994, p. 543.

³¹ *American Enterprise*, jul./ago. 1995, p. 103 (citando o Centro de Pesquisa de Opinião, 1994); ibid., jan./fev. 1998, p. 93 (citando o Centro de Pesquisa de Opinião, 1996); pesquisa *Wall Street Journal*/NBC News, fev./mar. 1998; pesquisa *Washington Post*/Kaiser Family Foundation/Harvard University, jul./ago. 1998.

A reação se expressa de diversas maneiras, mais visivelmente no renascimento religioso, mas também em formas mais modestas que são canalizadas para a cultura dissidente. Aqueles que encorajam a tolerância aos "estilos de vida alternativos" – e não apenas tolerância como também total legitimidade e igualdade – têm em mente os estilos de vida favorecidos pela contracultura. Todavia existem outras alternativas, estilos de vida tradicionais, que estão se impondo e até mesmo começando a ser refletidos nas políticas públicas.

O ato de reforma do bem-estar social, por exemplo, não é apenas uma maneira alternativa de administrar o bem-estar social; é uma tentativa de promover uma nova (ou o renascimento de uma antiga) atitude em relação à dependência crônica. Inovações educacionais fornecem outras alternativas: as *charter schools*[32] e o sistema de vales escolares permitem que pais mais pobres façam o que os ricos sempre fizeram – optem por não utilizar o sistema de escolas públicas e mandem seus filhos para a escola que preferirem. O que está implícito nessas alternativas é o reconhecimento de que a cultura dominante não será alterada a curto prazo. O estado de bem-estar social continuará, em nível estadual e local, e quiçá federal; e o sistema de escolas públicas provavelmente não sofrerá mudanças significativas no futuro próximo. Essas alternativas, no entanto, são importantes, exatamente porque foram legitimadas pelo Estado.

Outras alternativas não precisam da intervenção do Estado. Necessitam apenas que o Estado se abstenha de intervir. Escolas privadas, incluindo escolas religiosas, têm estado disponíveis há muito tempo, mas agora são mais numerosas do que nunca, e cada vez mais são utilizadas por diferentes pessoas por diferentes motivos – culturais e morais, assim como educacionais e religiosos. Externatos judaicos, por exemplo, têm prosperado como nunca; o maior número

---

[32] Escola pública que opera de maneira independente do conselho escolar local, muitas vezes seguindo currículo próprio e filosofia educacional diferente das outras escolas do sistema. (N. T.)

deles ainda é de ortodoxos, no entanto, outros estão sendo fundados pela primeira vez por denominações conservadoras e reformistas. Um número de até quarenta novas escolas judaicas foram fundadas desde 1990, e dez escolas superiores judaicas somente no ano de 1997; existem atualmente mais de 600 escolas do gênero no país, com cerca de 200 mil estudantes inscritos nelas.[33]

No nível universitário, foram as instituições evangélicas as que cresceram de maneira mais notável. De 1990 a 1996, enquanto as inscrições de estudantes de graduação em universidades públicas aumentaram em apenas 4%, e em universidades privadas 5%, o corpo estudantil das universidades evangélicas aumentou em 24%. Essas escolas se distinguem tanto por seu caráter moral e cultural quanto pelos seus estudos religiosos. Algumas, como a Indiana Wesleyan (que dobrou de tamanho durante esse período), impõem sobre seus alunos um código rígido que proíbe não apenas o sexo antes do casamento e a homossexualidade como também álcool, drogas, tabaco e danças sociais. A mais considerada dessas instituições, o Calvin College, de Michigan, é muito mais permissiva, permitindo o consumo de álcool (embora não dentro do campus), o fumo (embora não no interior de seus edifícios) e a dança; estudantes homossexuais são admitidos e serviços de apoio lhes são fornecidos. Em muitos casos, a qualidade acadêmica dessas instituições, que geralmente é mais baixa que a das seculares, também está melhorando; metade dos estudantes do Calvin College tem recebido atualmente bolsas de estudo por mérito.[34]

Uma alternativa educacional mais radical é o ensino doméstico. Somente na última década, o número de crianças educadas em casa aumentou em mais que o dobro, e tem crescido em cerca de 15% ao ano; este número atualmente é de 1 a 2 milhões. Além do mais,

---

[33] *New York Times*, 1º out. 1997, p. A24; *Forward*, 29 ago. 1997, p. 3; ibid., 23 jan. 1998, p. 1-2; ibid., 27 mar. 1998, p. 1, 5.

[34] *Chronicle of Higher Education*, 5 mar. 1999, p. A42. Ver também *New York Times*, 26 ago. 1998, p. A20.

o ensino doméstico não está mais restrito, como anteriormente, a fundamentalistas religiosos. A insatisfação com as escolas públicas, e não a religião, é o principal motivo apresentado pelos pais que se incumbem dessa tarefa árdua. (Profissionais negros constituem um dos grupos que mais tem crescido de adeptos do ensino doméstico.) Organizações de ensino doméstico fornecem currículos e conselhos aos pais, e uma Associação de Defesa Legal do Ensino Doméstico serve como grupo lobista e organização de defesa legal. Acreditava-se que os estudantes dessa categoria não tinham as credenciais necessárias para a educação superior, porém eles atualmente ultrapassaram os estudantes tanto de escolas públicas como de escolas privadas nos exames padronizados, e vêm sendo admitidos em algumas das universidades de maior prestígio. (Uma nova universidade com cursos de dois anos de duração está sendo planejada para aqueles que não querem inscrever-se nas universidades tradicionais.)[35]

De maneira análoga ao ensino doméstico, existe o "lar sem TV". Numa época em que a televisão está se tornando cada vez mais intrusiva e agressiva, muitos pais estão tomando a decisão intencional de não ter televisão em casa. Dois milhões de domicílios, a maior parte deles com crianças, têm praticado essa forma de "abstinência cultural".[36] Outro tipo de abstinência é a abstinência sexual entre adolescentes, um princípio que vem sendo promovido por organizações religiosas e seculares como uma alternativa àqueles programas de educação sexual que vêm acompanhados pela distribuição de preservativos. Outro ainda é a abstinência de álcool; à medida que mais estudantes universitários vêm bebendo cada vez

---

[35] National Home Education Research Institute Report, mar. 1997; Katherine Pfleger, "School's Out", *New Republic*, 6 abr. 1998, p. 11; Chronicle of Higher Education, 18 jul. 1997, p. A34; *Economist*, 6 jun. 1998, p. 28-29; *Washington Post*, 24 abr. 1998, p. A1, 16; *Investor's Business Daily*, 29 mar. 1999, p. 1 (citando os Arquivos da Análise de Políticas de Educação).

[36] *American Enterprise*, set./out. 1997, p. 63.

mais, desenvolveu-se um movimento rival de temperança em diversos *campi*. (Entre 1993 e 1997, o número de abstêmios aumentou de 15,6% para 19%, enquanto o número de consumidores contumazes de bebidas alcoólicas aumentou de quase 23% para quase 28%.)[37] Outra alternativa são os empregos sediados nos próprios lares, que permitem aos pais (as mães, mais do que os pais) trabalhar em casa, seja em tempo integral, seja semi-integral. Após apenas dois anos de existência, a organização sem fins lucrativos Home Business Institute[38] tem mais de 50 mil membros.[39]

Até as próprias universidades apresentam alternativas, lugares de refúgio para dissidentes. Assim como a mídia, a vanguarda acadêmica está constantemente "testando os limites". O subtítulo de um artigo da *New York Times Magazine* dizia: "Teoria da pornografia e academicismo homossexual foram as notícias universitárias do ano passado. A última moda acadêmica: estudos da branquidade".[40] Antes desses estudos da branquidade (que celebram o *white trash*[41] e expõem o racismo inerente a ser branco), antes dos estudos da pornografia (que agora vêm sendo lecionados nas principais universidades, acompanhados por performances de astros do cinema pornográfico), antes dos estudos homossexuais (que vão além dos estudos gays e lésbicos e incluem o bissexualismo, o travestismo, e outras "orientações" sexuais), antes dos estudos culturais (que analisam quadrinhos e *sitcoms* com toda a solenidade que costumava ser dedicada anteriormente a Shakespeare e Milton), existiam todas as outras corajosas

---

[37] *Chronicle of Higher Education*, 18 set. 1998, p. A49 (citando o *Journal of American College Health*, set. 1998).

[38] Instituto de Empregos no Lar, em tradução literal. (N. T.)

[39] Richard Miniter, "America's Newest Corporate Address Is Home Sweet Home", *American Enterprise*, maio/jun. 1998, p. 52.

[40] Margaret Talbot, "Getting Credit for Being White", *New York Times Magazine*, 30 nov. 1997, p. 116.

[41] Literalmente "lixo branco", termo pejorativo utilizado para descrever em geral a parcela branca e inculta da população americana. (N. T.)

e novas heresias que agora são ortodoxias acadêmicas bem estabelecidas. No entanto, aqui também, em meio à busca pela novidade e pelo trivial, existem oásis de estudos tradicionais, onde professores e estudantes compreendem que o conhecimento é algo diferente de um "construto social" ou de uma luta pela "hegemonia", e onde não se sentem presos pelas amarras da trindade raça/classe/gênero.

A cultura dissidente, obviamente, não é uma cura para as doenças inerentes a uma sociedade democrática. Mas é uma maneira de conter e mitigar essas doenças. Além do mais, ela o faz de uma maneira eminentemente democrática. Formada por pessoas de interesses e ideias diferentes e que por muitas vezes se sobrepõem uns aos outros, seu único denominador comum é o desejo de proteger e promover valores que foram subvertidos pela cultura dominante. Tampouco há nela algo de coercivo em relação à sua composição ou recrutamento; é totalmente voluntária, e seus membros têm a liberdade de fazer parte ou não dela a seu bel-prazer. Na realidade, muitos têm cidadania dupla, por assim dizer, pertencendo a ambas as culturas em situações diferentes ou mantendo-se neutros em relação às duas, dependendo da questão e da ocasião.

Embora a cultura dissidente seja autosselecionável e autossustentável, ela não é autossuficiente. Não está imune às doenças que afligem a sociedade; a cultura dominante é por demais penetrante e poderosa. Tampouco seria desejável que ela fosse inteiramente imune, mesmo se isso fosse possível; existe muito de valioso na cultura dominante para que se justificasse o tipo de segregação ou quarentena que isso exigiria. Aqueles que optam por se posicionar parcialmente fora da cultura por esta ou aquela alternativa têm plena consciência das desvantagens dessa estratégia. O ensino doméstico, os vales escolares e até mesmo as escolas privadas são medidas defensivas, um último recurso contra um sistema escolar público imperfeito que já foi o orgulho de nossa democracia. E os pais de crianças que não têm acesso à televisão têm bons motivos para se preocupar com a síndrome do "fruto proibido".

Os "abstêmios" da televisão vêm sendo chamados de "um grupo de exilados internos",[42] remetendo à "imigração interna" de dissidentes na Alemanha nazista, que conseguiam refugiar-se em algum santuário privado onde acabavam sendo apenas minimamente cúmplices do regime. Todavia a imagem é enganosa, já que implica que estariam fugindo de um regime totalitário. Longe de terem sido relegados a algum enclave segregado da sociedade, aqueles que escolheram ignorar ou se abster de um ou outro aspecto da cultura dominante continuam a ser membros ativos da sociedade e da comunidade política – talvez ainda mais ativos, precisamente porque se veem numa posição de dissensão. Uma pesquisa do Departamento de Educação descobriu que famílias cujas crianças frequentam escolas privadas ou paroquiais, ou que são educados no lar, envolvem-se mais, e não menos, em assuntos cívicos (voto, trabalho voluntário, participação em atividades comunitárias) do que as famílias inscritas no sistema de escolas públicas.[43]

Quando Paul Weyrich, desapontado com o resultado do julgamento de *impeachment* do presidente Clinton, evocou a ideia de exílio político, foi imediatamente repreendido por outros líderes da direita religiosa. Após ter dado o título de "Maioria Moral" à organização de Jerry Falwell duas décadas atrás, Weyrich decidiu que, desde então, em seu ponto de vista, uma maioria moral havia deixado de existir, e que havia chegado o momento de "nos separarmos dessa cultura hostil" e criar "alguma espécie de quarentena" (ele deu o exemplo da educação doméstica) para assegurar-se de que "nós e nossos filhos não seremos contaminados". Ele prefaciou seus comentários afirmando que não estava propondo que "todos nos tornássemos *amish* ou

---

[42] *American Enterprise*, set./out. 1997, p. 5.

[43] Christian Smith e David Sikking, "Is Private School Privatizing?", *First Things*, abr. 1999, p. 16-20 (citando a Pesquisa de Educação Domiciliar Nacional do Departamento de Educação, 1996).

nos mudássemos para Idaho"; e, numa declaração esclarecedora feita no dia seguinte, insistiu que "não estava se rendendo", mas apenas "abrindo um novo front", um front não político.[44] Esses esclarecimentos, no entanto, não satisfizeram a maior parte de seus colegas, que rejeitaram qualquer sugestão de que deveriam retirar-se da sociedade ou abandonar a luta política.

De fato, os conservadores religiosos sempre se orgulharam de sua devoção "a Deus e ao país" – tanto ao país quanto a Deus. Aqueles que se identificam com a direita religiosa estão "entre os mais resolutos em seu compromisso com o sistema político americano": 85% "apoiam o nosso sistema de governo", comparados com 65% do público em geral; 71% orgulham-se de viver "sob o nosso sistema político", comparados com 61% do total; 68% têm fortes convicções de que "o nosso sistema de governo é o melhor sistema possível", comparados com 53% do total. Até mesmo na questão do "respeito pelas instituições políticas dos Estados Unidos", em que seria de esperar uma maior desafeição, eles superam o grande público com 48% contra 33%.[45] Muitos se sentem angustiados, seguramente, com a condição atual da cultura política e exercitam seu direito de discordar dela. Entretanto, são leais aos Estados Unidos como um país, uma nação e uma comunidade política.

As duas culturas, portanto, não são completamente separadas e inconciliáveis, mas tampouco são inteiramente concordantes e reconciliáveis. A sociedade está polarizada de maneira significativa, e aqueles que negam ou minimizam essa polarização estão embotando a realidade – uma realidade que surge a cada pesquisa realizada a respeito de cada questão importante. Essa negação foi feita da maneira mais provocante por Alan Wolfe em sua obra

---

[44] *Washington Post*, 18 fev, 1999, p. A6; *New York Times*, 21 fev. 1999, p. WK3; *Washington Post*, 7 mar. 1999, p. B7.
[45] *State of Disunion*, I, 55-56.

One Nation, After All,[46] um título que acaba sendo um tanto desvirtuado pelo subtítulo "O Que os Americanos da Classe Média Realmente Pensam Sobre..."[47] (e que poderia ser ainda mais modificado para dizer "200 americanos suburbanos da classe média", pois é este o escopo desta "uma nação").[48] Mesmo em sua escassa amostragem, Wolfe registrou algumas diferenças intensas de opinião sobre assuntos importantes. Assim, 100 de seus entrevistados concordam que "os Estados Unidos tornaram-se ateísticos demais, e precisam retornar a uma forte crença religiosa", enquanto 79 discordavam dessa afirmação; ou 73 acreditavam que o casamento entre pessoas do mesmo sexo deveria ser legal, enquanto 98 acreditavam que não deveria.[49] O que mais impressionou Wolfe, e o que ele acredita ser o traço dominante dos americanos da classe média, é a sua "ausência de julgamentos morais", que eles (e ele) equiparam à "tolerância".

Wolfe deixa claro, no entanto, que ele próprio, como a maior parte dos seus entrevistados, segundo ele, não tolera crenças religiosas e morais "absolutistas" ou "extremistas". Ele fica satisfeito ao descobrir que seus americanos de classe média raramente utilizam termos que ele associa com "cristãos conservadores" – "pecado", "podridão moral",

---

[46] *Uma Nação, Afinal de Contas*, em tradução literal. (N. T.)

[47] "What Middle-Class Americans Really Think About...", no original. (N. T.)

[48] Alan Wolfe, *One Nation, After All: What Middle-Class Americans Really Think About God/Country/Family/Racism/Welfare/Immigration/Homosexuality/Work/The Right/The Left/and Each Other*. New York, 1998. Numa entrevista com David Gergen no programa Lehrer Newshour (11 mar. 1998), Wolfe orgulhou-se por ter de fato "saído e falado com o povo americano", ao contrário, segundo ele, de muitas pessoas que falam sobre a "guerra de culturas". Ele falou com um total de 200 pessoas em oito comunidades suburbanas de classe média, por um período de uma hora a uma hora e meia com cada. Isto pode ser comparado com *The State of Disunion*, que foi baseado numa pesquisa Gallup dez vezes maior, na qual 2.000 pessoas foram entrevistadas por uma hora ou mais cada.

[49] Wolfe, *One Nation*, p. 47, 102.

"decadência", "Satã", "infiel".⁵⁰ E ele é franco a respeito de seu próprio temor de que esse tipo de cristão represente uma ameaça aos outros. "Não posso evitar sentir que este país continua suficientemente religioso – e suficientemente cristão – a ponto de que se deve temer pelos direitos dos não crentes." Isso pode ser ainda mais preocupante, porque os crentes podem ser plausíveis e razoáveis. "Eles têm argumentos a seu lado, e, mais importante ainda, esses argumentos não estão baseados numa fé cega, mas numa linguagem liberal de inclusão e acomodação."⁵¹

A inquietação de Wolfe com os "cristãos conservadores" não surgiu do estudo empírico realizado em *One Nation*. Em seu livro anterior, *Whose Keeper?*, ele não tinha menos receio deles, e era até mais desdenhoso da religião em geral. "A religião", anunciou então, "não é mais a fonte de autoridade moral que ela costumava ser." Por "regras de obrigação moral", aconselhou, não devemos procurar nem na religião nem na filosofia, mas nos "cientistas sociais". Além do mais, a "visão moral" dos conservadores religiosos é tão perigosa quanto obsoleta, pois ela "é tão restritiva em suas convocações à obediência cega a um código moral tradicional que acaba por negar todas as conquistas da liberdade que o povo moderno adquiriu".⁵² Numa entrevista realizada após

---

⁵⁰ Ibid., p. 49, 71.
É estranho que Wolfe não tenha ouvido a palavra "decadência" com maior frequência. Numa pesquisa mais extensa realizada pelo Instituto Gallup por volta do mesmo período, três quartos dos entrevistados que *não* pertenciam à direita religiosa afirmaram que a principal causa dos problemas dos Estados Unidos era a "decadência moral". (Comitê Judaico Americano, *A Survey of the Religious Right*. New York, 1996, p. 8. Essa pesquisa foi realizada entre 10 de maio e 3 de junho de 1996. Wolfe não fornece as datas de sua pesquisa, porém ela deve ter ocorrido por volta da mesma época ou pouco tempo depois.) É ainda mais estranho que Wolfe tenha achado "extremamente surpreendente" a ausência do termo "infiel", uma palavra que não costuma fazer parte do discurso comum dos americanos.

⁵¹ Wolfe, *One Nation*, p. 70-71.

⁵² Alan Wolfe, *Whose Keeper? Social Science and Moral Obligation*. Berkeley, 1989, p. 3-7.

a publicação de *One Nation*, Wolfe equiparou a moralidade baseada numa religião com os puritanos censuradores de *A Letra Escarlate* e os zelotes assassinos da Bósnia e da Irlanda do Norte.[53]

É uma imagem ilusória esta que se obtém da classe média suburbana dos Estados Unidos neste cenário de "uma nação" – um país de "fé silenciosa" e uma tolerância quase que absoluta.[54] Nesses Estados Unidos, nos contam, a "guerra cultural" é tratada "primordialmente entre intelectuais, e não pelos próprios americanos".[55] Estes não são, no entanto, os Estados Unidos, nem mesmo os Estados Unidos da classe média suburbana, que surgem em outras pesquisas ou até mesmo dos dados do próprio Wolfe, em que não apenas intelectuais mas também as pessoas comuns apresentam diferenças sérias de opinião sobre valores morais básicos, diferenças que não podem ser cobertas pela utilização de termos como "ausência de julgamento moral" ou "tolerância". Tampouco podem ser reconciliados pelo Décimo Primeiro Mandamento proposto por um dos entrevistados de Wolfe, "Não deverás julgar", ou pela interpretação dos Dez Mandamentos como "Dez Sugestões", que Wolfe acredita ser "o tom pelo qual a maior parte dos americanos da classe média acredita que deveríamos estabelecer regras morais".[56] Se isso fosse verdade, seria por si só evidência de um profundo "abismo ético" entre aqueles americanos (e não apenas conservadores religiosos) que ainda veem os Dez Mandamentos como um código moral permanente e aqueles que gostariam de rebaixá-lo ao *status* de "Dez Sugestões".

---

[53] Entrevista com Gergen, 11 mar. 1998.

[54] Uma tolerância apenas quase que absoluta, pois seus entrevistados não apenas eram intolerantes com relação a pontos de vista religiosos e morais "extremistas"; eles também não eram inteiramente tolerantes, como Wolfe relatou com pesar, com a homossexualidade. Embora uma maioria a "tolerasse", em sentido passivo, quase três vezes mais entrevistados a "condenavam" do que a aceitavam "positivamente". (Wolfe, *One Nation*, p. 76.)

[55] Ibid., p. 276.

[56] Ibid., p. 54, 291.

Uma visão muito diferente dos Estados Unidos surge na obra de James Davison Hunter, coautor de *The State of Disunion*, livro que documenta as divisões culturais e morais da sociedade americana.[57] Num livro anterior, *Culture Wars*, Hunter analisou os "sistemas morais" e "visões morais concorrentes" refletidos nas guerras culturais e manifestados tanto na esfera pública quanto na privada.[58] Num ensaio mais recente, Hunter faz uma distinção entre os diferentes níveis nos quais essas visões e sistemas opostos são expressos; as disputas a respeito de políticas específicas, como o aborto, multiculturalismo, direitos homossexuais, vales escolares, e assim por diante; os "ideais morais concorrentes sobre como os cidadãos deveriam ordenar e manter a vida pública", que se encontram sob a superfície dessas disputas políticas; e, ainda mais fundamentalmente, os diferentes princípios metafísicos implícitos nesses ideais – por um lado, padrões objetivos sobre o que é bom e verdadeiro, "como devemos viver, e quem somos", e, por outro, padrões condicionais ou relativos derivados de experiências pessoais, autonomias e escolhas. Enquanto muitos americanos, conclui Hunter, defendem um ponto de vista "equidistante" a respeito de questões políticas, as discordâncias morais e filosóficas básicas persistem, e são elas que estão no cerne das guerras culturais.[59]

Assim como Hunter, o crítico social e filósofo católico George Weigel não hesita em descrever a situação presente como uma "guerra cultural" – uma guerra cultural, porém não, como afirmaria o comentarista Patrick Buchanan, uma "guerra religiosa". As duas ideias, afirma Weigel, são muito diferentes. "Uma guerra cultural pode ser

---

[57] Ver p. 200 [Ver página acima].

[58] James Davison Hunter, *Culture Wars: The Struggle to Define America*. Nova York, 1991, p. 107, 128, e passim.

[59] Hunter, "The American Culture War", in: *The Limits of Social Cohesion: Conflict and Mediation in Pluralist Societies*. Peter L. Berger (ed.). New York, 1998, p. 2-14.

adjudicada, e um acordo razoável pode ser atingido através dos processos (incluindo os processos eleitorais e judiciais) da persuasão democrática; uma 'guerra religiosa' não." O pluralismo inerente ao *e pluribus unum* depende de duas circunstâncias: o entendimento de que a persuasão é preferível à violência; e uma "etiqueta democrática" que não dilua ou enfraqueça as diferenças de crença, mas as expresse de maneira civil – uma "civilidade", nos lembra Weigel, que não equivale a uma "docilidade". Essa etiqueta democrática também pressupõe um "ecumenismo gramatical", que exige que os pensadores religiosos traduzam suas reivindicações morais de base religiosa para uma linguagem e um imaginário de verdades universais baseadas na lei natural e não numa revelação divina ou num dogma eclesiástico.[60]

A partir de outra perspectiva "gramatical", o sociólogo Peter Berger traduz a guerra cultural como um "conflito normativo transocietário" que atravessa todas as preocupações, das mais privadas às mais públicas.

> Isso não significa, é claro, que todos no país estejam ocupando as barricadas opostas; esse não é nem de longe o caso (e é um dos motivos para ter otimismo quanto ao resultado final). As frentes de batalha, porém, estão desenhadas com clareza. Tanto o processo político democrático quanto os tribunais são os campos de batalha preferidos, à medida que cada lado tenta alistar para si os enormes poderes do Estado. Há uma boa dose de ironia nesse desenvolvimento – um desenvolvimento relativamente recente, que tem apenas cerca de três décadas. Os Estados Unidos por muito tempo se orgulharam de ser o exemplo brilhante do pluralismo bem-sucedido. [...] Esse próprio pluralismo agora gerou um conflito profundamente divisional de crenças e valores.[61]

---

[60] George Weigel, "Talking the Talk: Christian Conviction and Democratic Etiquette", in: *Disciples and Democracy: Religious Conservatives and the Future of American Politics*. Michael Cromartie (ed.). Grand Rapids, Michigan, 1994, p. 90-94.

[61] Peter L. Berger, "Conclusion: General Observations on Normative Conflicts and Mediation", in: *The Limits of Social Cohesion*, p. 355.

Se há algo de irônico sobre uma guerra cultural num país pluralista como os Estados Unidos, é que essa própria guerra, como aponta Berger, não é exclusiva dos Estados Unidos. "O caso americano", ele afirma, é "paradigmático", e contém os elementos essenciais de todos os conflitos normativos refletidos na moralidade pessoal, políticas públicas, religiões, instituições e interesses. De uma forma ou outra, essa guerra vem sendo travada na Europa Ocidental e na Oriental, no Oriente Médio e no Extremo Oriente, na África e na América Latina. Em cada país, o conflito se dá sobre a natureza da comunidade e identidade nacional, "sobre exatamente o que 'nós' somos". Nessa perspectiva internacional, o "caso" americano surge claramente não como uma anomalia sem precedentes, mas como um fenômeno excessivamente comum. E aqui, como em qualquer outro lugar, a guerra cultural nos coloca diante do problema de se determinar (como está expresso no título do livro de Berger) "os limites da coesão social" e os meios de "conflito e mediação".[62]

Nessas obras, bem como naquelas de tantos outros comentaristas, a guerra cultural é colocada num contexto que permite um discurso racional e civilizado, sem que se minimize a gravidade das questões que estão em jogo ou a profundidade das discordâncias a seu respeito. Se existem, como sugere Berger, "limites de coesão social", também existem meios de resolver e mediar conflitos – particularmente, a tolerância e o compromisso. A própria tolerância, como mostrou Michael Walzer, abrange uma gama de atitudes que variam de uma aceitação resignada das diferenças a uma indiferença benigna das diferenças, de uma acomodação estoica das diferenças a uma curiosidade positiva das diferenças, até um respaldo entusiástico das diferenças.[63] Em algumas dessas variações, chega-se perto do que pode ser chamado apropriadamente de "ausência de julgamentos morais" – o célebre

---

[62] Ibid., p. 355-56.

[63] Michael Walzer, *On Toleration*. New Haven, 1997, p. 10-11. Ver também Adam Wolfson, "What Remains of Toleration", *Public Interest*, inverno de 1999.

"quem deve dizer o que é certo ou errado?". Em outras, no entanto, mantém-se um forte senso de julgamento, de práticas e princípios morais firmes, acompanhados pelo reconhecimento de que a sociedade exige, como questão de prudência e civilidade, tolerância aos princípios e práticas alheias.[64] Em alguns poucos tópicos – no aborto, mais notadamente – a tolerância de ambos os lados sofre provações violentas, com os conservadores religiosos mostrando-se intolerantes ao que veem como infanticídio, e os liberais (como o próprio Walzer) mostrando-se não menos intolerantes ao que veem como violação da "autonomia feminina e da igualdade entre os sexos".[65] A maioria das questões, no entanto, não desperta esse grau de paixão ou convicção e é mais acessível à tolerância e ao compromisso.

A causa da tolerância, no entanto, não é bem servida por aqueles que se orgulham de sua tolerância, ao mesmo tempo que identificam os conservadores religiosos com um zelo pela perseguição remanescente dos antigos puritanos ou os fanáticos da Bósnia e Irlanda do Norte. Tampouco a causa do compromisso é auxiliada pela substituição dos "Dez Mandamentos" por "Dez Sugestões", o que não é, na realidade, um compromisso, e sim uma capitulação a um relativismo extremamente familiar.[66]

---

[64] A confusão a respeito do sentido de "tolerância" (ou talvez a ambivalência de muitas pessoas) se reflete em duas pesquisas realizadas com pouco menos de uma semana de diferença entre si pelos mesmos pesquisadores. Na primeira, 70% dos entrevistados afirmaram que "devemos ser mais tolerantes com as pessoas que escolheram viver de acordo com seus próprios padrões morais, mesmo acreditando que estão errados". Na segunda, 66% disseram que ficariam preocupados se seu país se tornasse "tolerante demais com comportamentos que fazem mal para a sociedade". (Pesquisa *Washington Post/ Kaiser Family Foundation/Harvard University*, 16 e 27 ago. 1998.) Esta confusão também obscurece a distinção entre "*tolerance*", termo que conota uma atitude, e "*toleration*", uma prática ou arranjo institucional. Os dois termos, atualmente, se tornaram intercambiáveis.

[65] Walzer, p. 66.

[66] Pouco tempo depois da publicação do livro de Wolfe, outra publicação chegou às listas de *best-sellers* e permaneceu ali por muitos meses: *The Ten*

É comum que nos dias de hoje se deplore a expressão "guerra cultural" como se o termo em si fosse incivilizado e inflamatório, uma calúnia com um povo bom, decente e pacífico. Deveria ser desnecessário afirmar que a "guerra cultural" é uma "guerra" apenas no sentido metafórico, assim como a "revolução cultural" é uma "revolução" apenas metaforicamente. E metáforas, embora não devam ser interpretadas literalmente, servem a um propósito sério. Existe um sentido importante – um sentido metafórico, seguramente – de que os americanos passaram por essa revolução e estão sofrendo essa guerra. Negar ambos os fatos é desvirtuar ou trivializar boa parte da história das últimas três décadas. Não é algo surpreendente que o julgamento do *impeachment* do presidente Clinton tenha trazido à tona, da boca de tantos comentaristas, referências à guerra cultural ou que, em meio a essa controvérsia, dois terços da população tenham afirmado que "os americanos estão enormemente divididos no que diz respeito aos valores mais importantes".[67]

Os americanos podem orgulhar-se, com justiça, por terem sobrevivido tanto à revolução cultural quanto à guerra cultural sem paroxismos de perseguição ou derramamento de sangue; sem, de fato, nenhum distúrbio social mais sério. Apesar de todas as suas diferenças, as "duas culturas" continuam firmemente fixas no interior de "uma nação".

Commandments, de Laura Schlesinger. Parece que um número considerável de americanos (e de americanos letrados, consumidores de livros) ainda é favorável a esse antigo conceito.

[67] Pesquisa *Washington Post*/Kaiser Family Foundation/Harvard University, 27 ago. 1998.

Epílogo | Algumas Previsões Modestas

Os historiadores não têm sido particularmente bem-sucedidos em suas previsões sobre o futuro. Não foram nem mesmo muito bons, já disse uma pessoa espirituosa, em suas previsões sobre o passado. Alguns observadores do renascimento religioso previram seu fim no fim da década de 1980, após os escândalos sexuais que envolveram dois célebres pregadores evangélicos e a dispersão da Maioria Moral por Jerry Falwell. O historiador radical Sean Wilentz anunciou alegremente: "Raramente nos tempos modernos um movimento de tanta magnitude e potencial político se autodestruiu tão repentinamente. Os pensadores independentes poderão querer reconsiderar seu ceticismo a respeito da intervenção divina".[1] O analista político Kevin Phillips tinha uma confiança semelhante de que o adeus de Falwell era apenas uma "ratificação de uma onda política que veio e foi".[2] Ambos estavam calamitosamente enganados. Assim que a Maioria Moral foi dissolvida, a Coalizão Cristã entrou em cena, e juntamente com ela uma série de novas organizações e personalidades. Como mostrou a história do revivalismo americano, movimentos como esses não dependem de um único grupo ou líder. O revivalismo, como o evangelismo, é marcadamente populista e fissíparo.[3]

---
[1] Sean Wilentz, "God and Man at Lynchburg", *New Republic*, 25 abr. 1988, p. 30.
[2] *Washington Post*, 12 jun. 1989, p. A11.
[3] Ver, p. 80, o comentário de Richard Neuhaus sobre a natureza "magnificamente fissípara" do fundamentalismo.

Outros historiadores previram que o renascimento atual, o Quarto Grande Despertar, transformará o etos, a cultura e até mesmo a comunidade política dos Estados Unidos da mesma maneira que os Grandes Despertares dos séculos XVIII e XIX.[4] Eu tenho expectativas bem mais modestas. Acredito que o renascimento continuará a fortificar e expandir a cultura dissidente, e influenciar a cultura dominante de diversas maneiras, sem ter sucesso em converter o país como um todo. Se não haverá uma conversão em massa, no entanto, ocorrerão conversões individuais. E, se não em todas as questões que separam as culturas, pelo menos em algumas das mais importantes.

Também prevejo que o renascimento religioso e moral se tornará cada vez mais moral que religioso. Foi isso que aconteceu no passado, em cada um dos Grandes Despertares dos Estados Unidos e, de maneira mais visível, nos movimentos metodista e evangélico da Inglaterra no século XIX. À medida que os grupos religiosos começaram a sentir-se mais autoconfiantes e menos assediados, eles tenderam a abandonar parte de seu sectarismo e intransigência. Isso já está ocorrendo. Basta testemunhar a mudança nas táticas entre diversos conservadores religiosos, da defesa de uma emenda constitucional que reverta *Roe v. Wade* para uma política que vise desgastar o aborto de maneira gradual (abolindo abortos de nascimento parcial, exigindo uma notificação dos pais, ou consultas obrigatórias). Um espírito mais ecumênico também fica evidente nas alianças entre tradicionalistas de todas as fés em assuntos de interesse comum – e não apenas entre todas as fés como também além delas, entre indivíduos e grupos de disposição puramente secular. Isso foi antecipado há décadas, quando a nova direita religiosa assumiu uma causa em comum com a antiga "nova direita", secular. Ao inaugurar o que era chamada de maneira otimista de Maioria Moral, Jerry Falwell apelou a "fundamentalistas,

---

[4] Robert W. Fogel chegou perto disso em "The Fourth Great Awakening", *Wall Street Journal*, 9 jan. 1996, p. A14.

protestantes, católicos romanos, judeus, mórmons e pessoas de nenhuma convicção religiosa, em particular, que acreditassem nos princípios morais que apoiamos".[5]

Essa ainda é a meta da maior parte dos dissidentes: unir pessoas de todos os credos religiosos – e de nenhum – para pôr fim ao declínio moral que eles (e, na realidade, a maior parte dos americanos) veem na cultura. Essa não é uma tarefa fácil. Contrarrevoluções são mais difíceis de ser iniciadas e sustentadas do que revoluções. Além do mais, elas nunca conseguem reverter de maneira total as revoluções. Nem tampouco deveriam fazê-lo; existem sempre aspectos das revoluções que são dignos de ser preservados. E revoluções culturais são menos suscetíveis a ser revertidas. A Inglaterra vitoriana foi um caso raro de uma dessas reversões, sob condições muito diferentes daquelas que existem nos dias de hoje. A renovação religiosa era, então, muito mais abrangente em seu escopo, e a renovação moral não sofria os entraves das distrações e seduções de uma economia afluente, uma sociedade móvel e uma cultura altamente individualista.

Se, porém, uma contrarrevolução é improvável, uma reforma mais modesta não o é. Já existem sinais desse processo à medida que mais e mais pessoas abandonam o estado de negação, no qual por tanto tempo se refugiaram, e começam a reconhecer a gravidade dos problemas com os quais nos temos confrontado. Este é o significado do consenso a respeito do "declínio moral". Não são apenas conservadores (religiosos e seculares) que deploram, atualmente, a fragmentação da família; os liberais também o fazem, respondendo às evidências irrefutáveis das consequências dessa fragmentação.

---

[5] Jerry Falwell, "Moral Majority a Reaction to Attack on Basic Values of Millions of Americans", *Conservative Digest*, jan. 1981, p. 28. Ver também James L. Guth, "The Politics of the Christian Right", in: *Religion and the Culture Wars: Dispatches from the Front*. James L. Guth, John C. Green, Corwin E. Smidt e Lyman Kellstedt (ed.). Lanham, Maryland, 1996, p. 15.

E ninguém, liberal ou conservador, duvida seriamente da prevalência (ou até mesmo da glorificação) da violência, vulgaridade e promiscuidade nos videoclipes e no *rap*, ou nega seus efeitos degradantes sobre os jovens, especificamente. Ninguém afirma atualmente sobre a televisão, como já se fez uma vez com os livros, que "nunca alguém foi corrompido por ela" – um argumento duvidoso mesmo quando aplicado a livros, e ainda mais à televisão, que é obviamente uma fonte muito mais potente de corrupção. Tampouco alguém ainda celebra (como fez Timothy Leary e outros devotos do LSD, na década de 1960) a glória das "drogas como propiciadora da expansão da mente". Também nem muitas pessoas, nos dias de hoje, duvidam com seriedade das deficiências da educação em todos os seus níveis, ou da fragilidade dos laços comunitários, ou do embrutecimento e da degradação da cultura, ou da maneira como as definições de moralidade, pública e privada, vêm sendo degradadas. Não é um feito pouco relevante o fato de se ter ao menos atingido esse ponto de consenso sobre algumas das "doenças que incidem sobre a sociedade democrática".

Houve até mesmo alguma convergência a respeito dos remédios para essas doenças. O entusiasmo com o qual liberais e conservadores, pessoas religiosas e seculares, políticos e acadêmicos abraçaram a ideia da sociedade civil é testemunha não só do amplo reconhecimento da gravidade dessas doenças, mas também de uma procura por remédios nas instituições mediadoras como comunidades, igrejas e grupos voluntários. E da mesma maneira com que o estudo da sociedade civil se tornou uma indústria em crescimento nos últimos anos, isso também ocorreu com o estudo da família, com ambos os temas tendo sido agora expostos a análises mais rigorosas e realistas do que parecia ser o caso na primeira onda de entusiasmo e euforia. Também temos testemunhado uma grande quantidade de reflexões ousadas sobre o crime, o bem-estar social, a educação, o papel das associações privadas e a relação entre Igreja e Estado, o que resultou em mudanças significativas de valores e atitudes, bem como novos programas e políticas. Propostas que anteriormente teriam sido desprezadas como suicidas, politicamente, os célebres "terceiros trilhos" da política americana (a reforma da seguridade social, por exemplo), acabaram por não se revelar tão letais como se julgava, encorajando-nos a explorar outras medidas ainda mais ousadas para lidar com os distúrbios da sociedade.

Ao chamar a atenção, de maneira séria e construtiva, para a condição cultural e moral da sociedade, também aprendemos (ou, ao menos, alguns de nós) a moderar a nossa retórica. O epíteto de "inferno num cesto"[6] dificilmente serve para descrever aqueles que reconhecem que muito foi conquistado, e que ainda resta muito a ser feito. Tampouco os antigos rótulos, pessimistas e otimistas, aplicam-se àqueles que não são nem apocalípticos nem utópicos, que não acreditam estar nem no nadir da civilização ocidental nem no zênite de um admirável mundo novo, e que não pretendem resolver todos os problemas do mundo, mas apenas mitigar alguns deles.

Uma previsão final: se a renovação religiosa e moral sofrer uma atenuação em sua religiosidade, e se a cultura dissidente passar a ser cada vez mais definida por seu caráter moral do que por seu caráter religioso, poderá chegar um tempo em que os historiadores terão de lembrar a seus contemporâneos (como fomos lembrados em nosso próprio tempo) que eles estão vivendo à custa do capital religioso de uma geração anterior, e que esse capital está sendo perigosamente exaurido. A dinâmica da situação – a secularização e liberalização gradual da própria cultura dissidente – pode até mesmo resultar num relaxamento de sua têmpera moral, bem como religiosa, a tal ponto que por fim ela acabe perdendo seu propósito e sua qualidade característica. Poderemos então nos encontrar presos em outro ciclo de

---

[6] De "*going to hell in a handbasket*", expressão americana que descreve uma situação que caminha para algo desastroso, em grande velocidade e sem grande esforço. (N. T.)

desmoralização e uma nova moralização, incluindo, talvez, um outro Grande Despertar.

No entanto, essas profecias nos levam muito adiante no futuro. Por ora, contentemo-nos em saber que as duas culturas estão vivendo juntas com algum grau de tensão e dissensão, porém sem anarquia ou distúrbios civis. Os Estados Unidos têm longa tradição de tolerância, que perdurou durante períodos muito mais divisivos que o atual, tolerância que não exige, como por vezes se supõe, diminuição da convicção, mas que é inteiramente consistente com as convicções mais fortes. É esse tipo de tolerância que serve como força mediadora entre as duas culturas, amenizando os temperamentos e subjugando as paixões, ao mesmo tempo que respeita as diferenças muito reais e muito importantes entre elas. Se não podemos prever, num futuro próximo, a reunião expressiva entre as duas culturas ou uma reforma total da sociedade, podemos esperar conquistas mais modestas – no mínimo um enfraquecimento das doenças que incidem sobre a sociedade democrática.

Posfácio à Edição Americana

Walter Bagehot, por muito tempo editor da *Economist* e um dos mais sábios dos vitorianos eminentes, uma vez se descreveu como se estivesse num "meio-termo em política" – nem liberal, de acordo com os padrões do Partido Liberal, nem conservador, pelos padrões do Partido Conservador.[1] Um século e meio mais tarde, uma pessoa pode se descobrir num meio-termo não apenas no sentido político, mas também em questões sociais, culturais e morais. Esta, pelo menos, é a experiência que eu tive ao escrever este livro. Estar no meio-termo não é o mesmo que ser o que chamamos hoje em dia de "centrista" (e o que Bagehot teria chamado de "vira-casaca"). O centrista é um mediador que resolve conflitos e diferenças por meio de compromissos, encontrando um meio-termo entre os extremos. É uma estratégia útil se o problema se encontrar nos extremos, porém fútil se as alternativas forem falhas, não por serem extremas, mas porque são, essencialmente, erradas, ou se estiverem erradas em suas premissas fundamentais. Neste caso, algo diferente é necessário, um novo modelo, talvez, ou um novo "paradigma", como se diz atualmente.

Uma Nação, Duas Culturas é um esforço para criar tal modelo. Esse modelo rejeita a imagem de "uma nação" – uma nação *tout court* – que retrata uma nação tão tolerante, tão comprometida com um etos completamente relativista, que diferenças de crença e práticas,

---

[1] Senhora Russell Barrington, *Life of Walter Bagehot*. London, 1914, p. 11.

de convicções e estilos de vida não representam problemas ou conflitos sérios; neste cenário, a "guerra cultural" parece ser pouco mais que uma fantasia inventada por intelectuais extenuados. Ele rejeita igualmente a imagem de "duas nações", que retrata uma guerra cultural tão intensa, que produziu algo semelhante às "duas nações" de Disraeli, "entre as quais não há intercâmbio nem simpatia".[2] Nenhum dos modelos faz justiça a uma realidade que é muito mais variada e complicada do que essas alternativas fazem supor. Meu título sugere um Estados Unidos firmemente unido como nação e, ao mesmo tempo, suficientemente dividido em questões morais e culturais críticas para justificar a expressão "duas culturas".

Neste ano que se passou, ou mais, desde a publicação da edição de capa dura deste livro, houve uma confirmação ampla de sua tese. Isto é ainda mais notável porque a extraordinária prosperidade desse período pareceria ser capaz de emudecer essas diferenças morais e culturais. Segindament, os anos 1960, com toda sua angústia e desordem, ficaram bem para trás de nós. Seguramente, agora, quando a "revolução cultural" já foi domesticada e aburguesada, não precisamos mais nos preocupar com aquela história antiga. Seguramente, a satisfação material – "é a economia, estúpido" – pode ser vista como capaz de superar todas as outras preocupações. No entanto, não foi isso que aconteceu. Enquanto escrevo isto, no verão de 2000, os jornais estão repletos de comentários sobre o companheiro de chapa do vice-presidente Gore. Todos repisam sobre o mesmo assunto e usam as mesmas palavras: "caráter", "integridade", "moralidade". A escolha do senador Lieberman significa uma tentativa de remediar a principal fraqueza da candidatura de Gore, a "fadiga de Clinton", o albatroz de um presidente e de uma presidência "moralmente deficiente". A mídia cita o discurso de Lieberman durante as audiências

---

[2] Benjamin Disraeli, *Sybil, or the Two Nations*. London, 1970 (1. ed., 1845), p. 77.

de *impeachment*, quando ele não descreveu o comportamento do presidente como "ilegal" ou "inapropriado", mas como "errado" e "imoral". Citam pesquisas atualizadas que mostram (como as anteriores mostradas por mim) que "valores" são as principais preocupações dos americanos e que o declínio dos valores é o principal problema enfrentado pela nação. E descrevem os partidos como envolvidos numa "guerra cultural" para capturar "corações e almas" – e os valores morais – do povo americano.

Na realidade, o termo "guerra cultural" passou a ser definido de maneira mais abrangente para englobar questões sociais, econômicas e até mesmo políticas, bem como questões especificamente morais. Foi estarrecedor ler, pouco depois da campanha primária, que colocou o senador McCain contra o governador Bush, um artigo que aventava a ideia de um "federalismo moral" para pôr fim à guerra cultural. "Os Estados Unidos estão envolvidos num experimento de federalismo moral, à medida que os governos estaduais e locais assumem posições nas guerras culturais do país. [...] Quando uma sociedade se encontra amargamente dividida a respeito da moralidade, permitir que os governos estaduais e locais manifestem pontos de vista morais diferentes pode fazer muito sentido."[3] Este artigo foi estarrecedor apenas porque ele era de autoria de Alan Wolfe, que, em *One Nation, After All*, publicado apenas dois anos antes, havia negado energicamente qualquer divisão séria, quanto mais "amarga", a respeito da moralidade, e havia ridicularizado a própria ideia de uma guerra cultural.

Em outro artigo publicado no *Wall Street Journal*, cuja manchete dizia "Um Novo Front na Guerra Cultural" ("A New Front in the Culture War"), Shelby Steele, um eminente crítico social, negro, ficou positivamente surpreso ao descobrir que o Partido Republicano havia

---

[3] Alan Wolfe, "Uncle Sam Doesn't Always Know Best", *Wall Street Journal*, 29 mar. 2000, p. A22.

finalmente desenvolvido "um ouvido para a cultura". O conservadorismo compassivo, segundo ele, era a última "ofensiva na guerra cultural", uma tentativa de "reformar a nossa ideia cultural de virtude social". Isto significa lidar com os problemas da desigualdade e pobreza não através da "representação planejada, dois pesos e duas medidas, diversidade cosmética e prerrogativas de identidade" que fazem parte da ideologia cultural liberal moderna, mas por meio dos princípios da "responsabilidade individual, mérito, trabalho duro, padrões únicos, competição ou iniciativa" que eram os princípios do liberalismo clássico, mas que agora passaram a ser identificados com o conservadorismo. George W. Bush, argumentou Steele, é o primeiro candidato presidencial a compreender que "ele está numa guerra cultural", uma guerra que visa "restaurar a autoridade moral aos valores americanos atemporais".[4]

Apenas alguns dias mais tarde, no mesmo jornal, sob o título de "Promessas, Promessas, mas É Realmente uma Guerra Cultural" ("Promises, Promises, but It's Really a Culture War"), o economista George Melloan abriu um outro *front* naquela guerra ao colocar a "política do coletivismo" contra a "política do individualismo". Ele também deu crédito a George W. Bush por compreender que "a política é, em seu nível mais fundamental, uma disputa entre culturas, um duelo entre sistemas de crenças rivais". Tradicionalmente, ele apontou, os democratas reclamam para si, para o etos coletivista, o "patamar moral elevado". O individualismo, no entanto, é igualmente um etos que tem suas raízes não apenas na ordem econômica como também no cristianismo, na Constituição americana e, na realidade, na civilização ocidental. Hoje em dia, raciocinou Melloan, o individualismo e o coletivismo fundiram-se na versão conservadora da "política da compaixão".[5]

---

[4] *Wall Street Journal*, 2 ago. 2000, p. A22.
[5] *Wall Street Journal*, 8 ago. 2000, p. A23.

Não foi apenas o conservador *Wall Street Journal* que viu que os partidos se envolviam numa disputa pelo "patamar moral elevado"; isso também ocorreu com o *Washington Post*, liberal. "Veja quem está atrás do patamar moral elevado" ("Look Who's Out for the Moral High Ground"), dizia uma manchete. Qualquer um que duvide da receptividade dos americanos a esta nova "política baseada na moralidade", o texto continuava, precisava apenas considerar os políticos que melhor capturaram a imaginação pública: McCain e Lieberman. Rejeitando tanto os "julgamentos severos e absolutos" da direita e o "relativismo cultural de valores neutros" da esquerda, eles exalam uma "autoridade moral" que lhes permite falar, sem nenhuma insegurança, em "imperativos morais", causando, assim, simpatia ao público, desejoso de uma restauração do "centro vital", um "centro moral".[6] Outro artigo relatava a "virada para a direita quanto à moralidade" ("Tilt to the Right on Morality"), que poderia funcionar como um bumerangue para os democratas, já que a moralidade é um terreno tradicionalmente dominado pelos republicanos. Neste relato, a guerra cultural estaria sendo travada não dentro, mas entre os dois partidos; uma das pesquisas deu a Bush uma liderança de até 40 pontos percentuais entre os eleitores que dão prioridade alta à "crise moral" ou à "restauração dos valores morais".[7]

Os eventos do ano passado trouxeram à superfície outro tema sobre o qual falei muito em meu livro: a importância da religião – primordialmente na cultura dissidente, porém também na sociedade americana em geral. Sociólogos e jornalistas, a maior parte dos quais tendem a ser indiferentes ou até mesmo hostis à religião, tiveram que se habituar, nas últimas duas décadas, à "direita religiosa" como um fato político da vida – um fato infeliz, a maioria deve ter imaginado.

---

[6] *Washington Post*, 20 ago. 2000, p. B2.

[7] Ibid., p. A8.

Entretanto, não estavam preparados para o papel ocupado pela religião na campanha eleitoral; primeiro quando o senador McCain sofreu uma oposição feroz da Coalizão Cristã e o governador Bush foi desconcertado pelo espectro do anticatolicismo (por discursar na Universidade Bob Jones), e depois no Partido Democrata, quando o senador Gore escolheu como seu companheiro de chapa não apenas um judeu, mas um judeu ortodoxo. E não apenas um judeu ortodoxo, mas um "ortodoxo moderno", que acredita que a observância religiosa é inteiramente consistente com um envolvimento ativo e positivo numa sociedade secular (ao contrário dos "ultraortodoxos", que veem com cautela a sociedade secular e segregam-se dela o máximo que podem). Neste sentido, Lieberman confirma meu conceito da "cultura dissidente", uma cultura distinta da dominante em aspectos importantes, porém uma parte integrante da sociedade americana e de "uma nação".

A escolha de Lieberman salienta ainda outro aspecto de minha tese. Eu não poderia ter tido uma confirmação mais dramática não só da vitalidade da religião como também da maneira com que as questões morais e culturais implícitas na religião atravessam as fronteiras raciais, denominacionais e políticas. Quando Lieberman fez um discurso pedindo por "um lugar para a fé na vida pública dos Estados Unidos", citando (como eu havia feito) John Adams e George Washington, ele o fez diante dos congregantes de uma das maiores igrejas afro-americanas de Detroit.[8] E quando evangélicos cristãos (republicanos, em sua maioria) louvaram entusiasticamente o candidato democrata judeu, não foi por sua judaicidade em si (há muito tempo judeus ocupam cargos de destaque no governo), mas por sua ortodoxia, por sua adesão a uma fé exigente que traz consigo os valores éticos e culturais partilhados por eles. Os liberais dão grande importância ao princípio da diversidade (racial, étnica e sexual – embora

---

[8] *New York Times*, 28 ago. 2000, p. A14.

não, o que é interessante, religiosa, política ou intelectual). Não foi, no entanto, a diversidade que fez de Lieberman um candidato atraente; foram as qualidades morais representadas por esse homem, em particular, e por sua fé, especificamente.

Mesmo fora da campanha eleitoral, a religião continuou a aparecer de uma maneira ou outra no ano passado – e, novamente, atravessando todas as fronteiras políticas, raciais e étnicas. Cada vez mais pessoas, de todas as denominações e disposições, estão reconhecendo o valor dos tipos de programa de base religiosa que eu descrevi no livro – programas que visam ajudar famílias que vivem do bem-estar social, mães solteiras, crianças sem pais, jovens de regiões urbanas pobres, detentos encarcerados e em liberdade condicional, alcoólatras e dependentes de drogas, crianças e esposas abusadas. Nesses casos, a religião é, também, um substituto da moralidade. O prefeito de Indianápolis prefere chamar esses programas de "formadores de valor" do que "baseados na fé".[9] Eles são, no entanto, "formadores de valor" precisamente por serem "baseados na fé".

As escolas religiosas também continuam a proliferar. Isso tem sido mais evidente, como eu apontei em meu livro, no caso das escolas judaicas e evangélicas. De acordo com as estatísticas mais recentes, as escolas católicas também têm passado por um ressurgimento. Após um declínio abrupto desde 1960, as inscrições de alunos passaram a estabilizar-se em 1990, e desde essa época sofreram um aumento relativo. O que é mais significativo é a mudança na afiliação religiosa das crianças que frequentam essas escolas. Em 1970, o número de não católicos era de 2,7%; em uma década esse número havia aumentado para 11,2%, e hoje em dia é de 13,4%.[10] Pelos mesmos motivos – culturais e morais, e não religiosos – que muitos judeus não ortodoxos têm mandado seus filhos para externatos judaicos ortodoxos,

---

[9] Declaração dada pelo prefeito de Indianápolis ao descrever o programa "Front Porch Alliance" da cidade.

[10] *New York Times Educational Supplement*, 6 ago. 2000, p. 30.

do mesmo modo também tantos não católicos têm mandado os seus filhos para escolas católicas.

Da mesma maneira, tanto por motivos não religiosos quanto religiosos, cada vez mais crianças têm sido educadas em casa, e com um sucesso considerável. Seus resultados nos testes padronizados de admissão às universidades são consideravelmente mais altos que os daqueles que frequentam escolas públicas ou privadas; são sondados pelas universidades de elite (em 1999, a Universidade Stanford aceitou 27% de candidatos que foram educados em casa, quase o dobro da sua taxa total de aceitação) e têm melhor desempenho do que a média nas universidades. Esses estudantes também desafiam os estereótipos em outros aspectos; embora a renda familiar deles seja mais baixa que a média, seus pais são mais educados do que o padrão. E eles não são compostos unicamente, de maneira alguma, de fundamentalistas brancos das áreas rurais, como se costumava acreditar; números cada vez maiores deles vivem em cidades ou próximo a elas, incluindo muitos na Costa Oeste, que atuam na indústria de informática e de *software*; pertencem a todas as afiliações religiosas ou até mesmo a nenhuma (existem organizações ativas de educação doméstica destinadas a luteranos, católicos, judeus e secularistas); e quase 4% são negros, e outros 4% hispânicos. Além do mais, os pais desses estudantes domésticos, longe de serem reclusos, estão envolvidos ativamente não só entre si (têm suas próprias organizações, grupos de apoio e aconselhamento) mas também em suas comunidades.[11]

Além do mais, a própria direita religiosa está mudando, bem como as atitudes em relação a ela própria. Jornalistas e críticos sociais estão começando a perceber que as pessoas que são agrupadas sob esse rótulo são muito mais variadas, tanto sociológica quanto ideologicamente, do que geralmente se supõe. A *New York Times Magazine*, que

---

[11] *Wall Street Journal*, 11 fev. 2000, p. A1, 16; Paul T. Hill, "How Home Schooling Will Change Public Education", *Hoover Digest*, n. 2, 2000.

dificilmente poderia ser categorizada como um órgão de imprensa da direita religiosa, publicou dois artigos, num período de alguns meses, nos quais se mostraram bem informados e inesperadamente empáticos. O artigo de Andrew Sullivan é especialmente interessante, porque ele, como um homossexual proeminente, teria todos os motivos para ser hostil aos conservadores religiosos, especialmente nessa ocasião, uma comemoração de gala pelo aniversário de Pat Robertson. No entanto, para sua surpresa (e para a consternação de alguns de seus amigos), ele os achou civilizados, bem-humorados, e não fanáticos ou preconceituosos; "realmente bastante agradáveis". Embora ele deplore as ideias de Robertson (a oposição aos direitos dos homossexuais, sua interpretação limitada do cristianismo, os ocasionais ecos de antissemitismo e anticatolicismo), deu a eles o devido crédito pelas boas ações evidentes realizadas por suas organizações filantrópicas, que fornecem um apoio material considerável a doentes e pobres, tanto no país como no exterior – ao contrário, acrescenta Sullivan, de muitos críticos liberais de Robertson que nunca realizaram uma fração do que ele fez para aliviar misérias e necessidades reais. Sullivan conclui que Robertson pode ser, como McCain o acusou, um "agente da intolerância", porém jamais uma "força do mal".[12]

O outro artigo da *New York Times Magazine* é um estudo de caso de uma família fundamentalista que se encontra na extremidade do que chamei de "cultura dissidente". Novamente, alguns dos estereótipos são desmentidos. A família Scheibner tem um nível de vida relativamente bom; o pai é um piloto da American Airlines e comandante da reserva na Marinha, ambos os pais têm formação universitária, ambos pertencem a famílias permissivas, e não religiosas, e ambos foram "renascidos" em sua juventude. Margaret Talbot os descreve (como eu o fiz) como parte da nova "contracultura", a "contracultura cristã". Alguns dos ingredientes dessa cultura são

---

[12] *New York Times Magazine*, 16 abr. 2000, p. 28-29.

familiares: educação doméstica (eles têm sete filhos, seis dos quais em idade escolar), não possuem televisão (porém assistem a filmes selecionados, especialmente da década de 1950), uma vida religiosa centrada na família, na qual o dia começa com orações, hinos e leitura da Bíblia – além do Pledge of Allegiance.[13] Essa família, segundo Talbot veio a descobrir, é mais "isolada e culturalmente abstêmia" do que outras dessa mesma cultura. Não são, no entanto, tão isolados e abstêmios como poderiam ser; seus pais e filhos, por exemplo, usam a internet; a mãe respondeu à mensagem da autora através de um programa cristão da internet, e as crianças a utilizam para pesquisas e jogos de computador (apesar da experiência de uma das garotas que digitou "girls.com" e encontrou uma dúzia de sites pornográficos). O pai os descreve como "separatistas seletivos": pessoas que votam, pagam impostos, têm empregos comuns e fazem serviços comunitários, mas que escolheram, nas palavras da esposa, "não participar daquelas partes da cultura que não trazem glória a Deus".

Assim como Sullivan, Talbot se vê, inesperadamente, sentindo respeito, ou até empatia, em relação a uma família com a qual ela mesma tem pouco em comum. Ela também os vê com uma importância maior na cultura, de modo geral, do que ela acreditava – embora não na arena política. A direita religiosa, segundo seu relato, está "enfraquecendo", e a Coalizão Cristã está "profundamente no vermelho". "No entanto, mesmo enquanto os movimentos políticos cristãos seguem tropeçando, as estratégias que podem ser vistas como contraculturais – educação doméstica, a construção de uma cultura *pop* autossuficiente – estão florescendo." Ela conclui, num tom ambivalente, apreciando a tentativa dos pais de "abrigar" (mas não "isolar") seus filhos do que eles veem como uma cultura imoral e não cristã, porém receosa com o grau de separatismo e controle que isso

---

[13] "Juramento da Aliança", juramento de lealdade à bandeira e à república dos Estados Unidos. (N. T.)

requer, e com a perspectiva de rebelião, uma vez que as rédeas sejam afrouxadas. Mesmo assim, ela manifesta com cautela essas restrições; após passar algum tempo com essa família, ela não fica surpresa ao descobrir que os evangélicos têm as maiores "taxas de retenção intergeracional" que qualquer uma das principais religiões; suas crianças tendem a não abandonar sua fé quando crescem.[14]

O conjunto da cultura dissidente abrange, de uma forma ou de outra, "separatistas seletivos" – alguns mais seletivos em seu separatismo do que outros. Um jornalista do *Washington Post*, ao comentar a respeito de outra família fundamentalista que vivia no que os pais descreviam como uma "bolha cristã", ficou surpreso ao descobrir que sua própria família, "apenas vagamente religiosa", apresentava semelhanças notáveis com aquela família. E não apenas a sua própria família, mas "um grande número de pessoas que, em diferentes escalas, se abstêm dos mundos da Disney, das redes de televisão, dos videogames, filmes, da moda, da revista *People*, e de outras catedrais da cultura pop". Eles o fizeram (como ele também o fez, segundo ele) sem muita premeditação consciente, apenas porque se ofenderam com este ou aquele aspecto da cultura, ou porque estavam simplesmente ocupados demais com suas próprias atividades. "A rebelião silenciosa contra a arrogância da cultura pop continuará", ele prevê. "Neste ponto, os fundamentalistas não têm o monopólio da indignação."[15]

Se existe muito motivo para "indignação", como afirma o jornalista do *Washington Post*, também existe, como *Uma Nação, Duas Culturas* deixa claro, muito motivo para satisfação. Todas as tendências favoráveis documentadas no livro – o declínio no crime e no estado de bem-estar social, de maneira mais expressiva – continuam, graças, em grande parte, à adoção de políticas mais realistas. Alguns

---

[14] *New York Times Magazine*, 27 fev. 2000, p. 34 ss.
[15] *Washington Post Magazine*, 21 mai. 2000, p. 5.

liberais, seguramente, insistem em se manter desconfiados dessas políticas, tanto as conservadoras como as retrógradas. Assim, a imprensa relata que as taxas de crime caíram, *mas* as taxas de encarceramento aumentaram, como se houvesse uma contradição, e não uma relação causal, entre os dois fatos. Ou a informação do declínio das pessoas inscritas em programas de bem-estar social vem acompanhada por lembretes de que muitos dos beneficiados por esses programas de bem-estar social estão em empregos de baixos salários, de curto prazo ou que têm pouca probabilidade de avanço profissional, esquecendo-se do feito que é para essas pessoas a oportunidade de terem conseguido, acima de tudo, um trabalho. Ou organizações de base religiosa que ainda têm que trabalhar sob a cobrança de que infringem a doutrina da separação entre Igreja e Estado. Ainda assim, a eficácia dessas políticas converteu muitas pessoas que antes não as aprovavam. Dessa maneira, o presidente Clinton e candidatos democratas agora reclamam para si o crédito pela reforma do estado de bem-estar social, convenientemente esquecendo-se de que a medida foi aprovada por um Congresso republicano e a despeito de suas objeções. E "valores familiares" não é mais um *slogan* conservador; é invocado por aqueles que assumem a visão mais liberal possível do que constitui uma família (casais homossexuais, por exemplo, que desejam o direito de se casar).

Até mesmo o mais confortante desses desenvolvimentos, no entanto, nos dá poucos motivos para sermos complacentes, não apenas porque eles nem mesmo começam a nos levar de volta para o *statu quo ante* (pré-1960) – isso ocorre até mesmo em relação ao declínio considerável das taxas de crime na última década –, mas porque muitos deles são duvidosos. As últimas estatísticas confirmam as mais antigas. Se as taxas de nascimento entre adolescentes continuam a diminuir, a proporção de ilegitimidade (a proporção de nascimentos de filhos fora de um casamento), tanto entre todas as mulheres quanto entre adolescentes, continua a aumentar. Se os adolescentes mais velhos estão menos promíscuos, os mais jovens (incluindo os pré-adolescentes – *tweens*, como são chamados atualmente os jovens de 8 a 12 anos) estão mais. ("A Face do Sexo Adolescente Fica Mais Jovem",[16] diz uma manchete a respeito dos últimos estudos.)[17] Se o uso de drogas entre os jovens diminuiu, o uso de heroína aumentou – e, novamente, entre adolescentes (e habitantes dos subúrbios). Se por um lado a taxa de divórcio continua relativamente a mesma (cerca de metade dos casamentos termina em divórcio), a taxa de coabitação aumentou enormemente. (Pessoas que não se casam não se divorciam, apenas se separam; e a taxa de separação entre casais que coabitaram é substancialmente mais alta do que a taxa de divórcio entre aqueles que se casaram.) E a cultura popular – a televisão, os filmes, a internet – continua a "expandir os limites", encontrando maneiras cada vez mais "provocativas" de desafiar os valores e sensibilidades tradicionais.

Aqui, também, nesta divisão otimismo/pessimismo que ocorre entre os críticos sociais, encontro-me num meio-termo, dando crédito às melhorias consideráveis que foram realizadas no que diz respeito ao crime, bem-estar social, e assim por diante – e, talvez, ainda mais importante, nas mudanças em relação às atitudes e políticas que as tornaram possíveis – e, ao mesmo tempo, reconhecendo os problemas não menos consideráveis que permanecem e a coragem intelectual e moral necessária para lidar com eles. Do mesmo modo também estou num meio-termo em outras questões muito debatidas, como o libertarismo e o conservadorismo social, ou a sociedade civil e o Estado. A respeito da questão incômoda da "legislação da moralidade", por exemplo, cito Edmund Burke: "Os homens estão preparados para a liberdade civil na proporção exata de sua disposição para controlar seus próprios apetites com cadeias morais. [...]

---

[16] "The Face of Teenage Sex Grows Younger", no original. (N. T.)

[17] *New York Times*, 2 abr. 2000, seção 9, p. 1.

A sociedade só pode existir se um poder de controle sobre a vontade e os apetites for colocado em algum lugar; e quanto menos houver desse poder dentro de nós, tanto mais haverá fora de nós".[18] Infelizmente, essa "disposição" vem sendo muito enfraquecida nos últimos anos, a tal ponto que o "poder de controle" tem de ser conferido, muito mais do que gostaríamos e apenas como um último recurso, ao que há "fora de nós", isto é, à lei. Que a própria lei possa ser contraproducente, e encoraje um espírito litigioso que é destrutivo tanto para a moralidade quanto para a civilidade, é uma daquelas complicações e dificuldades da sociedade moderna que fazem com que todos nós estejamos num meio-termo.

"A verdade conservadora central", afirmou o senador Moynihan, "é que a cultura, e não a política, determina o sucesso de uma sociedade. A verdade liberal central é que a política pode mudar uma cultura e salvá-la de si própria."[19] Hoje em dia, um conservador num meio-termo pode reconhecer a verdade nestas duas afirmações: "É a cultura, e não a política, que determina o sucesso de uma sociedade" e "a política pode mudar uma cultura e salvá-la de si própria". Esta máxima emendada encerra boa parte do tema de *Uma Nação, Duas Culturas*.

Gertrude Himmelfarb
agosto de 2000

---

[18] Edmund Burke, "A Letter to a Member of the National Assembly", 19 jan. 1791. In: *The Works of Edmund Burke*. London, 1909-1912, II, 555. Citado em português em José Osvaldo de Meira Penna, *O Dinossauro*. São Paulo, T. A. Queiroz, 1988, p. 318.

[19] Daniel Patrick Moynihan, *Miles to Go: A Personal History of Social Policy*. Cambridge, Massachusetts, 1996, p. 63.

Índice

A
Adams, John, 134, 218
Aquino, Santo Tomás de, 127
Arendt, Hannah, 68, 127
Aristóteles, 65, 127-28
Arnold, Matthew, 32-33, 172

B
Bagehot, Walter, 213
Barber, Benjamin, 74
Bayley, John, 58-59
Bellah, Robert, 158-59
Bell, Daniel, 41
Bennett, William, 115, 174
Berger, Peter, 69, 155-56, 164, 201-03
Blankenhorn, David, 70, 83, 87, 124
Bork, Robert, 112
Bowman, Carl, 26, 48, 114, 140, 184
Bradley, Bill, 67, 129-30
Braudel, Fernand, 23-24
Brecht, Bertolt, 129-30
Brinkley, Alan, 157
Buchanan, Patrick, 201
Burke, Edmund, 66, 69, 101-02, 110-11, 132, 172, 225-26
Bush, George W., 215-18

C
Carlyle, Thomas, 33
Carter, Jimmy, 151, 154
Carter, Stephen, 142, 154, 166, 169, 171-72
Clinton, Hillary Rodham, 95
Clinton, William Jefferson, 60, 78, 106, 125, 151-52, 174, 179, 196, 205, 214, 224
Coats, Dan, 73, 105
Coles, Robert, 91
Colson, Charles, 163
Cuomo, Mario, 78

D
Dickens, Charles, 32
Diderot, Denis, 167
DiIulio, John, 26, 107, 115, 161-62, 164-65
Disraeli, Benjamin, 214

Dole, Elizabeth, 129
Durkheim, Émile, 160

E
Eberly, Don, 74
Eberstadt, Nicholas, 87, 97
Ehrenhalt, Alan, 75-76

F
Falwell, Jerry, 170, 196, 207-09
Ferguson, Adam, 66
Filipe II, rei, 23
Fitzgerald, F. Scott, 35
Fogel, Robert, 140, 208
Franklin, Benjamin, 115, 134

G
Gallup, George, 47, 141-42, 144, 146, 148, 150, 160, 176-77, 184, 189, 198-99
Galston, William, 55, 77, 86, 106
Gelernter, David, 75
Gephardt, Richard, 151
Gingrich, Newt, 151
Ginsberg, Allen, 39
Glazer, Nathan, 171
Gobineau, Arthur de, 68
Gore, Albert, 129, 151, 214, 218
Gramsci, Antonio, 80
Gurstein, Rochelle, 58

H
Hart, Gary, 179
Hatch, Nathan, 139, 183
Haugaard, Kary, 181-82
Havel, Václav, 81-82, 144-45, 147
Hegel, Georg Wilhelm Friedrich, 66-68, 71, 130
Hobbes, Thomas, 110
Hume, David, 65, 137
Hunter, James Davison, 114, 140, 150, 152, 184, 201

J
Jackson, Shirley, 40, 181
Jaurès, Jean, 173
Jefferson, Thomas, 11, 134
Johnson, Lyndon Baines, 116
Jones, Bob, 170, 218
Jorge III, rei, 29, 102
Joyce, James, 31, 52

K
Kazin, Michael, 157
Kelling, George L., 107
Kelvin, William Thomson, 25
Kennedy, Robert F., 116, 119
Kerouac, Jack, 39
Keynes, John Maynard, 17, 30
King, Martin Luther, Jr., 40, 154
Kolakowski, Leszek, 79
Krauthammer, Charles, 9, 59, 176

L
Lasch, Christopher, 43, 85, 94, 156
Leary, Timothy, 210
Lerner, Max, 67, 103, 176-77
Lewinsky, Monica, 95

Lieberman, Joseph, 214, 217-19
Lincoln, Abraham, 188
Lincoln, Mary Todd, 188
Locke, John, 65, 102-03
Lott, Trent, 151
Loury, Glenn, 44, 166
Lynd, Helen, 36-37
Lynd, Robert, 36-37

M

Madison, James, 133
Magnet, Myron, 57
Maquiavel, Nicolau, 110
Marcuse, Herbert, 40
Martineau, Harriet, 32
Marty, Martin, 138
Marx, Karl, 175
Mayer, J. P., 67, 103
May, Henry, 34
McCain, John, 215, 217-18, 221
McCarthy, Joseph, 39
Mead, Lawrence, 121
Melloan, George, 216
Mencken, Henry L., 34-35, 102
Mill, John Stuart, 2, 10, 33, 38, 78, 102
Milton, John, 194
Montesquieu, Charles Louis de Secondat de, 46, 128, 132
More, Hannah, 29, 106
Moynihan, Daniel Patrick, 55, 59, 101, 226
Murdoch, Iris, 58
Murray, Charles, 7, 26, 57, 69, 78, 88, 122

N

Neuhaus, Richard, 69, 150, 160, 164, 170, 207
Nixon, Richard Milhous, 125

P

Paine, Thomas, 101-02
Parks, Rosa, 40
Phillips, Kevin, 67, 207
Platão, 94
Pollitt, Katha, 157
Pollock, Jackson, 40
Putnam, Robert, 71

R

Reagan, Ronald Wilson, 174, 177
Reed, Ralph, 141, 174
Reeve, Henry, 67
Repplier, Agnes, 36
Rivers, Eugene F., 161-62, 167
Robertson, Pat, 221
Robespierre, Maximilien de, 159-60
Rockwell, Norman, 40, 93
Roosevelt, Franklin Delano, 115-16
Roszak, Theodore, 39, 42-43
Rousseau, Jean-Jacques, 65-66, 159

S

Sandel, Michael, 70, 76-77, 156
Schumpeter, Joseph, 37-38, 41, 83-85, 91
Sêneca, 127
Shakespeare, William, 194
Shattuck, Roger, 56

Simon, Robert, 181-82
Smith, Adam, 17, 27-31, 66, 93, 96, 140, 142, 169, 173, 196
Smolar, Aleksander, 80-81
Sorokin, Pitirin, 40
Spock, Benjamin, 39
Stacey, Judith, 91
Steele, Shelby, 215-16
Sullivan, Andrew, 221-22

T
Talbot, Margaret, 194, 221-22
Thurmond, Strom, 151
Tocqueville, Alexis de, 10, 67-69, 72, 103-04, 135-37, 143, 148, 160, 172
Tönnies, Ferdinand, 64
Trilling, Lionel, 33, 42
Trollope, Frances, 32

V
Vitória, rainha, 29, 33, 165

W
Walzer, Michael, 77, 203, 204
Washington, George, 7, 11, 47-49, 52, 61, 69, 73, 86, 90, 105, 107, 114-15, 119, 130-31, 134, 142, 144, 146, 150, 155, 162-64, 170, 176, 179, 190, 193, 197, 204-05, 207, 217-18, 223
Weeks, Jeffrey, 92
Weigel, George, 201-02
Wesley, John, 137

Weyrich, Paul, 171, 196
Whitefield, George, 137, 143
Whitman, Walt, 33, 35, 48
Wilde, Oscar, 30
Wilentz, Sean, 207
Will, George, 108, 131, 220
Wilson, James Q., 26, 88, 107, 139, 172, 181
Wolfe, Alan, 72, 156, 197-200, 204, 215
Wood, Gordon, 139
Woodson, Robert, 164-65
Woolf, Virginia, 17, 31, 34

Do mesmo autor, leia também:

Escrito por uma das mais importantes figuras do conservadorismo recente, além de respeitada acadêmica, *Ao Sondar o Abismo* foi considerado por *Los Angeles Times* superior ao clássico deste gênero de crítica *O Declínio da Cultura Ocidental*, de Allan Bloom. Os ensaios do livro analisam indícios variados de que a contestação dos valores e do sentido pode ter efeitos desastrosos: aqui se tornam assuntos desde a carência de referências bibliográficas em textos acadêmicos até a "desconstrução" do relato do Holocausto sugerida por alguns dos assim chamados "novos historiadores". Gertrude Himmelfarb perscruta o que tem sido produzido por intelectuais pós-modernos e indica tanto razões como resultados de suas habituais posturas teóricas – niilismo, relativismo, pós-estruturalismo e, a estes convergindo de maneira inesperada, aspectos do liberalismo e do nacionalismo. Na raiz dessas inclinações, ela identifica prepotência e reducionismo; entre as suas consequências, um trato irresponsável com a história.

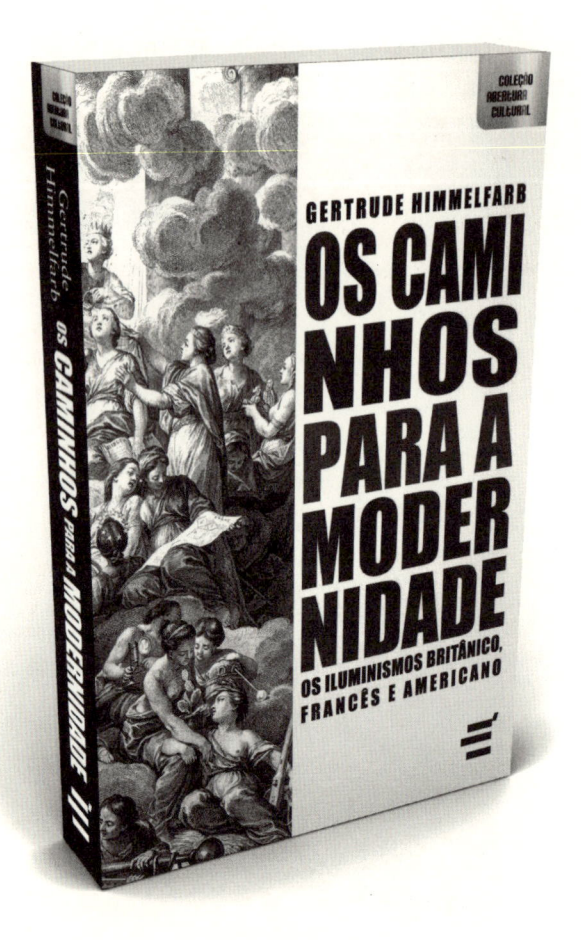

O enquadramento teórico realizado aqui pela historiadora americana Gertrude Himmelfarb permite compreender o fenômeno do Iluminismo britânico, francês e americano, e como as concepções de natureza humana e de princípios abstratos, como o da liberdade, eram divergentes entre eles, produzindo consequências completamente diversas.

facebook.com/erealizacoeseditora
twitter.com/erealizacoes
instagram.com/erealizacoes
youtube.com/editorae
issuu.com/editora_e
erealizacoes.com.br
atendimento@erealizacoes.com.br